Sé feliz
siendo espiritual

Ricardo Herranz Barquinero
Fernando Mejorado García

Sé feliz siendo espiritual

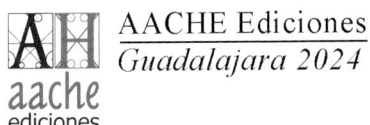

AACHE Ediciones
Guadalajara 2024

aache
ediciones

77

colección LETRAS MAYÚSCULAS

© Ricardo Herranz Barquinero
y Fernando Mejorado García, de los textos. 2024.

Producción, maquetación y edición electrónica:
AACHE Ediciones
C/ Malvarrosa, 2 (Las Lomas) – Telef. 949 220 438
19005 – Guadalajara
E–Mail: editorial@aache.com
Internet: www.aache.com

Impresión:
PodiPrint
C/ Cueva de Viera, 2
29200 – Antequera (Málaga)

Impreso en España – Printed in Spain.

ISBN 978–84–19813–27–5
Depósito Legal: GU–053/2024

A nuestras familias que nos apoyan y soportan,
a todas las personas que buscan la felicidad aquí,
y a las que quieren encontrar respuestas
tras perder a sus seres queridos.

ÍNDICE

INTRODUCCIÓN

Nuestro objetivo al escribir este libro es acercaros al mundo de la felicidad, la terrenal, de esta vida que vivimos aquí y ahora. A la vez que enlazamos esta vida con la otra. Y cómo están unidas "ambas vidas". ¿Qué paralelismo hay entre ellas?

Conocemos muy bien lo que nos ocurre aquí porque lo vivimos todos los días. Es una puesta en escena en la que ningún día es igual a otro. Y tratamos de vivir todos los días de la mejor manera posible y sin caer en el desánimo. Incluso el Mago More apunta que "si la MOTIVACIÓN es la cerilla que prende la mecha, la FUERZA DE VOLUNTAD es la cera de la *vela*", a lo que nosotros añadiríamos que falta algo muy importante como es la ILUSIÓN que debemos tener para, año tras año, seguir soplando una *vela* más. Las dos primeras son importantes porque mientras que la Motivación nos empuja a comenzar un proyecto, la Fuerza de Voluntad nos ayuda a continuar cuando las cosas se ponen difíciles. Pero, en cualquier caso, si no tenemos Ilusión, ni siquiera vamos a ser capaces de iniciar ese proyecto. Y, una vez que lo terminemos nos vamos a sentir satisfechos y felices por el logro obtenido. De ahí que todo ello contribuya a lograr la FELICIDAD.

Y después, ¿qué?, ¿qué sucede CUANDO YA NO ESTAMOS AQUÍ? Nuestro otro objetivo sería acercaros al conocimiento del mundo espiritual, abriros la puerta de nuestra verdadera identidad. Pues sencillamente somos espíritus encarnados en el planeta Tierra, y para poder habitar en este mundo debemos de revestirnos de un cuerpo físico que desechamos una vez que ha terminado nuestro aprendizaje, esto es lo que todos entendemos por "*muerte*" y con ello el final de nuestra vida y existencia, pero realmente esto no es así, pues para nosotros la Tierra es una escuela, a la que como cualquier alumno venimos con un traje durante nuestra estancia en ella, pero una vez que acaba el curso, desechamos ese traje y regresamos a casa, a nuestro hogar espiritual donde recobramos nuestra verdadera identidad espiritual, no la física, pues esta, la que conocemos, se queda aquí.

Somos energía pura, todo lo que nos rodea es energía, en distintos grados de densidad, pero energía en esencia. Ya lo dijo Nikola Tesla, "si quieres entender este mundo y universo, entonces tienes que pensar en términos de energía, frecuencia y vibración". Para muchos es difícil entender y asumir el hecho de que exista algo más allá de la muerte, pero es sencillo, puesto que no hay que ver para creer, sino todo lo contrario, cuando empezamos a creer entonces es cuando vemos. *Ellos* vienen y están en espíritu, y nos envían numerosas señales y de diferentes formas. La más utilizada es a través del sueño, incluso también a veces tenemos la sensación de que alguien está a nuestro lado.

Al final, nos damos cuenta que no somos seres humanos teniendo una experiencia espiritual, sino que somos seres espirituales teniendo una experiencia humana.

CÓMO SENTIRSE BIEN CON UNO MISMO

Ramón Pérez de Villaamil investiga desde hace casi 40 años las técnicas del bienestar, y en su libro "Estar bien para vivir mejor" (Planeta) explica cómo mejora física y mentalmente. En él comenta los beneficios que produce la práctica del yoga, mejor andar que correr (pues "cuando andas, la mente se distrae lo suficiente en una parte para poder concentrarte en otra"), y explica cómo ha de ser para él el desayuno (sin azúcar, y ligero, pues no puede empezar el día con el estómago lleno), a base de pan integral con aceite, fruta y un café solo, sin azúcar.

Como solía comentar Eduardo Punset, la clave está en cuidar la dieta y hacer ejercicio, suave, eso sí. Porque, como decía Hipócrates, *caminar es la mejor medicina.*

Podemos cambiarnos a nosotros mismos a base a perseverancia, voluntad y disciplina.

Hay que comer en cantidades moderadas. Un ser humano puede resistir sin comer entre uno y dos meses, pero sin respirar no llega a los dos minutos y sin agua no supera la semana. Hay que comer despacio y disfrutar de la comida en la boca.

No olvides que los hidratos de carbono se convierten en glucosa.

Recuerda comer poco, pero cinco veces al día.

Según Kenneth Nelder, oncólogo y dermatólogo, el cáncer de piel está causado por no comer suficientes frutas y vegetales, no por el sol.

Para prevenir el cáncer de piel: mucha fruta, ensalada y verdura. Vitamina D y antioxidantes, y bebe mucha agua.

Importancia de dormir bien. La fase de sueño profundo ocupa sólo el 20 % del total de nuestro sueño. La media de fases de sueño profundo en las sociedades industrializadas es de dos frente a las cinco de las no industrializadas.

Cenar temprano para completar la digestión antes de irnos a dormir. Habitación fresca, importancia de airearla. Importancia de los horarios, (acostarnos a las mismas horas).

En cuanto a nuestros asuntos pendientes, lo mejor es ordenarlos y sacarlos de nuestra cabeza (apuntándolos en una libreta).

La rutina tiene su lado positivo, y el estrés también, (hay quien asegura que para conseguir un nivel óptimo de rendimiento hay que sentir un determinado nivel de estrés).

Según un estudio con funcionarios londinenses, el número de infartos era tres veces superior en los empleados de grado inferior, pues los empleados en trabajos activos con responsabilidad usan su propia iniciativa y su autonomía laboral, lo cual les hace sufrir menos estrés que a los trabajadores de puestos pasivos, que no tenían ninguna vinculación con las decisiones.

Gran parte de nuestra vida la vivimos con *estrés inconsciente* de algo que nos dejó huella en el pasado y no hemos superado. Esto nos causa malestar, y nos debilita, y no lo superaremos si no es con interés, perseverancia y esfuerzo. Y por encima de todo con intención, o fuerza creativa del pensamiento en la materia.

El hombre necesita distraerse continuamente. De ahí que la mañana del domingo sea el momento más infeliz de la semana, por el vacío de actividad.

Nuestra felicidad, libertad y bienestar se esconden detrás de nuestro ego.

Importancia de relativizar las desgracias. Podemos citar el ejemplo de aquel suegro que queda viudo y va a vivir con su hija y la familia de ésta. El yerno pide consejo ante la incomodidad a un *"maestro oriental"* y este aconseja que poco a poco vaya llenando la pequeña habitación donde vivían con todos los animales de la choza. Al final, cuando ya no *pueden más*, le aconseja volver a dejar a los animales donde estaban. Con lo cual la familia valora ahora lo bien que viven, (con suegro incluido).

Plantéate, ¿a qué te dedicarías si no tuvieras necesidad de dinero para vivir? Pues en la vida nos enfrentamos a dos obstáculos materiales: preocupación por mantener una determinada reputación, y aparente necesidad de acumular bienes materiales, de competir y de ganar.

Los moribundos siempre nos animan a que nos enfrentemos a los miedos. Y, finalmente nos advierten de que la mayor felicidad viene de abrir el corazón y ayudar a los demás, de plantear la vida como un servicio.

Un estilo de vida altruista es fundamental para la salud mental. En un estudio de la Universidad de Michigan descubrieron que la realización de trabajos de voluntariado y la interacción en términos de benevolencia aumentaban claramente la expectativa de vida, la vitalidad, el entusiasmo por la vida y el incremento de la autoestima.

Ejemplos del poder de visualización: según experimento del psicólogo deportivo Guang Yue, en Ohio, los sujetos que levantaban regularmente pesas en el gimnasio aumentaron su masa muscular en un 30 %, mientras que los que visualizaban el ejercicio en sus casas, casi en un 15 %.

La ciencia demuestra que el pensamiento humano influye en la configuración de la realidad que nos rodea.

Así, Jeanne Achterberg, psicóloga experta en visualización curativa, se basa en las imágenes negativas que crean la mayoría de las personas cuando les diagnostican cáncer, y cuenta el ejemplo de dos mujeres: la primera recibió, después de una biopsia, un diagnóstico de cáncer de mama en estado precoz y murió inexplicablemente en unas horas ("muerte por imaginación"), mientras que la segunda ingresó en un hospital en coma y paralizada con un diagnóstico de tumor cerebral masivo, no se le dio radio ni quimio porque la previsión era que muriera en poco tiempo, pero en lugar de morir, se recuperó. Ella "el tumor" no lo asociaba a "condena", en su mente tenía la imagen de su recuperación, no de su muerte, así en año y medio ya no tenía restos del tumor, pues su propio sistema inmunitario lo había eliminado.

Desde otro punto de vista, el doctor Mario Alonso Puig, asegura que, "una emoción negativa es capaz de debilitar tu sistema inmunitario durante seis horas y, por el contrario, cuando estamos ilusionados y felices, nuestro cerebro funciona mejor".

Puedes consultar sus libros "Ahora yo", y "Reinventarse" (Plataforma), y te da la fórmula del bienestar en 3 claves:

Sé el capitán de tu destino: "No esperes que los demás hagan los cambios por ti y utiliza la imaginación para hacer algo que en principio no parece razonable. La queja no lleva a nada. Ésta es la base del liderazgo: no se trata de una posición ni un cargo, sino una forma de ser".

Aprende a priorizar: "Hay que saber decir no a aquello que es urgente pero no importante. No somos perfectos y es imposible llegar a todo. Procura hacer ejercicio, dormir bien, comer cinco veces al día e ingerir alimentos con Omega 3. Te ayudan a mantener el equilibrio emocional".

Relájate: "La respiración abdominal favorece la secreción de hormonas como la serotonina y la endorfina y mejora la sintonía de ritmos cerebrales entre los dos hemisferios. Cuando tengas un momento de tensión imagina que inspiras aire de color verde y lo expulsas gris".

Y, apunta unas Tristes Cifras, ocasionadas por el ritmo de vida actual y la falta de tiempo, las cuales desatan las enfermedades relacionadas con la ansiedad y la depresión:

La OMS estima que el 25 % de los pacientes examinados por el médico de cabecera presentan ansiedad. Y, el 15 % desarrollará en su vida algún trastorno de este tipo.

En España hay 6 millones de personas con síntomas de depresión, y el consumo de antidepresivos se ha triplicado en los últimos 10 años.

La Universidad de Harvard ha revelado que entre el 60 % y el 80 % de las consultas a médicos generales en el mundo occidentalizado se deben a la pobre gestión de las emociones.

Y, un estado de ánimo positivo activa el sistema nervioso parasimpático, y favorece la producción de células que pueden actuar contra bacterias, virus y tumores.

Hablando de Bienestar, *Bernabé Tierno Jiménez* (no hace mucho fallecía este psicólogo y escritor, para nosotros todo un referente. Tenía 75 años y había estado luchando contra un cáncer óseo y una metástasis de pulmón con la entereza y sabiduría que él mismo transmitía en sus obras, desde aquí mi más sincero homenaje), nos da unas claves en su libro "Si puedes volar, por qué gatear", (Temas de hoy), para sentirnos bien con nosotros mismos, aunque quizá la más importante sea vencer el miedo.

Pues ya podemos ser personas saludables y cuidarnos, tanto el bienestar físico, como el mental, que, si en algún momento tenemos miedo de seguir adelante, no vamos a conseguir nada. Debido a que con miedos paralizantes no hay crecimiento personal, ni felicidad.

Al hilo del término "saludable" destacamos la importancia de la frase de Décimo Junio Juvenal —*Mens sana in corpore sano* (Mente sana en un cuerpo sano), porque entre todos los «eslóganes» de la historia, esas cinco palabras son seguramente las que más sabiduría práctica encierran a la hora de crecer como persona. Según los filósofos antiguos, este eslogan universal constituye el ideal de perfección.

Como bien dijo Alejandro Dumas, «La esperanza es el mejor médico que conozco». Un individuo con actitud positiva es generoso y sembrador de esperanza y bienestar. El denominador común de las personas saludables es que transmiten positivismo y todos nos sentimos mejor cuando estamos a su lado, pues todo parece fácil, nada se convierte en problema. Generan tal salubridad que su simple presencia hace que los niveles de serotonina de quienes están cerca de ellas aumenten.

Estas personas saludables se encuentran entre quienes muestran mayor paz y sosiego interior. Son *personas-medicina*, porque te curan y te hacen la vida mucho más agradable. Es una verdadera suerte tenerlas como amigos o compañeros de trabajo: su simple presencia y su actitud conciliadora y gratificante hacen que los problemas, las discusiones, los malentendidos y las posturas encontradas desaparezcan, o que, gracias a su cordura, se solucionen al instante.

A veces no es fácil detectarlas, pues suelen ser personas humildes que pasan desapercibidas; no se dan la menor importancia y se centran en motivar a los demás, destacando sus méritos y haciendo que se sientan mejor consigo mismos.

Son personas felices que no necesitan tener razón; todo lo comprenden y saben quitar importancia a las malas formas de los demás, recordando siempre lo bueno que existe incluso en las personas más tóxicas y problemáticas. Cuanto más profundizo en la personalidad de los individuos verdaderamente saludables, más me reafirmo en la idea de que lo que verdaderamente los distingue es su armonía psicofísica y emocional, así como las buenas formas que muestran en sus relaciones sociales.

La mayoría de estas personas saludables no se olvidan nunca de cuidar su cuerpo y de practicar ejercicio moderado a lo largo de toda su vida. Y lo mismo hacen con su mente. En realidad, o se jubilan jamás, pues hasta el último día de su vida mantienen el entusiasmo y la motivación. Siempre tienen en la mente y en el corazón un nuevo proyecto ilusionante que desean realizar y al que se entregan fervientemente.

Si nos llega un problema, mejor no arrastrarlo; si tiene solución, se la damos, y si no la tiene, nos olvidamos. Que el tiempo haga lo que quiera con él.

A las personas saludables también podríamos denominarlas *personas-solución*, puesto que suelen encontrar una salida airosa a las adversidades y es raro que se bloqueen mentalmente.

Todos conocemos este dicho: Los mejores médicos del mundo son los doctores: dieta, reposo y alegría. He observado que las personas saludables, además de llevar a la práctica la sabiduría del «término medio» como forma obligada en toda virtud, cuidan su alimentación sin necesidad de especialistas o dietas personalizadas.

Y aunque suelen ser bastante activas, se toman los descansos necesarios y nunca llegan a la extenuación y al agotamiento.

La alegría de vivir es su estado natural, y el entusiasmo y positivismo son la «gasolina» con la que ponen en marcha su motor físico, mental y emocional. Las personas saludables se encuentran incómodas ante los quejumbrosos, pesimistas y pájaros de mal agüero, y, si pueden, los evitan con educación, tacto y buenas formas. Nunca pierden el tiempo ante personas «imposibles».

Y como última cualidad está la serenidad o paz interior, esa que Amado Nervo llama poéticamente *nobleza de la tarde*, porque, a medida que cumple años, una persona saludable es más equilibrada y serena y manifiesta un mayor sosiego.

A continuación, este decálogo de puntos en los que se sustentan los pilares de *nuestro bienestar integral*, acompañado de una serie de frases inspiradoras:

1. *Buen soporte psicofísico, mental, emocional, social y espiritual*

Todo lo que pasa en el alma del hombre se manifiesta en su cuerpo. Gottfried W. Leibniz

Lo divino está en lo humano. (José Martí)

La grandeza del hombre está en el pensamiento. (Blaise Pascal)

Es inmoral que un ser no se esfuerce en hacer cada instante de su vida lo más intenso posible. (José Ortega y Gasset)

Todas las cosas ocultan un gran misterio; todas las cosas son velos que ocultan a Dios (Blaise Pascal)

2. *Valentía, valor, voluntad tenaz y fortaleza de espíritu*

La perseverancia es una virtud a cuya merced todas las demás virtudes dan fruto. (A. Graf)

Los débiles tienen problemas; los fuertes, soluciones. (Edgar Morín)

El talento es algo corriente. No escasea la inteligencia, sino la constancia. (Doris Lessing)

Como sabía que era imposible, lo hice. (A. Einstein)

3. *Estabilidad emocional, calma, autocontrol y paz interior*

Las palabras van al corazón cuando han salido del corazón. (R. Tagore)

El mayor bien es la paz y la tranquilidad del alma. (San Juan de la Cruz)

Quien no se domina a sí mismo siempre será un esclavo. (Johann W. Goethe)

Irás con más seguridad por el término medio. (Ovidio)

No abras los labios si no estás seguro de que lo que vas a decir es más hermoso que el silencio. (Proverbio árabe)

4. *Motivación, autorrealización, una vida con sentido, una fuerte razón para vivir*

Buscar el sentido de la vida es darle significado. (Enrique Solari)

Lo que buscas está en ti. (Persio)

Todas mis esperanzas están en mí. (Terencio)

Hay muchas maravillas en este mundo; ninguna más grande que el hombre. (Sófocles)

En esta vida es fácil morir. Construir la vida es mucho más difícil. (Vladimir Malakooski)

5. *Actitud positiva, alegría de vivir, atención e intención, vivir el presente*

Estando siempre dispuestos a ser felices es inevitable no serlo. (Blaise Pascal)

El carácter de cada hombre es el árbitro de su fortuna. (Publio Sirio)

Lo que haga hoy es importante, porque estoy utilizando un día de mi vida. (Anónimo)

Si uno se puede reír de aquello que le hace llorar, lo va a superar con mucha facilidad. (Maitena)

Si exagerásemos nuestras alegrías como hacemos con nuestras penas, nuestros problemas perderían su importancia. (Anatole France)

Lo mismo tardas en ver el lado bueno de la vida que en ver el lado malo. (Jimmy Buffett)

6. *Sociabilidad, compromiso, sinergia, negociar, habilidades sociales*

La concordia hace crecer a las cosas pequeñas; la discordia arruina las grandes. (Salustio)

La vida consiste, no en tener buenas cartas, sino en jugar bien las que uno tiene. (Josh Billing)

"No camines delante de mí, no puedo seguirte. No camines detrás, no puedo ser tu guía. Camina a mi lado y seré tu amigo". Proverbio Chino

No camines detrás de mí; puede que no quiera o no sepa guiarte. Camina a mi lado y sé mi amigo. (Toro Sentado)

Unidos nos mantendremos en pie; divididos nos caeremos. (Esopo)

7. *Supervivencia, resistencia, adaptación, renovación, saber reinventarse*

Adaptarse o morir, ahora como nunca, es un imperativo irrevocable de la naturaleza. (H. G. Wells)

La vida no es sino una sucesión de oportunidades para sobrevivir. (Gabriel García Márquez)

Hay que amasar según la harina. (Proverbio Irlandés)

En todo fracaso hay una oportunidad. (J. Rockefeller)

La potestad de cambiar solo depende de nuestra voluntad. (W. Shakespeare)

8. *Sabiduría esencial, inteligencia emocional, creatividad y gestión del cambio*

La sabiduría no es otra cosa que la ciencia de la felicidad. (D. Diderot)

El que no considera lo que tiene como mayor riqueza es infeliz, aunque sea el amo del mundo. (Epicuro)

Es increíble lo que puedes lograr si crees en ti mismo. (S. Walton)

El aumento de la sabiduría cabe medirlo exactamente por la disminución de la bilis. (F. Nietzsche)

El sabio puede cambiar de opinión, el necio nunca. (E. Kant)

9. *Buen carácter, simpatía, jovialidad, cordura y sentido del humor*

La sonrisa es el idioma universal de los hombres inteligentes. (Víctor Ruiz Iriarte)

Cuando la vida te presente razones para llorar, debes demostrarle que tienes una y mil razones para reír. (Anónimo)

No hay día más perdido que aquel en que no hemos reído. (Charles Chaplin)

El mejor alpinista del mundo es aquel que más se divierte escalando montañas. (Alex Lowe)

10. *Amor, empatía, bondad activa, solidaridad y, amabilidad*

Amar es encontrar la riqueza fuera de uno mismo. (Alain)

Buscando el bien de nuestros semejantes encontramos el nuestro. (Platón)

El más poderoso hechizo para ser amado es amar. (Jacinto Benavente)

Según se es, así se ama. (Ortega y Gasset)

El amor todo lo vence. (Virgilio)

Realiza el bueno acciones generosas, lo mismo que un rosal produce rosas. (Campoamor)

Por tanto, visto lo anterior, ya podemos trazar el Retrato Robot de una persona verdaderamente saludable

Como ya dijimos al principio, estas personas destacan por su armonía, equilibrio, proactividad, asertividad, bondad y entusiasmo. Están dotadas de una mente muy bien entrenada y sus ideas y proyectos de vida están claros. Siendo las características más destacadas de las personas saludables:

- Cuidan de sí mismas de forma integral, tanto los aspectos físicos como los mentales, emocionales y espirituales, fruto de su actitud positiva consciente.

- Celebran cada día que viven y ofrecen la mejor imagen de sí mismas. Muestran un trato agradable, afable, y tienen buen carácter.

- Son optimistas, vitales, y saben que todo llega si se sabe esperar. En realidad, todas las personas saludables que he conocido comparten una actitud basada en la esperanza, la alegría y la valentía.

- Las personas saludables son conscientes de que la buena salud depende principalmente de su propia mente, que rige su vida, y de la salud del alma. Epicuro decía: «En la salud del espíritu nadie es ni joven ni viejo».

- La bondad adquiere un protagonismo en las personas saludables.

  Quieren superarse para ser mejores. Séneca decía:

  «Gran parte de la bondad consiste en querer ser bueno.

- Las personas saludables saben utilizar su cerebro con todo su poder y esplendor, y ponen a su servicio y al de los demás sus cien mil millones de neuronas.

  De ahí que sea crucial la anteriormente mencionada frase de Rabindranath Tagore: «Si algo tiene remedio, ¿de qué te preocupas?, y si no tiene remedio, ¿de qué te preocupas?».

  La clave de las personas saludables se halla en que aceptan de buen grado la vida que les ha tocado vivir y avanzan con optimismo y alegría, son felices y hacen felices a los demás.

Para acabar, nada mejor que 10 frases célebres sobre bienestar, salud y calidad de vida:

1. "El ejercicio es clave para la salud física y de la mente", Nelson Mandela, político.

2. "Saber comer es saber vivir", Confucio, filósofo.

3. "Tu cuerpo es templo de la naturaleza y del espíritu divino. Consérvalo sano, respétalo, estúdialo y concédele sus derechos", Henri Fréderic Amiel, filósofo.

4. "Cuide su cuerpo. Es el único sitio que usted tiene para vivir", Jim Rohn, escritor.

5. "Nuestros cuerpos son nuestros jardines; nuestras decisiones, nuestros jardineros", William Shakespeare, escritor.

6. "Un hombre demasiado ocupado para cuidar de su salud es como un mecánico demasiado ocupado para cuidar sus herramientas", Proverbio español.

7. "La música es para el alma lo que la gimnasia para el cuerpo", Platón, filósofo.

8. "Que la comida sea tu alimento, y tu alimento tu medicina", Hipócrates, médico.

9. "Andar es el mejor ejercicio posible. Habitúate a andar muy lejos", Thomas Jefferson, político.

10. "La actividad física no es solo una de las claves más importantes para un cuerpo saludable, es la base de una actividad dinámica y creativa", John F. Kennedy, político.

Nuestra Mente es "fundamental"

Álvaro Bilbao, en su libro "Cuida tu cerebro… Y mejora tu vida" (Plataforma), trata el tema del Alzheimer, como, por ejemplo:

Ofrece el dato que en 2050 el número de afectados por Alzhéimer se va a triplicar. Además del sueño, el ejercicio físico y la socialización son claves, pues crean neurotransmisores, fortalece el sistema inmunológico y ayuda a prevenir la inflamación del cerebro, que ahora sabemos que interviene en el desarrollo del Alzhéimer y la depresión.

Al hilo del Alzhéimer, véase el artículo del "20 Minutos", de 22 de septiembre de 2015, (Blogs, "Ciencia para llevar", por Mar Gulis/CSIC), titulado "¿Se puede prevenir el Alzhéimer?", según el cual "no existe una única causa conocida que provoque el alzhéimer, por lo que es difícil establecer las pautas para su prevención. Sin embargo, sí existen algunos consejos de los especialistas para mejorar nuestro estado físico y mental y hacer frente al deterioro cognitivo. Las recomendaciones se centran en dos puntos: en la detección precoz de los primeros síntomas, y en ejercitar la memoria. Breve repaso por algunos de estos hábitos saludables:

Ejercicio mental: Existe evidencia de que las personas que ejercitan su mente regularmente tienen una menor posibilidad de sufrir esta enfermedad. El ajedrez, los sudokus o los crucigramas pueden ser aliados. También se están desarrollando juegos de ordenador específicos.

Ejercicio físico: Algunos estudios indican que, incluso en cantidades modestas, el ejercicio físico regular ayuda en la prevención del alzhéimer. Por ejemplo, en un trabajo reciente se encontró que caminar unos 15 minutos tres veces por semana, montar en bicicleta o algunos ejercicios de estiramiento, reducen el riesgo en más de un 30 %.

Alimentación: Además de la importancia de las antioxidantes vitaminas E (frutos secos, semillas, cereales, hortalizas de hoja verde…) y C (cítricos, brócoli, fresas, pimientos…), varios estudios tienden a demostrar que una deficiencia de un ácido graso del tipo omega-3 (ácido docosohexaenoico-DHA) se asocia con el alzhéimer. Así, algunos trabajos ponen de manifiesto la importancia de ingerir pescado azul, como la sardina, el salmón y el atún. También parece ser beneficiosa la ingesta de alimentos ricos en ácido fólico y vitaminas B6 y B12 (vegetales de hojas verdes oscuras, pan integral, legumbres…).

Por otra parte, volviendo al autor Álvaro Bilbao, éste asegura que también hay que saber comer, pues "el consumo de pescado y fruta está asociado a un mayor desarrollo cognitivo, al igual que los hidratos de carbono complejos (harinas integrales). Conviene, además, evitar la sal, los conservantes y los colorantes, que contribuyen a la inflamación del cerebro". Y, por último, a modo de resumen, el estrés y el estado de ánimo. "Un cerebro optimista ayuda a ser más feliz, y retrasa la oxidación cerebral y el riesgo de sufrir un ictus o Alzhéimer".

Pero también nos da una serie de consejos muy prácticos y útiles:

Para Conservar el Cerebro en Perfecto Estado, lo mejor es *darle uso*, y para ello nada mejor que aprender cosas nuevas, mantener la curiosidad intacta, leer y escribir a menudo, ejercitar la memoria, e incluso, aprender a tocar un instrumento.

Además, la curiosidad y las nuevas experiencias también protegen de estos trastornos.

"Una persona muy cultivada, a lo largo de su vida, logra un cúmulo de conexiones sinápticas tan importantes que su cerebro puede llegar a pesar 100 gramos más. El cúmulo de aprendizajes ayuda a envejecer mejor y a resolver problemas difíciles con menor esfuerzo.

Se siempre Positiv@: las personas risueñas son más optimistas, "el estado de ánimo es un poderoso regulador de la memoria y, si es positivo, ayuda a conservarla en buena forma". Además, al reír aumenta el oxígeno que llega a tu cerebro y mejora su rendimiento.

Busca Tiempo para tus Amigos: cuando te relaciones con otras personas tus neuronas también "se relacionan" más. Y se estimulan, en especial las del córtex cerebral, la parte del cerebro responsable de aprender cosas nuevas. Por ello es importante que cultives la vida social, y fomentes lazos familiares y amistades. Intenta hacer nuevos amigos y apuntarte a actividades. Practica una afición, disfruta de cosas pequeñas y, sobre todo, sonríe. Si puedes realizar alguna labor de voluntariado tendrás la satisfacción de ver los beneficios que aporta a tu salud mental.

Lleva un Diario: mediante este sencillo ejercicio amplías el recuerdo que tienes de tus vivencias o pensamientos del día y lo "grabas" de cara al futuro. El mejor momento para hacerlo es antes de ir a dormir.

Escribe tu Futuro: apunta todo lo que quieras recordar al día siguiente o en el futuro porque esto estimula un tipo de memoria que se llama prospectiva y que es la que nos permita recordar las cosas que tenemos que hacer.

Navega por Internet: un estudio de la Universidad de California asegura que buscar información en Internet ayuda a mantener una mente despierta porque se activan las zonas del cerebro encargadas del razonamiento complejo.

Acude al Dentista, una vez al año: tener gingivitis (inflamación de las encías) con más de 60 años multiplica por tres el riesgo de problemas de memoria, según un estudio del Colegio de Médicos y Cirujanos de Columbia (EE.UU.)

Juega y Diviértete: los juegos de palabras – como el scrabble o los crucigramas – o numéricos – como los sudokus -, estimulan las capacidades lingüísticas, numéricas, y la agilidad mental. También son muy útiles los juegos de mesa (cartas, ajedrez…) ya que exigen concentración, estrategia y memoria.

Practica Ejercicio Físico con Regularidad, siempre teniendo en cuenta que es más importante la constancia que la intensidad. Reduce el uso del coche, desconecta ordenador y televisión y levántate del sofá. E incluso, recuerda que bailar viene bien para corazón y mente.

Fuera Agobios. El estrés es uno de los mayores enemigos del cerebro y de la felicidad. No debemos empeñarnos en abarcar más de lo que podemos, hay que poner límites a las demandas de los demás y desengancharse de los ingenios tecnológicos que nos conectan con la actividad laboral. El objetivo es dedicarse tiempo a uno mismo.

Algo que también nos puede agobiar, es ponernos unos listones muy elevados a nosotros mismos, por ejemplo, autoimponernos el estudio de idiomas, cuando ya somos mayores, y durante un período largo en el tiempo, lo mejor en estos casos es reconocer que lo nuestro no son los idiomas y abandonar… Lo mismo sucede con la preparación de oposiciones, también cuando ya uno tiene cierta edad y van pasando los años y no consigues tu objetivo, (en estos casos, lo mejor es conocer los límites que tenemos cada uno de nosotros), también, aunque sea dura la situación… pero lo mejor para la salud, y concretamente por el estrés y ansiedad que genera, es abandonar, (al fin y al cabo el destino tiene siempre preparado algo mejor, no lo dudes).

Dormir Bien, y tantas horas como sea necesario, permite descansar a nuestro cerebro. Algunas rutinas nos facilitarán conciliar un sueño de calidad, como leer un rato y no ver la televisión en la cama. Aparte de esto, según Álvaro Bilbao, hay que dormir más, pues "perder una hora de sueño al día reduce en un 40 % las probabilidades de tener un buen día". Además, dormir más evita catarros, y ayuda a no engordar. El sueño, no sólo tiene un efecto inmediato en las funciones intelectuales y el estado de ánimo, pues a largo plazo crea nuevas conexiones neuronales que protegen al cerebro de enfermedades como el Alzheimer o la pérdida de memoria asociada a la edad. Según Bilbao, hay mucha gente que no le da la importancia suficiente al descanso nocturno, y saca a relucir la anécdota: "Bill Clinton decía que con 5 horas de sueño tenía suficiente. Dos años después (ya no era presidente de EE.UU.), le dio un infarto y dijo que estaba convencido de que había sido por culpa de 20 años sin descanso y que los peores errores de su carrera estaban motivados por el cansancio". Aunque a priori puede parecer que el cuerpo aguanta y que no necesita más horas de sueño, al final, "el organismo lo paga con el paso del tiempo".

En cuanto a nuestros hábitos alimenticios, ten en mente siempre que, *hay que hidratarse a menudo*, para ello bebe 2 litros de agua al día, evita las grasas perjudiciales de la bollería industrial, embutidos y algunas carnes. Y, toma frutas y verduras a diario, y grasas saludables (como el aceite de oliva). Por último, recuerda que comer acompañado sienta mejor.

Al hilo de la recomendación anterior de beber 2 litros de agua al día, destacamos la noticia publicada en "20minutos. es/efe", *de 3 de junio de 2013* "Cuida tu cerebro: bebe agua":

Si de cuidar el cerebro se trata, mejor beber agua. Nuestro cerebro necesita gimnasia mental, pero también hidratación, pues está demostrado que el consumo de agua mejora el rendimiento cognitivo.

El último informe científico del Instituto de Investigación Agua y Salud (IIAS) ha mostrado que un descenso de tan sólo un 2 % de agua en nuestro cuerpo, puede causar pérdida momentánea de memoria y disminución significativa de la atención. Un descenso de un 2 % de agua en el cuerpo, puede causar pérdida momentánea de memoria. En este aspecto, la evidencia científica revela que la deshidratación conlleva repercusiones en el rendimiento intelectual, provocando lentitud del pensamiento y de los reflejos y un aumento significativo de los errores en la solución de conflictos. De hecho, hay estudios que señalan que la deshidratación provoca una caída de la capacidad de concentración en un 15 % y una disminución de la memoria a corto plazo del 10 %. Igualmente, se señala que a partir del 1 % de deshidratación corporal se observa una disminución significativa del rendimiento de la memoria de trabajo y que, con una deshidratación del 3 %, pueden aparecer fuertes dolores de cabeza, alteraciones en la destreza y desorientación temporal y espacial.

El profesor Jesús Román Martínez, secretario general del Comité Científico del IIAS, recuerda que "la Agencia Europea de Seguridad Alimentaria respaldó en 2011 la relación positiva entre la ingesta de agua y el mantenimiento de las funciones físicas y cognitivas normales y la termorregulación". Por todo ello, en situaciones en las que se necesita un esfuerzo mental intenso y en las que se requiere un alto nivel de concentración, el IIAS recomienda beber agua frecuentemente pues, si no se mantiene una buena hidratación, el rendimiento se verá mermado.

Otro tema interesante que debemos tener en cuenta es mantener el Cerebro en forma, cuidándonos lo mejor posible de cara a cuando seamos mayores, en este caso no solamente física sino también mentalmente. Para ello hay que tener en cuenta que mantener las neuronas a punto no es tan difícil como parece, pues hay actividades sencillas y cotidianas que ayudan a conservar la memoria y mejoran la capacidad de resolver problemas. Además, según los últimos estudios científicos, mantener el cerebro en forma no cuesta tanto.

2012 fue declarado el Año de la Neurociencia en España, ocasión que aprovechó Elena Sanz, para reunir 10 recomendaciones de diferentes investigadores para mantener una *mens sana*:

1) Echarse la siesta: dormir a mediodía 90 minutos mejora la capacidad del cerebro para adquirir nuevas habilidades. Una cabezadita a media tarde, aunque sea más corta, ayuda a consolidar la memoria y a retener lo aprendido.

2) Las tareas, de una en una: intentar ver la televisión a la vez que consultar el correo electrónico y hablas con tu pareja es posible, pero no es sano. Practicar la multitarea demanda mucha más energía de nuestro cerebro que ejecutar las tareas de una en una.

Y supera nuestra capacidad de procesamiento, hasta tal punto que el cerebro se vuelve más lento y el cociente intelectual se reduce. Además, se liberan hormonas relacionadas con el estrés y adrenalina, que afectan a la salud cardiovascular.

3) Mover el esqueleto: en un estudio realizado con personas de más de 75 años, científicos estadounidenses compararon qué efecto tenía sobre el cerebro realizar diferentes actividades. Llegaron a la conclusión de que la óptima para conservar la agudeza mental es el baile. Concretamente, las personas que lo practican con frecuencia reducen el riesgo de sufrir demencia en un 76 %.

4) Hacer un alto en el camino: tomar una taza de café o un té después de una reunión o al salir de clase ayuda a retener mejor la información, según un estudio de la Universidad de Nueva York. La consolidación de la memoria ocurre en momentos de relax, en una estructura cerebral conocida como hipocampo.

5) Conversar: una breve conversación en un tono amistoso ayuda a desarrollar la función cognitiva, mejora la memoria de trabajo y elimina las distracciones internas y externas. Esto solo es eficaz si se da en un contexto de cooperación. Si adquiere un tono competitivo, los potenciales beneficiosos se esfuman.

6) Cultivar la amistad: la región del cerebro situada sobre los ojos, conocida como corteza prefrontal, es mayor a medida que crece el número de amigos que nos rodean. La relación se debe a que, para cultivar la amistad, necesitamos desarrollar la capacidad de deducir lo que otra persona está pensando.

7) Comer con moderación: Ingerir una dieta baja en calorías no sólo evita el sobrepeso. Además, estimula la síntesis de una molécula llamada CREB1, que activa una serie de genes ligados a la longevidad y al buen funcionamiento del cerebro. Por el contrario, comer en exceso acelera el envejecimiento cerebral.

Los investigadores esperan desarrollar nuevos fármacos que permitan activar esta molécula sin necesidad de pasar hambre.

8) Hablar varios idiomas: conocer dos o más lenguas puede retrasar hasta en cinco años la aparición de síntomas propios de la enfermedad de Alzhéimer, como la confusión o la mala memoria.

9) Jugar al Tetris: media hora cada día de este videojuego aumenta la eficiencia en áreas del cerebro vinculadas con el pensamiento crítico, el procesamiento del lenguaje y la planificación de movimientos coordinados.

10) Meditar: esta práctica aumenta el número de conexiones del cerebro y la cantidad de pliegues de su corteza, dos rasgos que los científicos relacionan con una buena memoria y con la habilidad para procesar adecuadamente la información y tomar decisiones.

Continuando con el estudio del Cerebro, podríamos citar a quién es para nosotros un referente en la materia, Eduardo Punset, como vemos a través de su libro "El alma está en el cerebro" (Aguilar), el cual aconsejamos, por medio del cual:

El autor expresa que "ser buena persona es magnífico para uno mismo". Antonio Damasio afirma que "la felicidad, la compasión y la colaboración en general están relacionadas con la supervivencia y con el bienestar. Todos tenemos un sistema de regulación interno que requiere de un equilibrio para que nuestra propia vida pueda continuar".

Todo lo bueno y lo malo está en nuestro cerebro, en nuestra imaginación, (estamos hablando de la capacidad de la imaginación).

Cuando pensamos mal de algún asunto determinado, todo se paraliza, y todo nuestro esfuerzo se dirige a solucionar supuestas amenazas.

Por otra parte, hay estudios que confirman que algunas partes del cerebro quedan devastadas por pensamientos y preocupaciones que no tienen nada de reales. "El estrés afecta a la tensión arterial, por ejemplo. Pero el estrés también puede tener efectos graves en el cerebro. Todos sabemos que cuando una persona está estresada, la memoria no es buena y se olvidan las cosas. El estrés puede matar neuronas de una parte del cerebro llamada hipocampo, que es decisiva para el aprendizaje y la memoria".

Sería interesante destacar la anécdota del propio Eduardo Punset sobre su perrita *Pastora*, es la siguiente: "el plato en el que le pongo la comida está en la terraza y, cuando voy a buscarlo para rellenarlo, *Pastora* salta y ladra alrededor de mí y prácticamente no me permite andar. Finalmente, consigo coger el plato y me dirijo a la cocina para ponerle comida, y ella empieza a corretear como loca y a saltar y a ladrar de felicidad. Luego, vuelta a empezar: quiero ir a la terraza con el plato lleno y *Pastora* salta y corre sin cesar. Lo más interesante es que parecía emocionada con el hecho de que le pusiera comida, pero a veces, cuando tenía el plato lleno… ni siquiera comía. Me preguntaba por qué se comportaría así. Llegué a la conclusión de que la mayor felicidad parece estar en la sala de espera de la felicidad".

De los textos de Robert Sapolsky parece deducirse la misma interpretación. Él sugiere que en la anticipación del placer es donde justamente reside el placer. Según Sapolsky, la dopamina tiene mucha relación con el placer, pues él afirma que "antes se creía que una parte del cerebro segregaba dopamina cuando se obtenía una recompensa. Pero resulta que esa idea es un error. No se trata de la recompensa, sino de *la anticipación* de la recompensa".

Pensar desgracias perjudica seriamente la salud:

"Los seres humanos tenemos la capacidad de representar mentalmente la realidad", dice Francisco Martínez, profesor de Psicología en la Universidad de Murcia. "Y una emoción puede ser suscitada por un estímulo que no sea siquiera real: la imaginación o una falsa percepción es capaz de producir una reacción emocional o estrés". El estrés ha sido uno de los mecanismos adaptativos que en mayor medida ha contribuido a la evolución de nuestra especie, porque nos ha protegido (como a la gacela acosada por los leones), pero cuando ese estrés no cesa en el momento que cesa el estímulo, puede dar lugar a patologías.

Es lógico que mantengamos niveles de hiperactivación ante un atracador. La tensión muscular, ventilación, atención, etc., quizá nos sirvan para huir o salvar la vida. Pero si esos niveles se mantienen cuando la amenaza ha pasado, si el sistema sigue activado durante mucho tiempo ("¡Me van a atracar hoy o mañana! ¡Me van a asaltar…!"), entonces se producirán cambios crónicos muy perjudiciales.

"Nuestra imaginación y nuestra memoria son grandes fuentes de infelicidad en nuestra especie", decía Francisco

Martínez. "Recordar sucesos desgraciados o imaginar amenazas hipotéticas puede hacernos muy infelices. Se provocan cambios hormonales que se convierten en organismos patógenos. Robert Sapolsky lo comentaba: muchas de las hormonas que se segregan durante la respuesta de estrés pueden causar daños gravísimos… Son tóxicas para nuestro sistema nervioso".

La gran amenaza: la depresión

En los últimos veinte años se ha demostrado que la depresión incide y cambia la anatomía de nuestro cuerpo. Una situación de estrés repetida, incluso imaginada, cambia o puede cambiar el volumen de nuestro cerebro, del hipocampo, en más de un 10 %.

Y eso no ocurre por culpa de la edad: eso ocurre por culpa de la depresión, que es una enfermedad que no se caracteriza por valores relacionados con la inteligencia o la creatividad, sino con la tristeza: una profunda tristeza.

¿Qué nos hace felices?

Es cierto que el dinero no da la felicidad. Y también es cierto que no es más feliz el que tiene más posibilidades de elegir. Si es cierto que somos el único animal que puede viajar mentalmente hacia su futuro, anticipar una variedad de acontecimientos y elegir el que creemos que nos hará más felices. Pero no siempre escogemos bien. Nuestras predicciones emocionales son muy defectuosas y raramente somos tan felices o infelices como esperábamos.

Uno de los errores que cometemos es sobreestimar el efecto que producirán en nosotros ciertos acontecimientos: es lo que los psicólogos llaman "sesgo de impacto". Por ejemplo, pensamos que, si nuestra relación de pareja se rompe, nos sentiremos mal durante mucho tiempo, y que si nos tocase la lotería la vida sería mucho mejor. Sin embargo, aunque ocurran esos hechos, la mayoría de las veces volvemos a nuestro estado emotivo basal en un período relativamente corto. No es que los acontecimientos no nos afecten, sino que cualquiera que sea su impacto psicológico, siempre es menor y menos duradero de lo que imaginamos. Una de las causas de este regreso paulatino a nuestras emociones comunes es que poseemos una gran facilidad para cambiar nuestra visión de las cosas y, por tanto, también las reacciones que éstas provocan en nosotros.

Pues, si, por ejemplo, nuestra pareja nos abandona, pronto empezaremos a pensar que… "Bueno, en realidad, no estábamos hechos el uno para el otro". Y si nos toca la lotería, pronto empezaremos a pensar… "Sí… He solucionado algunos problemas, pero este dolor de espalda me mata…". En fin, siempre volvemos a nuestro estado emocional común. Y esta tarea la hacemos realmente bien.

Tienes que quitarte de encima tus *malos hábitos*. Un mal hábito para abandonar puede ser el tabaco. Para ello:

1º) conciénciate que realmente es malo *para tu propia salud*, (por tanto, debes dejarlo poco a poco).

2º) Si no lo consigues, puedes hacerlo por una buena causa, *por tus propios hijos*, para darles un buen ejemplo.

3º) Finalmente, piensa en la *edad* que tienes… ¿vas a seguir toda tu vida con un mal hábito?, piensa entonces en aquellas cosas, más interesantes que un mal hábito, que puedes hacer en la vida, (por todo ello, piensa que es una mala costumbre que debes erradicar).

Para concienciarnos, y ayudar a mejorar este problema, echemos un vistazo al quinquenio 2011-2015. Nos llama mucho la atención el avance enorme que se ha producido en este tema, al disminuir a la mitad la venta de cigarrillos en España.

Una de las razones por las que atribuimos a ciertos acontecimientos una importancia desmesurada es que tendemos a concentrar todo el futuro en un acontecimiento concreto, y olvidamos todo lo demás. Si, por ejemplo, pensamos cómo nos sentiremos un año después de la muerte de un ser querido, nos haremos una imagen mental de su ausencia y ello nos provocará un gran dolor. Pero no consideramos el infinito número de sucesos que, aunque sean menos importantes, irán diluyendo el impacto principal.

Podríamos pensar que deberíamos intentar corregir estos errores en la previsión emocional y que, de esta manera, podríamos actuar de una manera más racional... Pero los psicólogos creen que sería un error. En primer lugar, porque no sabemos qué función puede desempeñar ese sistema prodigioso que nos permite regresar lentamente a nuestro estado emocional basal. Muchos especialistas consideran que se trata de un proceso adaptativo: quizá es importante creer que estaremos destrozados si nos ocurre una desgracia; quizá sea importante creer que seremos inmensamente felices y para siempre si nos toca la lotería. Y, en segundo lugar, podría considerarse que estos errores son comparables a las ilusiones ópticas: aunque sepamos que las líneas paralelas no convergen en el horizonte, no por ello la ilusión desaparece.

El Dinero:

¿La riqueza puede hacernos más felices? Hay personas que *dicen* que el dinero no da la felicidad, pero *piensan* que sí la da. Hay personas que dicen que el dinero no da la felicidad, pero quita los nervios. Hay personas que dicen que probablemente se puede ser feliz sin dinero, pero preferirían no comprobarlo.

El dinero sí compra la felicidad cuando te permite pasar de la pobreza a un estatus de clase media. El dinero no compra la felicidad cuando te permite pasar de la clase media a la clase media alta. Hay que recordar que un vaso de vino te hará sentir bien; dos vasos de vino te harán sentir muy bien. Pero cien vasos de vino no te harán sentir cien veces mejor: te sentirás peor. Pues con la riqueza pasa lo mismo, una de sus maldiciones es que decepciona, ya que no proporciona lo que se esperaba de ella.

Hay algo de verdad en la frase "El dinero no da la felicidad... pero ayuda". En los años 90 se realizó un estudio en 64 países y se observó la correlación entre la renta *per cápita* y la felicidad subjetiva de los encuestados. Analizando los datos por individuos, vemos cómo la salud es lo más importante. Pero también se valora mucho la simpatía y la alegría. Y en cuanto al estado civil, los divorciados y viudos son menos felices que los solteros, que a su vez lo son menos que los casados.

Sin embargo, a pesar de que el grado de felicidad medio parece ir en aumento, la realidad es que las depresiones aumentan en los países industrializados. Las causas de infelicidad son tan variadas como los individuos que las sufren: no soportamos envejecer, nos encantaría tener el trabajo del vecino, podemos escoger entre varias compañías telefónicas, pero siempre nos parece que tenemos la más cara... El tiempo se esfuma ente el trabajo, la familia y la vida social, pero no encontramos un instante para nosotros mismos.

Tal vez investigar a aquellos que dicen ser más felices nos ayude: estos individuos suelen tener seguridad en sí mismos, son optimistas, extravertidos... Así pues, la solución pasa por conocer nuestros puntos débiles y actuar sobre ellos. Por ejemplo, podemos esforzarnos en ser más sociables, en expresar con más facilidad qué sentimos y, poco a poco, este esfuerzo se convertirá en una actitud personal.

Hemos de reconocerlo: no somos muy hábiles a la hora de pronosticar nuestra felicidad ni a la hora de tomar las decisiones correctas. Quizá no hayamos mejorado mucho en los últimos 50.000 años. "Pues, por aquella época, el futuro del ser humano no iba más allá de la hora siguiente, o quizá del día siguiente: nadie pensaba en términos de años o décadas", asegura Daniel Gilbert. "Por esa razón resulta tan difícil predecir nuestras emociones futuras: es algo que nuestra especie apenas ha empezado a gestionar: sólo muy recientemente nuestra especie se considera a sí misma como una vía que se extiende en largos períodos de tiempo. Y el resultado es que intentamos llevar a cabo esta tarea tan nueva y difícil con un cerebro muy viejo. Y así, naturalmente, cometemos errores".

El desarrollo de nuestro Cerebro de la forma más positiva posible nos llevaría al concepto de *sabiduría esencial* que planteaba el *psicólogo, pedagogo y escritor Bernabé Tierno* en su libro "Sabiduría Esencial" (Temas de hoy), cuando comentaba que *la **paz y la armonía** siempre acompañan a los sabios y les conducen hacia la felicidad. Sin duda, el objetivo primordial de la sabiduría es la búsqueda de la felicidad, y **esas dos virtudes** nos ayudan a conseguirla.*

Siempre basándonos en hacer el bien a los demás, así como a uno mismo, hemos de controlar otros principios:

- *No estar disponible ni ceder ante los ataques, traiciones y chantajes con los que algunos pretendan controlar nuestras vidas.*

- *No permitir que confundan bondad con debilidad y disponibilidad incondicional.*

- *Practicar el bien preferentemente con lo más débiles, desprotegidos, desheredados y enfermos.*

*Ocuparse en vivir de la forma más plena, y posible.

Las mejores reflexiones que podemos hacer en torno a este tema, serían:

1. Felicidad, deseos obsesivos y sabiduría son incompatibles: desea menos y disfruta más.

2. Sabiduría y felicidad se retroalimentan y son la consecuencia directa de cómo vivimos y nos tratamos a nosotros mismos: date homenajes frecuentes.

3. La manera en que percibimos e interpretamos lo que nos sucede es la primera cusa de nuestras desgracias: engánchate al optimismo vital.

4. Una de las ventajas cuando nos llegan enfermedades y desgracias es la oportunidad que se nos ofrece de

conocer de verdad quiénes son amigos o enemigos: quiere a quien te quiere y no llames a la puerta de quien te abandonó. Para mí esta es genial, recomiendo aplicarla, es una verdad como un templo.

5. La vida es el banquete más refinado del que disponemos: que nada te importe más que vivir el día a día.

6. El sabio y prudente escucha mucho y habla lo justo. Sabe que "por la boca muere el pez": conviértete en un mudo sonriente.

7. Prueba de sabiduría en grado avanzado es haber descubierto que cuando de deshaces y desprendes de casi todo, es cuando llegas a poseerlo también casi todo: haz zafarrancho de limpieza de lo innecesario. Por supuesto, a diario...

8. El sabio procura combatir en aquellos terrenos en los que la victoria y el éxito dependen casi en exclusiva de lo que él pueda hacer: trabaja sobre seguro; los éxitos son el dulce que siempre viene bien.

9. El necio atribuye sus fallos y fracasos a los demás; el exigente, perfeccionista e inteligente se suele acusar a sí mismo y el sabio, simplemente, busca la manera de encontrar alternativas y soluciones, pero no busca culpables: haz lo que puedas, pero a gusto y disfrutando en el trayecto.

10. El sabio vive, cuida y disfruta lo que hace y tiene en cada momento. Sabe que sólo dispone del presente porque el futuro irremediablemente se convierte en pasado: para vivir en plenitud apura gozosamente cada minuto como si fuera un milagro irrepetible.

11. Sólo hay una forma de librarse del miedo a la muerte: apúntate a la esperanza de una felicidad eterna y sin límites. Así pensamos y esperamos todos los optimismos vitales.

12. Del pasado, al sabio sólo le interesa lo que puede recordar con gozo y lo que terminó bien y sirve como reconfortante experiencia para vivir más plena y gozosamente el presente: aprende a pasar página de todo lo que ni te beneficia ni te alegra la vida.

13. Ante los amores no correspondidos y las amistades perjudiciales y que no interesan, el sabio encuentra la forma de separarse sin acritud: es mejor desatar con dulzura que romper con premura los lazos de amores y amistades que ya no interesan.

14. A mayor conocimiento de ti mismo, mayores posibilidades de éxito en lo que te propongas y más oportunidades de ser feliz y sabio: conócete a ti mismo más y mejor cada día.

15. Conserva la sangre fría, la serenidad y la calma en todas las circunstancias.

16. Sé humilde y afectuoso con los humildes y deja que los altivos se regodeen en su necedad.

17. El prudente y sabio no presta excesiva atención ni da demasiada importancia a quien le alaba u ofende: mantén tu paz de espíritu, tu gozo y tu alegría de vivir a salvo de los juicios de los demás.

18. Por encima de cualquier cosa, ama. No hay felicidad ni sabiduría sin amor.

19. Quien siembra paciencia cosecha paz; quien siembra precipitación cosecha conflictos, problemas y pesares: sé fiel aliado de la calma y un incondicional de la paciencia, sobre todo, cuando las situaciones sean más tensas y desestabilizadoras.

20. El sabio sabe muy bien que todas las injurias y maledicencias con las que pretendan hacerle sentir mal no merecen ni un minuto de su atención. "No ofende quien quiere, sino quien puede". No prestes atención

ni respondas a las ofensas de tus enemigos, porque al hacerlo, les darías poder sobre ti, sobre tu tiempo, tus sentimientos y tu felicidad y serías un necio y un débil. Sólo los débiles utilizan la ofensa como arma.

Por todo ello, no me cabe la menor duda que el verdadero sabio se apuntará al lema: "Día que pierdes, sea cual sea la causa, estupidez que cometes". Pues hay que vivirlos a tope, intentando cumplir los objetivos que nos hemos propuesto.

Como diría Bernabé Tierno, en su libro "El aprendiz de sabio" (Grijalbo), si queremos convertirnos en aventajados aprendices de sabio, nuestro *primer objetivo* ha de ser averiguar cuáles son los vacíos, las necesidades ocultas, que ponen al descubierto defectos, actitudes y creencias que debemos cambiar por otras cualidades más saludables, centradas y equilibradoras. No descuidando estos criterios:

Necesidad de buscar ansiosamente…

Ser importante a cualquier precio

Tener siempre razón a toda costa

Amar y ser amado de forma insaciable

Expulsar, descargar y proyectar la rabia y la ira

Preocuparse por todo, de ver por todas partes dificultades y problemas

Culpar a los demás, buscar un chivo expiatorio

Sentirse superior a los otros, orgullo y arrogancia

Buscar compasión, ir de mártir por la vida

Que otros se responsabilicen, decidan y tomen el mando

Criticarlo todo y a todos, encontrar defectos

Atesorar riquezas y propiedades y que los demás se enteren

Que todo esté y sea perfecto, ordenado y maravilloso. Tener éxito en cuanto se proponga.

El *segundo objetivo* es pasar a la acción y cambiar lo que deba cambiarse. ¿Dónde encontrar el verdadero sentido, las columnas sólidas en las que apoyarse?: en los principios o leyes universales que deben sustentar una vida llena de sabiduría…

Principio de la unidad y potencialidad pura, *que se cumple si se dan las circunstancias de paz, quietud, silencio interior y renuncia a la crítica. El Aprendiz de Sabio es consciente de que en la medida en que sintonice su mente con la mente infinita, sin límites y todopoderosa de la naturaleza, mayores serán sus posibilidades de creatividad, eficacia y de plenitud.*

Principio de la interacción dinámica del universo. Ley del dar y del recibir. *El Aprendiz de Sabio nunca olvida que es él el primer responsable y causante de su felicidad o su desgracia, por eso no deja de generar acciones nobles y saludables, que producen un gran bien en sus semejantes y se convierten en un bien mayor para sí mismo.*

Principio de la causalidad: *toda acción engendra una fuerza de energía que vuelve a nosotros. El Aprendiz de Sabio siempre elabora sus respuestas y opta por las soluciones pertinentes desde la calma y el sosiego interior y exterior. Hace caso a la corazonada inteligente que le habla desde la coherencia y la plenitud del espíritu.*

Principio de la armonía y del equilibrio, del mínimo esfuerzo, de lo natural. *Conviértete en mero espectador, disfruta de la aceptación de la realidad, vívela sin lucha, sin queja, y deja que todo suceda con la serenidad y el equilibrio silencioso de que nos da ejemplo la naturaleza. Saborea cada instante, siéntete vivamente en paz, plenitud y armonía físicas y psíquica.*

Principio de la atención-intención consciente. *La maravilla de las maravillas es que el sistema nervioso humano no solo es capaz de ser consciente de la información y de la energía de su propio campo cuántico, sino que también puede modificar de manera consciente el contenido informativo y energético que da origen a nuestro cuerpo, ampliando nuestro mundo y haciendo que se modifiquen cosa en él.*

Principio de la no-dependencia, del desapego, de la sabiduría de la incertidumbre. *Sin la inseguridad permanente que debemos saber disfrutar seríamos víctimas de nuestro pasado. La sabiduría de lo desconocido nos rescata de la tristeza, del adocenamiento, de la involución y de la desesperanza, pues se convierte en abanico de infinitas posibilidades.*

Principio del propósito de la vida, del "porqué" y "para qué" de la existencia. *Todo tiene su porqué y para qué en la vida. Nada es al azar. Cada ser, cada persona es singular, pieza única, ser irrepetible con un proyecto, con un propósito existencial, que debe llevar a cabo en beneficio de los demás y para hacer posible el bien, el orden y la armonía universal.*

Como diría Rharo: "Sé consciente de tu ignorancia, este solo conocimiento conduce a la sabiduría".

El *tercer objetivo* es saber llevar a la vida de cada día esa sabiduría esencial, desgranada en formas concretas de pensar, sentir y obrar, incorporándolas a la personalidad hasta que se conviertan en actitudes, en hábitos…

Hacerse bien y no daño a sí mismo, *e impedir que otros nos hagan daño. Hacer el mayor bien posible a los demás.*

Hacer siempre aquello que teme, *tomar sus propias decisiones. Perdonarse y tratarse con ternura, activar todas sus potencialidades.*

No perder nunca el sentido del humor, *reírse don frecuencia de sí mismo. Vencer el miedo al qué dirán.*

Cuidar, cultivar y potenciar su mente, *la parcela del espíritu, los buenos y nobles sentimientos.*

Responsabilizarse *de sus pensamientos, sentimientos y acciones. Saber decir: ¡No! Sin sentirse culpable.*

Tender puentes *y establecer lazos, cultivar y potenciar la parcela social y de relaciones familiares.*

Planificar el futuro, *pero sin permitir que la inquietud o el estrés anticipatorio nos afecten. Correr riesgos razonables siempre que sea necesario.*

Valorar y disfrutar las cosas más cotidianas, *normales y sencillas que le depara el día a día, porque ésas son, en verdad, las grandes y maravillosas cosas de este mundo.*

Pensar y meditar cada día *con plena convicción,* que la manera más segura y cierta de vivir *para sí mismo y ser feliz,* no es otra que vivir para los demás *y dejar tras de sí una estela de acciones nobles y generosas, contribuyendo a que este mundo sea un poco mejor, más humano y acogedor.*

Convertir el respeto, la empatía, la comprensión, el perdón, el buen entendimiento y la alegría de vivir en sus mejores aliados *para una convivencia madura y pacífica con sus seres queridos y con los demás.*

Llegar a entender que la felicidad y la desdicha, la suerte y la desgracia, la riqueza y la miseria, están latentes en el espíritu, en la mente de cada individuo. *Pero cada cual tiene en sus manos la posibilidad de despertar, activar y potenciar unas u otras. Hay que tener muy claro que únicamente nosotros mismos somos los dueños de nuestro propio destino.*

CÓMO LOGRAR TUS OBJETIVOS

Como diría Antonio Vázquez Galiano, el *éxito,* (es decir, la consecución de los objetivos que te has propuesto), es un término interesante. En principio, nada que objetar contra él, pero lo que a veces inquieta es que se confunda con la felicidad. El *éxito* suele referirse a parcelas concretas de la actividad humana: profesional, social o incluso matrimonial. La felicidad, sin embargo, es más amplia y totalizadora. Como apunta J. B. Torelló: *el éxito es historia, signo de lo inicial, mientras la felicidad tiene siempre carácter final; el éxito es siempre anécdota, la felicidad es zancada que franquea el umbral del tiempo y se introduce en la eternidad, casi participación anticipada de la misma.* Es, en síntesis, la idea que remacha Leonardo Polo cuando afirma que *Todo éxito es prematuro.* En definitiva "Hay que educar para ser felices".

Llega un momento en que nos encontramos en una encrucijada y tenemos que decidir entre la siguiente disyuntiva: eficacia o éxito. Como diría Bernabé Tierno en su libro "Atrévete a triunfar", cada día, desde muchas áreas de nuestra vida, observamos cómo las personas consiguen el éxito. Pero si nos preguntamos qué es el éxito nos encontramos con muy diferentes opiniones. Es muy posible que, para un jefe de ventas, el éxito resida en conseguir más y mejores compradores; para un arquitecto, el éxito estará en construir un maravilloso edificio; otras personas considerarán que sólo tienen éxito aquellos que salen en las revistas o en la televisión. Hay por tanto una clara escisión que depende del área de trabajo en la que nos desenvolvemos y a su vez la escala social que ocupemos, y todo ello da como resultado una concepción de eficacia totalmente distinta. En mi opinión, el éxito está en cada uno y en el camino que cada cual elija.

Un estudiante puede conseguir el éxito por dos caminos: comparándose con los demás, en cuyo caso sólo conseguirá el éxito cuando saque las mejores notas, y comparándose con él mismo, en cuyo caso el éxito residirá en las metas que él se haya propuesto. Así, no será necesario ser el mejor de la clase, sino sentirse a gusto con el trabajo realizado.

Contamos, por tanto, con dos caminos para conseguir el éxito:

Ser el mejor, o bien, sentirse a gusto con uno mismo.

Muchas veces se confunde la palabra éxito con el hecho de ser conocido o reconocido, dejando a veces de lado otros factores como la vivencia personal del éxito.

En fin, tengas la edad que tengas, sea cual sea tu ocupación, espero, querido lector, que disfrutes de la lectura y que puedas utilizarla para conseguir el mayor éxito de tu vida.

Eficacia y eficiencia

"A la larga, el éxito es más fácil que el fracaso. Sencillamente, consiste en saber lo que se quiere, en saber hacerlo y en tener la persistencia y determinación para lograrlo". Bill Bailey

Pocos términos se utilizan de manera habitual como sinónimos, es decir, con idéntico significado, que las palabras «eficacia» y «eficiencia» y, sin embargo, es necesario hacer una clara distinción desde el principio.

Según nuestro Diccionario de la Lengua Española de la Real Academia Española, la persona eficaz es «activa y poderosa para obrar y logra hacer efectivo un intento o propósito». La persona eficiente es la que «posee la virtud y las facultades necesarias para lograr un efecto determinado».

¿En qué estriba la diferencia? En que quien obra con eficacia «hace efectivo su propósito», hace lo que debe hacer; mientras que la eficiencia nos habla de tener «la virtud y las facultades necesarias», pero no dice nada acerca de «lograr hacer efectivo», que es lo propio de la eficacia.

Hablando de una manera más clara, no es suficiente con poseer las virtudes y facultades necesarias para hacer algo bien (eficiencia), sino que, además, es necesario hacer lo que se debe hacer para conseguir aquello que pretendemos (eficacia).

Para tener éxito en cualquier empresa que uno se proponga, no es suficiente hacer las cosas bien; lo verdaderamente importante es que hagamos «lo adecuado», lo que se debe hacer para convertir nuestros deseos en realidad.

Ser eficaz, por tanto, equivale a hacer que las cosas sucedan y, en esto, más que palabras son necesarios los hechos.

"Más fácil es escribir contra la soberbia que vencerla". Quevedo

"Las equivocaciones son la antesala del descubrimiento". James Joyce

Es bastante frecuente encontrarnos con personas calificadas como «muy inteligentes» (excelentes notas durante toda su vida, dos o tres carreras universitarias, todos los cursos y cursillos de posgrado habidos y por haber...) que a sus treinta o cuarenta y tantos años siguen sin encontrarse a sí mismos, sin hacer lo que les gusta, sin triunfar realmente en algo concreto.

No aceptan los propios errores, reconocer que se va por camino equivocado (autoengaño), como seguir invirtiendo tiempo, dinero y esfuerzos, por cabezonería, sabiendo que no hay esperanzas de éxito, pero por «no dar el brazo a torcer».

No caen en la cuenta de que el verdadero éxito se compone de un 80 % de humildad, más tesón y capacidad para cambiar lo que haya que cambiar, y cuanto antes.

No hacen amigos buenos y sinceros, ni cultivan ni salvaguardan las buenas amistades. No conservan apenas amigos más allá de un par de años... Poco a poco los van perdiendo. Ante todo, "no rompas nunca los puentes", pues nunca se sabe…

No pierdas de vista el verbo *"delegar"*, y su importancia.

Toda persona de éxito, verdaderamente eficaz, es aquella que aprende a delegar en personas con preparación, capacitación e ilusión suficientes para el trabajo que se les encomienda.

Por otra parte, el mismo Bernabé Tierno en su libro "Conseguir el Éxito", (Temas de hoy), hace una alusión a Woody Allen, recordando su famosa frase "el éxito consiste en un 80 % en estar allí", es decir, en aprovechar todas las oportunidades, pero sin olvidar jamás que la disciplina, la tenacidad inteligente y el saber capitalizar los errores, junto al entusiasmo y a la alegría de vivir, conforman "el quinteto del éxito". Por lo que todo está en tus manos, y recuerda que, si otros lo han logrado, tú también puedes, ("Lo que otros han logrado se puede lograr siempre", A. de Saint-Exupéry, y según Buda "Persevera en tu empeño y hallarás lo que buscas: prosigue tu fin sin desviarte y alcanzarás tu empeño; combate con energía y vencerás").

Remarcar que lograr *tu* éxito, Bernabé Tierno lo refiere a lograr *tu* felicidad. Como han demostrado McClelland y Atkinson, el motivo básico del comportamiento humano es la *necesidad de logro*, es decir, de *éxito*.

Para el primero de ellos, el hombre siempre tiende a mejorar sus logros en un nivel de competitividad, con relación a lo ya logrado anteriormente por sí mismo o por los demás.

Según A. Bessieres, "Todo esfuerzo es un éxito".

Para Bernabé Tierno, las características más importantes de las personas de éxito serían:

1) Tienen muy claro que está en sus manos la capacidad de dirigir el curso de su vida, de manera activa, eficaz y positiva.

2) Tienen la absoluta certeza de que dentro de sí mismas guardan todos los tesoros, potencialidades y aptitudes, dispuestos a activarse por el entusiasmo y el esfuerzo.

3) Están convencidas de que son ellas quienes deben decidir, elegir y dirigir su propia vida.

4) Una vez tomada una pensada y razonada decisión, siempre pasan a la acción.

5) Se marcan objetivos gratificantes para el cuerpo y el espíritu que den un sentido a sus vidas.

6) No pierden inútilmente su tiempo en lamentaciones, y saben que por desgraciada que haya sido su infancia, está en sus manos cambiar el curso de sus vidas, aprender de los fracasos y aplicar nuevas estrategias que les conducirán a obtener estupendos resultados.

7) Saben esperar buenos resultados sin necesidad de gratificaciones inmediatas.

8) Saben que las semillas sembradas con amor, entusiasmo y tesón maduran muy lentamente y hay que dedicarles muchos cuidados, y hay que seguir sembrando cada año con la misma ilusión, para que al final de sus frutos.

9) Saben que han de avanzar hacia su objetivo de manera gradual, alternando fracasos con éxitos, pero sin perder nunca de vista la meta.

10) Las personas de éxito comienzan desde abajo, logrando sus objetivos poco a poco, pero siempre con tenacidad, espíritu invencible y sin desanimarse.

Recuerda estos principios:

- El hombre tiene que buscar la eficacia en sus acciones
- Eficacia es éxito
- Las personas de éxito no se abaten con los fracasos, sino que renuevan su entusiasmo
- La persona de éxito no se desanima cuando no recibe gratificaciones inmediatas.
- "Los sueños y la perseverancia son una poderosa combinación", W. Longood
- Es necesario mantener la actitud mental positiva, que está formada por el deseo de conseguir nuestro propósito, la fe y la confianza en nosotros mismos y la esperanza de que lo conseguiremos.
- Sólo reconociendo las propias limitaciones, humildemente, estaremos dispuestos a considerar las opiniones de los demás y a aprender de sus experiencias.
- Para alcanzar la meta hay que entregarse a fondo, pero sin obsesionarse por competir. Es nuestra meta particular y nadie va a alcanzarla ni antes ni después que nosotros.
- Con cortesía, tienes que apartar de tu camino a quien puede distraerte, a quien puede frenarte, a quien te impide ser tú mismo.
- "Nuestra mente, en sí misma, puede hacer un cielo de los infiernos y un infierno de los cielos", J. Milton.
- Somos dueños de nuestro destino
- Aunque nos despojaran de todo, siempre nos quedaría intacta la *capacidad de elegir nuestra propia actitud*, nuestro camino, nuestro destino.
- Fe ciega en los 3 pilares del éxito: tiempo, entusiasmo y perseverancia.

- Hay que potenciar la autoestima desde la infancia, cosa que hizo la madre de Thomas Alva Edison, pues éste con esfuerzo y tesón logró lo que se propuso, (según dicen 999 ensayos fallidos, y en el 1.000 dio con la bombilla que se iluminó). Aunque, según él, "no fueron mil intentos fallidos, fue un invento de mil pasos". Pues estas fueron sus palabras cuando dio a conocer al mundo el proceso por el cual había conseguido crear la bombilla incandescente de alta resistencia.

El científico probó cientos y cientos de otros materiales para hacer el filamento, incluidas las fibras de unas 6.000 plantas distintas. Una y otra vez, aquél se quemaba tras arder un par de horas. Llegó hasta utilizar tungsteno, sorprendentemente el material que se utiliza hoy en las bombillas, pero no pudo trabajarlo adecuadamente porque carecía de las herramientas apropiadas. No obstante, la paciencia tuvo su premio: para 1880, el científico había obtenido una lamparilla de 16 watts que duraba encendida hasta 1.500 horas. Al final, podemos concluir que Edison, más que un genial inventor, fue un ejemplo de perseverancia que enseñó a no rendirse antes de tiempo.

Para que hijos o alumnos alcancen el éxito, eficacia y excelencia en cuanto se propongan, da los siguientes consejos:

- Encuentra siempre una buena ocasión para elogiar.
- Alienta, motiva, estimula y no censures, no uses palabras despectivas y descalificadoras.
- Encuentra sus cualidades, virtudes y valores más sobresalientes
- Potencia la relajación muscular y nerviosa, la calma y la serenidad interior
- Exige atención y concentración

- Enséñale a visualizar, imaginar y repasar mentalmente el proyecto que después habrá de convertir en realidad.

- Ayúdale a crear y vivir interiormente la sensación de éxito.

- Que inicie la acción, pero de manera bien programada y planificada.

- Confecciona con tu hijo dos listas que habrá de colocar frente a sí en la mesa de estudio, (una lista con los éxitos pasados, y en la otra las dificultades y problemas que tuvo que superar para lograr esos éxitos)

- Por último, autodisciplina y acción eficaz.

Sobre la autodisciplina, recuerda que:

- Al éxito sólo se llega por el camino de la eficacia

- No importa la magnitud del éxito que te has propuesto; no importa si es un pequeño o un gran éxito. Lo importante es *el compromiso contigo mismo. Por eso, esfuérzate y no te defraudes. Trabajas por tu vida.*

Sobre el tiempo:

- Es el bien más valioso de que dispones, aprovéchalo. Por ello…

Ponte en acción:

- "La gran finalidad de la vida no es el conocimiento, sino la acción", T. H. Huxley.

Los desencadenantes del éxito, serían, por tanto:

- La estrategia

- La fe en el éxito

- Una escala de valores morales

- La fuerza, vitalidad, y el vigor físico y psíquico

- Y, las buenas relaciones con los demás

Nos encanta la frase de nuestro querido amigo Bernabé Tierno, "no le des más vueltas ni leas más libros sobre éxito; el secreto para progresar en cualquier cosa está en la acción, en ponerse en marcha inmediatamente, en empezar ¡ya!",... esta frase lo dice todo.

No olvides que:

- Comprobar cada día las acciones que realizas para conseguir tus propósitos te va a ayudar a persistir en ellos.

Prepárate bien:

- Como diría A. Lincoln, "si dispusiera de ocho horas para cortar un árbol, emplearía seis en afilar el hacha".

- Mantener tu mente ocupada en un propósito bien definido te ayuda a reafirmarte en seguir tu camino.

Visualiza el éxito

Ten una voluntad fuerte:

- "Las voluntades débiles se traducen en discursos; las fuertes, en actos", G. Le Bon.

- "Decídete y serás libre", H. W. Longfellow

Decálogo de la voluntad:

- Formula tus propósitos de forma positiva, sin expresiones como "lo intentaré", "trataré" o "haré lo posible", di sencillamente "lo hago ahora"

- Fíjate objetivos medibles, observables

- Que lo te propongas sea algo posible y te permita tener algún éxito pronto.

- Márcate un límite máximo de tiempo,

- Sé consciente que tú eres el único responsable

- Sé previsor, sensato y práctico

- Ayúdate con ejemplos vivos de fuerte voluntad

- Haz algo por la simple razón de que no te guste, algo que prefieras no hacer, (para así ante una adversidad, estar bien adiestrado para pasar a la acción)

- Resume en una frase breve, pero clara y expresiva, el compromiso adoptado

- Prémiate, felicítate, proporciónate recompensas, (pequeñas para trabajos inmediatos, y grandes para objetivos importantes y a largo plazo). Aunque, de todas formas, el mejor premio que podemos conseguir, por medio del desarrollo de la voluntad, es la confianza en uno mismo.

Tu mayor éxito es ser feliz:

- "Ser feliz, bien obrar y vivir bien son una misma cosa", (Aristóteles)

Decálogo para ser feliz:

- Define claramente cuál es tu proyecto de vida

- La ira, ansiedad, sentimiento de culpabilidad, intolerancia y odio son los mayores causantes de infelicidad y desdicha.

- Mantén una buena higiene mental aceptando lo bueno y lo malo de tu pasado

- Piensa que el bien, la bondad, el éxito y la belleza están en tu interior y en la capacidad de disfrutar las cosas cotidianas y sencillas.

- No olvides jamás que la felicidad camina siempre al amparo y al abrigo de la verdad, la autenticidad y la virtud.

- Disfruta cada día de lo que eres y de lo que tienes.

- La naturaleza está rebosante de vida, de verdad, de bondad y de belleza, ámala con todas tus fuerzas y llénate de ella.

- Busca siempre, en cualquier lugar, momento y situación, la paz, serenidad y equilibrio interior como el más preciado logro.

- Nada enriquece tanto como la práctica del perdón y de la generosidad.

- No te olvides de perdonarte, de tratarte con ternura, de valorarte, de ser tu mejor amigo y aceptarte como tú eres. No hagas depender tu felicidad de lo que los demás piensen o digan de ti, de lo que te estimen y valoren. (La felicidad auténtica se genera en tu interior, "desde dentro hacia afuera y no al revés").

- Según E. J. Hardy "La felicidad no depende de lo que nos falta, sino del esmerado cultivo y administración de lo que tenemos. La felicidad se hace, no se halla. Brota del interior, no viene de fuera".

Recuerda siempre que:

- La felicidad no es una conquista momentánea y pasajera; es un estado de ánimo que podemos crear nosotros mismos con nuestros pensamientos, sentimientos y acciones.

- La felicidad se ve anulada por el descontrol de nuestras emociones y por el sentimiento de culpabilidad.

- No encadenar nuestra vida al pasado es una buena medida para mantener el ánimo tranquilo y sereno.

- Hay que vivir el presente aceptando y agradeciendo lo que se tiene. Disfruta de ello y aprovéchalo para conseguir tus éxitos.

- Perdonarte, perdonar y compartir con generosidad tus dones con los demás es expresión de la felicidad generada en tu interior.

- Para sentirte bien has de tratarte bien: cuidar tu cuerpo y cultivar tu espíritu, porque si no haces nada por ti mismo, ¿qué puedes ofrecer a los demás?

La inteligencia emocional en el mundo laboral. Decálogo de las características más sobresalientes de una persona con un alto cociente intelectual emocional (CIE):

- Conocimiento de uno mismo

- Persona abierta a la esperanza, apenas pierde el buen humor

- Genera constantemente activadores de autoestima, pues se auto motiva con un auto diálogo positivo

- Sabe esperar de forma paciente, pero activa y sin inquietarse

- El otro no les es ajeno, le trata casi con la misma comprensión con que él mismo desearía ser tratado.

- Se ocupa en vivir.

- Siente la necesidad de hacer el bien

- Encuentra tiempo para sí mismo, para estar con su familia y amigos

- Necesita ser coherente y auténtico

- Tiene un proyecto de vida que le llena y realiza

Por otra parte, la mejor forma de afrontar el éxito es haciendo frente al cambio, de ahí las siguientes lecturas:

Spencer Johnson en su libro "¿Quién se ha llevado mi queso?", (Empresa Activa), nos comenta cómo afrontar el cambio en el trabajo y en la vida privada, por ello nos asegura que en la vida podemos actuar como Hem, el ratón que se niega y se resiste al cambio, por temor a que conduzca a algo peor, y como Haw, el otro ratón que aprende a adaptarse a tiempo, en cuanto comprende que el cambio puede conducir a algo mejor, (y, es más, si no cambias te puedes extinguir). Si no tienes miedo, y dejas atrás tus temores, te sientes libre, y puedes mejorar en la vida pues no habrá nada que te lo impida. Eso hará que te muevas hacia una nueva dirección que te ayudará a encontrar nuevas oportunidades (en este caso, Queso Nuevo). Por todo ello, anticípate al cambio, contrólalo y adáptate a él con rapidez, por último, cambia y disfruta del cambio.

- Al margen del *ratón que queramos ser en la vida,* todos compartimos algo en común: la necesidad de encontrar nuestro camino en el laberinto, y alcanzar éxito en los actuales tiempos (tan cambiantes) …

En otro libro suyo "El Presente", (Aguilar), Spencer Johnson nos aconseja no pensar en el pasado (es mejor dejar atrás una vez que has aprendido de él) ni en las expectativas de futuro (concéntrate en el presente eliminando las distracciones y prestando atención a lo que da verdad importa ahora), pues aún en las situaciones más difíciles concentrarnos en lo que está bien en el momento presente nos hace más felices, y nos da la energía y confianza necesarias para enfrentar los malos momentos.

Sólo aprende del Pasado (no puedes cambiarlo, sólo aprender de él, si quieres que el presente sea mejor que el pasado), y planea el Futuro si quieres que sea mejor que el presente (si piensas en el futuro, cada vez te sentirás más descontento, al pensar que serás más feliz que ahora), cuando te sientas desgraciado ahora en el Presente (te dará más "riqueza", no sólo material, y "éxito" (progresar hacia lo que es importante para ti).

Así, si quieres ser más feliz y tener más éxito debes permanecer en el momento presente. Si quieres que el Presente sea mejor que el Pasado debes aprender del Pasado, y si quieres que el Futuro sea mejor que el Presente, debes planear el Futuro. Es el momento de darnos cuenta de que "sabemos lo suficiente, tenemos suficiente y *somos* suficiente". Pues el éxito consiste en convertirnos en lo que somos capaces de ser y avanzar hacia objetivos valiosos. Y, tendrá que ser cada uno quién defina por sí mismo lo que significa tener más éxito. Por lo que, si bien es importante planear para el Futuro, no debemos vivir en él.

Álex Rovira Celma, en "Los siete poderes" (Empresa Activa), nos da unas claves para afrontar el cambio:

La esencia de los Siete Poderes es el poder de desarrollar la capacidad para cambiar y mejorar la realidad individual y colectiva gracias a la fuerza de nuestras actitudes.

La verdadera fuerza está en la acción, en el ensayo y en el aprendizaje a través del error. Haz y aprenderás. La acción es el camino que te llevará a realizar tus sueños, por imposibles que parezcan. Además, equivocarse es casi la única manera de aprender.

Sin entusiasmo jamás se ha logrado nada extraordinario.

La verdadera fuerza nace del esfuerzo, que en esencia no es más que voluntad y entrega. Si no te entregas, es difícil que culmines cualquier propósito porque es fácil que la pereza, el aburrimiento, o la resignación ganen la partida. El camino de la vida es hermoso, y lo es gracias a la pasión que ponemos en hacer las cosas. Observa y verás que todos los seres humanos que han hecho grandes realizaciones coinciden en un aspecto: no creían en la casualidad. Creían en la fuerza de la voluntad. Estaban convencidos de que las cosas no sucedían gracias a los golpes de suerte, sino por una compleja relación causa-efecto en la que ellos decidían ser siempre causa.

Para Álex Rovira, los siete poderes son: 1) *Coraje*: No es la ausencia de miedo, sino la conciencia de que hay algo por lo cual merece la pena arriesgarse. Pues convierte la amenaza en oportunidad. 2) *Responsabilidad*: Es la capacidad de dar respuesta a los errores, los cambios, los fracasos y las crisis que nos presenta la vida. El verdadero éxito no es posible a menos que seas responsable y vivas todo revés como una gran oportunidad de aprendizaje. 3) *Propósito*: Es voluntad y entrega para lograr que un sueño se haga realidad, (*más hace el que quiere que el que puede*). 4) *Humildad*: Nos permite ver las cosas como son, sin las deformaciones que genera la lente de la vanidad, (*la vanidad, ciega; la humildad, revela*). 5) *Confianza*: Es lo que nos permite asumir retos aparentemente imposibles y superarlos, (*es la fuerza que nos eleva hacia los anhelos*). 6) *Amor*: Es el mayor de los poderes. Se manifiesta en la acción conjunta de las personas que combinan sus talentos para hacer que los sueños individuales y colectivos se hagan realidad en pos del bien común. De él nacen todos los demás poderes; y, 7) *Unión y Cooperación*: Cualquier poder, si no se basa en la unión, es débil, (sin cooperación no hay progreso ni prosperidad).

Aquí dejamos una serie de frases para pensar:

"El destino baraja las cartas, pero nosotros las jugamos", Arthur Schopenhauer

"El futuro tiene muchos nombres. Para los débiles es lo inalcanzable. Para los temerosos, lo desconocido. Y, para los valientes es la oportunidad", Víctor Hugo

"No es que no nos atrevemos porque las cosas son difíciles. Simplemente las hacemos difíciles cuando no nos atrevemos", Séneca.

"La vida es maravillosa si no se le tiene miedo", Charles Chaplin

"El miedo hace que se produzca lo que se teme", Viktor Frankl

"No pierdo el ánimo, porque cada intento fallido que dejo atrás es un nuevo paso adelante", Thomas Alva Edison

"Podemos hacer lo que deseemos si lo intentamos lo suficiente", Helen Keller

"Trata a un hombre como es y seguirá siendo lo que es. Trata a un hombre como puede llegar a ser y se convertirá en lo que puede llegar a ser". Goethe

Aunque, al final, como diría Enrique Rojas, en "La Conquista de la Voluntad", *el éxito y el fracaso* son relativos, pues:

El éxito y el fracaso son dos grandes impostores. Ninguno de los dos acaba de convencer, pues desempeñan un papel más en relación con nuestro exterior que al interior.

El fracaso es un elemento esencial para la maduración de la personalidad.

La vida humana, está tejida de aciertos y errores, y se va haciendo más madura a través de un juego progresivo de aprendizajes y, por lo general, se aprende más con los fracasos que con los triunfos. O, al menos, tan importantes son los unos como los otros.

Fracaso es la experiencia interior de derrota como consecuencia de algo que no ha salido bien. Es la conciencia que tenemos de no haber alcanzado la meta propuesta. Lo que se siente de forma inmediata es negativo y está surcado por la tristeza y desazón interior. Características del fracaso: 1) Se vive una reacción de hundimiento. Mezcla de frustración, rabia contenida y malestar. 2) Tiene lugar una respuesta cognitiva, especie de examen interior. 3) Después, una respuesta de paralización, sorpresa, bloqueo, no saber qué hacer… 4) Importancia del tema objeto del fracaso. En la vida son claves las ilusiones. La vida debe ser siempre anticipación y porvenir. Porque el hombre es, sobre, lo que va a ser su futuro. Hay que tener unos objetivos claros, y ser capaces de renunciar a la dispersión. Y, después, comenzar a luchar.

La *voluntad* es la pieza decisiva que nos lleva al *dominio de nosotros mismos*. Otra cosa es el éxito, o lucha por conseguirlo, pues la vida de cada hombre es una lucha constante entre uno mismo y la realidad. Cuando hay fracasos brota el desaliento, se abandona la meta y se da uno por vencido. En la otra cara de la moneda está el tesón y la insistencia, el no rendirse, remontar las dificultades y poner (yo diría más bien imponer) la voluntad por medio. Aquí, los que más interesan son los perdedores, que han sabido asumir su derrota y levantarse de nuevo. Crecerse ante el fracaso y empezar de nuevo su pelea.

De esta forma, volvemos al tema de la Voluntad. Si ésta es fuerte y educada, no hay *empresa* que se resista. Y éstos a los que me refiero tienen algo especial, no son los que siempre vencen, sino los que saben levantarse, los que tienen capacidad de reacción.

La vida es la gran maestra. Enseña más que muchos libros, sobre todo en cuanto al tema de la motivación por un lado, y de la ilusión por otro: la primera mueve, empuja con fuerza hacia adelante; la segunda es entusiasmo, deseo de subir cimas y alcanzar la meta, anticipación de los objetivos… porque *la ilusión afecta en gran parte a nuestro proyecto de vida personal*, (mientras el joven está lleno de posibilidades, el adulto de realidades; el hombre es un animal descontento porque tiene muchas limitaciones; lo que está claro es que no se puede vivir sin ilusiones). Por ello, motivación, ilusión y voluntad son primordiales para combatir las cuestiones y circunstancias que nos rodean. Séneca, en su libro *Sobre la felicidad*, nos dice: "Ser feliz, sentirse feliz, no es otra cosa que tener el propio espíritu contento y satisfecho".

Como ya hemos comentado: la voluntad tiene dos orillas: una está compuesta por la *motivación y la ilusión*; y la otra, por el *orden y la constancia*.

Con constancia se alcanzan las metas que la voluntad se ha propuesto. Pero, sin embargo, en la voluntad radica el éxito de nuestra vida. Como todo lo grande, se consigue luchando en lo pequeño una y otra vez, hasta que por fin da su fruto y podemos cosechar lo que, con tanto ahínco, esfuerzo y tesón, hemos estado previamente sembrando.

Y, enlazando con el tema que viene a continuación, no podemos olvidar que Aristóteles afirmaba que "el objetivo de la *voluntad* es el acto de la misma, es decir, la elección del medio que nos acerca a la Felicidad".

CÓMO ALCANZAR LA FELICIDAD

Ateniéndonos a la Gran Enciclopedia LAROUSSE, Felicidad, del latín felicitatem, es la situación del ser para quien las circunstancias de su vida son tales como las desea. Otra definición sería el estado de ánimo circunstancial del que se complace en la posesión de un bien. Satisfacción, contento, bienestar, dicha, fortuna, ventura.

La noción de *felicidad* ha desempeñado un gran papel en las morales antiguas, hasta el extremo de que se las ha podido designar con el nombre de *eudemonismos* (del griego *eudaimon*, feliz). Para todas ellas la felicidad era el fin último y supremo bien del hombre, que podía conseguirse ya por el placer (hedonismo, epicureísmo), ya por la razón (Sócrates, Platón, Aristóteles), ya por el dominio del dolor y de las pasiones (estoicismo).

Los moralistas modernos, aun cuando coinciden con aquéllos en que para saber lo que es la felicidad es necesario conocer el bien que la produce, tratan de la felicidad en forma diferente al considerar que los medios para alcanzarla pueden ser de índole distinta: el sacrificio y la caridad (cristianismo), sociológicos, etc.; o bien prescinden de la felicidad como motivación: moral del imperativo de la razón para Kant.

Así al eudemonismo antiguo, puramente individualista y egoísta, suceden morales que vinculan cada vez más la felicidad de cada uno a la del otro. Por eso para las morales altruistas y ego-altruistas (Adam Smith, y J. J. Rousseau) la condición esencial de la felicidad individual es la felicidad del otro, la felicidad individual "acompañada" de algún modo por la felicidad del otro.

Según Bernabé Tierno, tal y como comenta en su libro "Hoy, Aquí y Ahora", (Temas de hoy), por paradójico que pueda parecemos, la verdadera felicidad apenas depende en un 10 % de las circunstancias externas más favorables, como la salud, el dinero y el amor, sino que muy contrario, nuestras actitudes y emociones positivas, (circunstancias internas, controlables de manera voluntaria), son también absolutamente determinantes para conseguirla, factores tales como tranquilidad, sosiego, euforia, satisfacción, optimismo, confianza, etc.

Para ello, lo que tenemos que hacer es:

• Potenciar y activar mi talante optimista, que es el que marca la diferencia. Sé que vivir más, mejor y mucho más feliz depende en gran medida de mis actitudes, de mis palabras y hasta de la calidad y cantidad de mis risas, sonrisas y carcajadas.

• Tener un proyecto de vida, un porqué alentador que me motiva y da sentido a mi existencia.

• Recurrir a diario al sentido del humor, especialmente cuando alguien o algo está a punto de hacerme estallar y perder el control de mí mismo.

• Aceptar sin preocupación ni desasosiego mis limitaciones, carencias y defectos.

• Perdonar y hasta olvidar; y si no consigo hacerlo por bondad y por virtud, lo haré al menos por inteligencia y sabiduría porque si mantengo dentro de mí resquemor, pensamientos y emociones negativas del pasado, bloqueo o destruyo las emociones y sentimientos de gozo y felicidad del presente.

He aquí unas reflexiones sobre la felicidad:

¿Por qué buscar la felicidad, oh, mortales, fuera de vosotros, cuando la tenéis dentro de vosotros mismos? Severino Anicio M. Boecio

Felicidad es no necesitarla. Séneca

La felicidad es algo que no depende de la posición (riqueza), sino de la disposición (actitud). John G. Pollard

Acuérdate también de esto siempre: para vivir felizmente basta con muy poco. Marco Aurelio

El 70 % de la felicidad depende del propio individuo, no de sus circunstancias.

Depende, sobre todo, de la actitud y del tiempo que te dedicas a ti mismo y a los demás.

El secreto de mi felicidad es tratar las catástrofes como molestias, y no las molestias como catástrofes. André Maurois

Los más desgraciados se quejan menos que los otros.

Jean Racine

¿Qué sucede con las desgracias y con las enfermedades? Por ejemplo, quienes padecen una tetraplejia extrema, pasado un cierto tiempo, y si llegan a aceptar la realidad de su enfermedad irreversible, al menos en un 84 % consideran que su vida es normal o por encima de la normalidad.

¿Qué pasa con la riqueza y con la pobreza? En los países más ricos del mundo, como Estados Unidos, en que la gran mayoría tienen cubiertas las necesidades básicas, el aumento de la riqueza ejerce una incidencia insignificante sobre la felicidad personal. Y, en cuanto a los multimillonarios, tan sólo se sienten ligeramente más felices que el ciudadano medio.

Tu felicidad tienes que producirla tú mismo. Como acabamos de ver, la felicidad es un guiso que cada cual condimenta de acuerdo con su propio carácter, con sus objetivos e ilusiones y con las circunstancias en que se encuentra, que también influyen.

Recuerda: tu actitud debe ser de aceptación de la realidad que te ha tocado vivir.

Conócete bien a ti mismo. Pues, los problemas no provienen de las cosas, personas y circunstancias, sino más bien del juicio que emitimos sobre todo lo que nos sucede, sucedió o pensamos que puede sucedemos.

Un hombre vale por lo que construye. Alejandro Casona

No te equivoques: el rumbo que des a tu vida, tus proyectos y objetivos contribuirán a proporcionarte felicidad solamente si están pensados y orientados a vivirlos y disfrutarlos de forma gozosa en el presente, en el día a día.

Los hombres no tienen dificultades por las cosas mismas, sino por la opinión que tienen de ellas. Epícteto de Frigia

Dedícale tiempo a lo que estés haciendo. Pero hazlo bien

Lo que haga hoy es importante, porque estoy utilizando un día de mi vida en ello. Anónimo

El hoy, de cada día, amanece limpio como un folio en blanco. Es responsabilidad de cada cual escribir una bella historia personal vivida durante esas veinticuatro horas que jamás volverán y disfrutarlas segundo a segundo.

Nuestra vida está compuesta de momentos felices y de otros que nosotros mismos hemos hecho desgraciados con nuestra actitud, con nuestros miedos y nuestras preocupaciones.

Como bien decía Machado, «hoy es siempre todavía», lo cual significa que estás a tiempo de lograr lo que te propongas, pero con una condición: que seas absolutamente implacable y no te permitas rumiar el pasado negativo, aquello que ya fue y no puede dejar de ser. Tampoco debes agobiarte sobre el futuro.

Tú eres tal y como ves el mundo.

Nosotros, llegado este punto, podríamos plantearnos, ¿qué es felicidad?

Ningún hombre es feliz a menos que crea serlo. Publio Sirio

Qué felices serían los campesinos, si supieran que son felices. Publio Virgilio Marón

La felicidad ininterrumpida aburre: debe tener alternativas. J. B. Poquelin Moliere

El siglo XXI, nada más cumplir dos añitos de existencia, ya trajo al mundo de la ciencia psicológica una fórmula de felicidad en toda regla. Su autor es el Dr. Martin E. P. Seligman, y la desarrolla con todo tipo de detalles en su extraordinario libro *La auténtica felicidad,* aconsejando encarecidamente la lectura.

La fórmula de la felicidad del Dr. Seligman, cuyos componentes sintetizó a continuación Seligman, padre de la Psicología Positiva y extraordinario investigador del psiquismo humano, nos ofrece su fórmula de felicidad, que desarrolla en la siguiente ecuación:

F=R+C+V

En la que F (felicidad), R (rango) y C (circunstancias). En cuanto a V, equivale a las variables voluntarias, fijas o externas que dependen del control de la voluntad.

«F» equivale al nivel de felicidad duradera. Este rasgo se denomina también afectividad positiva y es propio de personas que casi siempre se sienten bien. «¿Cómo estás?», le preguntas, y su respuesta es «¡de maravilla!». ¿Qué pasa si les llega la adversidad, tienen un desamor y la vida les da la espalda? Pues que saben adaptarse. Hacen lo que hacía André Maurois, tratar las catástrofes como molestias y jamás convertir las molestias en catástrofes.

La mente y la actitud de estas personas son tan positivas que les llevan a pensar que lo malo no lo es tanto ni tan grave, y además saben que muy pronto las cosas irán mejor:

«Tras la tempestad llega la calma». Pero, además, las personas dotadas del rasgo de afectividad positiva, que es el que determina el nivel de felicidad verdadera, viven con gran ilusión el momento presente. Sencillamente, se ocupan en vivir y no consienten que lo negativo de su pasado les malogre el presente, ni que el futuro se aventure como desastroso, ni que el estrés anticipatorio (ponerse en lo peor) les impida disfrutar gozosamente de lo que piensan, sienten y hacen en cada instante.

Aparte de la felicidad duradera, se da también la felicidad momentánea, puntual, de breve duración y que todos podemos aumentar de diversas formas y a gusto de cada cual: ver una película divertida, compartir un regalo, hacerse a uno mismo un pequeño homenaje, comprarte ese capricho que llevas deseando tanto tiempo y ahora está rebajado, recibir un buen masaje, hacer el amor, etc.

La «R» o rango fijo es, dice Seligman, un «timonel» heredado, es decir, un nivel específico de felicidad o de tristeza que tiene que ver con el grado de afectividad positiva de cada cual.

En el caso de las personas felices que suelen ser muy sociables, se ha comprobado que su rango fijo de positividad no baja de manera considerable ni en las situaciones más críticas y problemáticas. Si caen en depresión se recuperan pronto, e incluso si quedan, por ejemplo, parapléjicas por lesión de la médula espinal, se adaptan rápidamente a la limitación de sus capacidades y en un par de meses muchos ya presentan más emoción positiva que negativa. Pasados los años, apenas son algo menos felices en general que quienes no padecen ninguna parálisis.

¿Qué les sucede a las personas con un rango fijo de afectividad negativa? Las conclusiones también son determinantes: por más millones que le toquen a la lotería a una persona que suele refugiarse en el lamento, se siente desgraciada con frecuencia y se abate pensando que es el pararrayos de todas las desgracias. No será más feliz ni cambiará a mejor el rumbo de su vida.

Por paradójico que parezca, afirma Seligman que «las personas que logran más cosas buenas en la vida no son, en general, más felices que las menos afortunadas. Hay varios estudios que demuestran que las cosas buenas y los grandes logros ejercen una influencia sorprendentemente baja en el incremento de la felicidad».

La riqueza sólo logra un leve incremento de la felicidad, ya que varios estudios demuestran que, en general, los ricos sólo son ligeramente más felices que los pobres.

Una mayor prosperidad en las naciones más ricas del mundo no ha incrementado el nivel de satisfacción por la vida de sus habitantes.

Hechos tan fundamentales, para bien o para mal, como ser ascendido a un puesto importante y muy bien remunerado o ser despedido del trabajo, en el breve espacio de tres meses, pierden su efecto sobre el nivel de felicidad de las personas.

El atractivo físico, que, junto con la riqueza, parece que reporta grandes ventajas, no es determinante para ser felices, y hasta la salud física, que siempre se ha considerado el recurso más importante, parece que no tiene una relación excesiva con la felicidad.

Hasta aquí todo va bien, pero ¿qué sucede cuando de repente llega la desgracia?

De todas formas, y en palabras de Seligman, la adaptación tiene límites y hay hechos muy graves en las vidas de las personas a los que sólo es posible adaptarse de manera muy lenta, e incluso a veces nunca llegamos a acostumbrarnos a ellos: la muerte de un hijo o cónyuge en accidente automovilístico, por ejemplo. Pasados varios años de tan grave suceso, las personas afligidas todavía se sienten deprimidas e infelices. Por otra parte, las personas de naciones tan pobres como la India o Nigeria manifiestan ser mucho menos felices que las de naciones más ricas.

La «C» de la fórmula son las circunstancias. Hasta hace muy poco se consideraba que el retrato robot de una persona feliz de acuerdo con las circunstancias externas sería el siguiente: con buen sueldo, casada, joven, sana, y con un buen nivel de estudios. En la actualidad y según investigaciones recientes, las cosas están así:

La circunstancia externa que produce más efecto positivo en la felicidad es «vivir en una democracia sana, en lugar de en una dictadura empobrecida».

Casarse puede tener un efecto de intensa felicidad, pero no de felicidad duradera.

Evitar hechos y emociones negativos ejerce un efecto moderado sobre la felicidad.

Granjearse un entorno social rico tiene un efecto intenso, pero seguramente de relación no causal.

¿Qué pasa con el dinero, la salud, un mayor nivel de estudios o cambiar de clima? Pues que no generan ningún efecto sobre la felicidad, salvo en el caso de la salud desde el punto de vista subjetivo, al estar relacionada con el bienestar. En realidad, aunque estuviera en nuestras manos rodearnos de todas las circunstancias externas más favorables, éstas no supondrían más allá de un 10 % de cambio en nuestros niveles de felicidad.

En realidad, lo bueno es que sí contamos con unas circunstancias internas que determinan la diferencia y que son más fácilmente controlables de manera voluntaria.

Es la «V» de la fórmula. La «V» o variables voluntarias dependen del control de la voluntad y sí pueden producir cambios importantes, como es el caso de las emociones positivas, que pueden centrarse en el pasado, presente, o futuro, y constituyen el secreto de la felicidad en el sentido de que está en nuestras manos incrementar sus niveles básicos.

Las variables voluntarias tienen mucho que ver con la forma en que cada cual se entrena y aprende a vivir intensamente el día a día, inundándolo de las emociones positivas (alegría, tranquilidad, sosiego, euforia) que caracterizan este momento del tiempo; en el pasado, desde un presente, un Ahora siempre constructivo, recordando hechos que le han reportado emociones tan positivas como la satisfacción, la complacencia, la realización personal, el sano orgullo y la serenidad; y en el futuro, también desde la base de un presente positivo y alegre, capaz de hacer incursiones en lo posible desde emociones como la esperanza, el optimismo, la fe y la confianza. Todas ellas dependen del control de la voluntad.

La felicidad no consiste, como cree la gente, en ser dichoso, ni tampoco en no ser desgraciado, sino en procurar lo primero y en no resignarse a ser lo segundo. George Bernard Shaw.

Podemos clasificar las Emociones Positivas según el momento al que nos refiramos:

Pasado: *1) Satisfacción, 2) Complacencia, 3) Realización personal, 4) Orgullo, 5) Serenidad.*

Presente: *1) Alegría, 2) Tranquilidad, 3) Entusiasmo, 4) Euforia, 5) Fluidez.*

Futuro: *1) Optimismo, 2) Esperanza, 3) Fe, 4) Confianza*

Es importante tener siempre bien presente que los tres aspectos emocionales que aparecen en el esquema son distintos entre sí y no están ligados necesariamente. Aunque es muy deseable que experimentemos felicidad en los tres sentidos (pasado, presente y futuro), no siempre sucede así, y puede darse el caso de que alguien se sienta bastante frustrado y decaído con lo que le está sucediendo en el presente, en su Ahora, y, sin embargo, se sienta muy satisfecho y orgulloso de su pasado, pero pesimista respecto al futuro. ¿Qué debe hacer?

Cortar la cadena de pensamientos y sentimientos derrotistas de su presente negativo con cualquiera de las técnicas que proporciona la psicología cognitiva (detención de pensamiento, o bien una terapia racional emotiva) y al instante, y con la ayuda de la memoria, revivir las emociones positivas del pasado que más y mejor puedan contribuir a restablecer la tranquilidad, el equilibrio emocional y la alegría de vivir, como pueden ser: la satisfacción personal y el sano orgullo, despertando por simpatía las propias emociones del presente, como el entusiasmo o el sosiego.

El programa de la vida feliz apenas ha variado a lo largo de la vida humana. José Ortega y Gasset

¿Qué hacer con la actitud pesimista respecto al futuro? Una vez restablecido el equilibrio y activadas las emociones positivas del presente, como la alegría y el entusiasmo, hay que encender la mecha de las emociones positivas del futuro, como confianza o tener fe en el logro de algo, pero siempre desde la realidad vital del presente que necesariamente debe vivirse y disfrutarse intensamente.

El secreto de la felicidad no está en hacer siempre lo que se quiere, sino en querer siempre lo que se hace. León Tolstoi

Como es natural, no pocas veces ocurrirá que nos encontremos disfrutando y viviendo el presente, pero el descontento respecto al pasado y el temor y la falta de confianza respecto al futuro resten y malogren en parte una felicidad no completa, en este caso, desde los sentimientos y emociones más positivas que estén alentando nuestro presente, como pueden ser el entusiasmo y la tranquilidad, debemos pulverizar lo negativo del pasado, que ya no puede hacernos daño porque «no es», no tiene vigencia alguna. Al mismo tiempo, nos traemos al presente que estamos viviendo ahora las emociones positivas del pasado que más y mejor puedan ayudarnos: la realización personal, la complacencia o la satisfacción.

Una vez controlado el pasado e incrementadas las dosis de felicidad en el presente revistiéndonos de entusiasmo, de euforia y de alegría, es fácil desmontar todo el andamiaje de desconfianza que nos hayamos construido respecto al futuro.

La complacencia y satisfacción del pasado, unidas a la alegría, el entusiasmo y la tranquilidad del presente, darán como resultado seguro la activación y puesta en marcha de las emociones positivas del futuro, como el optimismo, la confianza y la esperanza.

Y, todo lo contrario, ante algo negativo, lo primero que hacemos, o deberíamos hacer, es la aceptación del hecho doloroso, ya sea desgracia, mala racha, desamor, muerte de un ser querido.... Pues bien, en estos casos, la moderna psiconeurología ha demostrado que ante cualquier pérdida que nos produce daño emocional se activan en nuestro cerebro las mismas zonas que cuando sentimos dolor físico. El insoportable dolor del alma ante la pérdida de un ser querido, la pérdida del negocio del que se vive o el amor de la persona amada, nada importa más que la aceptación de la realidad pura y dura, cuanto antes. De lo que se trata es de cambiar la espera inútil de que algo deje de ser una realidad cuando ya lo es por la verdad inexorable de la realidad que nos toca sufrir. Todo intento por negarla nos convierte en seres más frágiles, vulnerables, indefensos y patéticos.

Hablando de nuestras desgracias, las aliviamos.

Pierre Corneille

Cualquier suceso de nuestra vida, por desgraciado que sea, no nos hace daño eternamente si sabemos aceptarlo y contemplarlo como algo externo a nosotros mismos. Al ser simples espectadores de lo que nos hace sufrir, del hecho desgraciado, desactivamos su poder destructivo y maléfico sobre nosotros, como una abeja a la que se hubiera desprovisto de su aguijón.

Finalmente, cuando se supera el hecho doloroso, lo capitalizamos por completo porque salimos fortalecidos, entrenados y experimentados, y lo más probable es que ante nuevas desgracias en el futuro apenas apreciemos un leve contratiempo superable.

La felicidad es fundamentalmente un sentimiento negativo: la ausencia de dolor. Usar la palabra «bienestar» en vez de «felicidad» sería más exacto. Gregorio Marañón

En lugar de pensar en nuestras dolencias y dejarnos invadir y amedrentar por ellas y rumiarlas, lo que debemos hacer es darles la espalda después de aceptarlas y no concederles mayor entidad e importancia... y que la vida siga su curso.

El día que las desgracias hayan aprendido el camino de tu casa, múdate. M. Del Palacio

Quien es capaz de hospedar bien a la desgracia puede hospedar serenamente a la felicidad. Luis L. Franco

O, simplemente, como diría una de nuestras madres: "Estoy tan acostumbrada a perder, que el ganar me ofende".

¿Por qué aceptar una realidad desagradable, un infortunio o cualquier hecho doloroso nos calma, nos da serenidad y nos fortalece? Los infortunios, las desgracias, los hechos dolorosos nos hieren y nos causan dolor en la medida en que intentamos arrancarlos de nosotros o negarlos. La simple aceptación de algo que ya es y no puede dejar de ser en nuestro día a día, por grave que sea, nos da paz, nos equilibra y deja de herirnos y de causarnos dolor.

No perdamos las energías en maldecir nuestra suerte: reduzcamos considerablemente los niveles de ansiedad, de miedo y de frustración y ahuyentemos los sentimientos negativos que se alimentan de fantasmas del pasado y de un futuro que se presume adverso.

La aceptación de la realidad nos calma y equilibra porque somos conscientes de que esos mismos hechos dolorosos y otros mucho más graves los viven también millones de personas en el mundo al mismo tiempo y los vivieron en su presente todos nuestros antepasados. ¿De qué sirve rabiar? De nada positivo, sólo para malograr nuestra existencia.

Si perdemos los nervios y el control de nosotros mismos y no cesamos de lamentar nuestra desgracia y de maldecir nuestra suerte, lo que conseguiremos es distorsionar nuestra mente y convertirnos en el mismo sufrimiento que pretendemos evitar. Dondequiera que estemos, el mal no se despegará de nosotros y contaminará todos nuestros pensamientos, sentimientos y acciones.

Otro buen remedio para aliviar el dolor es convertirte en mero espectador del hecho desgraciado. ¿Qué significa esto? Precisamente, llegar al estado de paz y de quietud que los orientales llaman «no pensamiento». No has de hacer otra cosa que observar y contemplar tus propios pensamientos y sentimientos, y nada más. Sin emitir juicios de valor, percibirás esa dulce quietud y serenidad que se traducen en plenitud. No es otra cosa que la «conciencia pura» de los orientales. No haces nada más que percibirte existiendo. Simplemente, aceptar la realidad, limitarte a observarla sin juzgarla.

Lo que no me mata me fortalece. Friedrich Nietzsche

La actitud conscientemente positiva es la firme convicción de que no existe problema, dificultad o desgracia que no encierre en sí misma el don, el regalo de algo verdaderamente valioso y necesario para enseñarnos a vivir mejor y de manera más gozosa y feliz; tal como una rosa que crece entre espinas.

Frente a la actitud conscientemente positiva se sitúa la *catastrofista,* que nos lleva a cometer dos gravísimos e imperdonables errores que pagamos muy caros.

El primero, malograr nuestro momento presente, ya que el hecho doloroso nos abruma y aniquila porque no acertamos a ver en él nada positivo. Además, no lo consideramos como puntual y circunstancial en nuestra vida, como hace el optimista, sino como una desgracia permanente, como una maldición que nos persigue. Es evidente que así, con esta percepción del hecho doloroso, es imposible capitalizarlo como experiencia valiosa que nos ayude a vivir mejor. Al contrario, con nuestra actitud *negativa* lo convertimos en la losa de nuestra propia tumba, y éste es el segundo e imperdonable error: instalarnos en el dolor, permitir que forme un todo con nosotros.

La actitud conscientemente positiva es de cosecha propia, es un logro de las personas sensatas, equilibradas y serenas que han ido adquiriendo con el ejercicio diario del sentido común y de la sabiduría que van incorporando con los años y con la superación de dificultades y problemas. Así, la actitud conscientemente positiva es más una habilidad, una técnica aprendida en la lucha diaria con la vida.

Decir lo que nos pasa, lo que tememos, lo que nos hace sufrir, nos sirve de gran alivio.

Es probable que la persona a quien abrimos nuestro corazón nos confíe también sus dolores y pesares mucho más graves y nos enseñe que todo depende de la actitud, de la importancia que le demos y de la técnica psicológica que apliquemos. La mejor: ver siempre el vaso medio lleno y no medio vacío, y tratar las catástrofes como simples molestias.

En la fórmula de la felicidad de Seligman, $F = R + C + V$, la variable «V» sintetiza todas las emociones positivas que dependen del control de la voluntad y pueden producir cambios importantes.

Pues bien, todas esas emociones positivas y que tanto peso específico tienen sobre un presente feliz, un pasado reconfortante que ayude a vivir con más plenitud el presente y un futuro de esperanza, guardan un valor en común, y es la actitud conscientemente positiva a que venimos refiriéndonos.

Está claro que en esta vida al final nos encontramos con dos tipos de personas, las *felices* y las *desgraciadas*.

La dicha de la vida consiste en tener siempre algo que hacer, alguien a quien amar y alguna cosa que esperar.

Thomas Chalmers

Muchas personas se pierden las pequeñas alegrías mientras aguardan la gran felicidad. Pearl S. Buck

Acuérdate también de esto siempre: para vivir felizmente basta con muy poco. Marco Aurelio

Es fundamental distinguir entre lo que pensamos y lo que sentimos.

Los más desgraciados se quejan menos que los otros.

Jean Racine

En psicología hay dos teorías básicas: la freudiana, que defiende que es la emoción la que determina el pensamiento, y la cognitiva, que dice que es el pensamiento quien determina las emociones. Estas dos teorías no se han conciliado, aunque Seligman intenta emparejarlas, cuando dice "*No hacemos mención del conductismo, una teoría muy válida que defiende que es la conducta la que determina los sentimientos, de la misma forma que El pájaro no canta porque está alegre, sino que está alegre porque canta*».

La teoría freudiana ha venido defendiendo que las emociones determinan los pensamientos, pero desde hace tres décadas la psicología cognitiva (científica), con Aaron T. Beck a la cabeza, demostró que nuestros pensamientos pueden ser objeto de estudio por la ciencia y no son solamente el reflejo de las emociones o del comportamiento. Por encima de todo, la psicología científica ha demostrado que las emociones son causadas siempre por los pensamientos y no al revés.

Albert Ellis en su «terapia racional emotiva», se refiere a once ideas irracionales del tipo "si algo terrible va a ocurrir o puede ocurrir, tenemos que inquietarnos por ello y no dejar de pensar que puede suceder", o, "uno debe sentirse muy preocupado por los problemas y las perturbaciones de los demás", pues bien éstas creencias irracionales y pensamientos distorsionados, juntos y por separado, generan emociones negativas que nos causan dolor, y mientras las reavivemos con los pensamientos distorsionados no haremos otra cosa que fijarlas, hasta convertirnos en el mismo dolor que pretendemos evitar. La solución está en aprender a sentirnos fuera de ese dolor y de esas emociones negativas, contemplándolas, observándolas, y estudiándolas. Puesto que cuando nos dominan las emociones negativas, nos percibimos a nosotros mismos como aislados, y fragmentados, y por eso aparece el miedo y los conflictos con nosotros mismos y con los demás. Por el contrario, cuando las emociones positivas nos producen plenitud y llenan nuestros vacíos del alma, nos percibimos en conectados e integrados en el proyecto de vida que anhelamos, por lo que ahora sí, todo tiene sentido y merece la pena luchar por las cosas. Lo mejor es huir de la tristeza, la prueba está que cuando la nombramos a otros para sentirnos nosotros mejor, los demás tratan de evitar esos pensamientos negativos, ("no vaya a ser que se pegue algo" …).

Para S. Freud y sus seguidores, todos los sucesos psicológicos de nuestra vida, hasta los más triviales, vienen determinados por nuestro pasado. Para esta escuela psicológica, la infancia determina la personalidad adulta, y el desarrollo psicológico se centra en asuntos que no han quedado resueltos en etapas infantiles.

Aunque, no se ha podido atribuir (con experimentos científicos) que los hechos ocurridos en la infancia tengan la culpa del fracaso matrimonial, del abuso de drogas, de la depresión, del alcoholismo, de los problemas sexuales, de la ira, etc., en la edad adulta. Sólo en los casos en los que durante la infancia se sufren traumas muy intensos, se detecta una influencia en la edad adulta, pero de forma muy leve.

Conclusión: la genética y la herencia influyen; el entorno y la educación recibida también suman o restan, eso es indudable, pero la verdad es que, independientemente de nuestra herencia genética y la educación recibida, tu futuro te lo construyes tú mismo desde tu presente y desde tu libertad de acción. No culpes a tu pasado, pues no estás marcado desde la infancia. Todas tus posibilidades están disponibles e intactas en *tu* momento presente.

Por otro parte, rebuscando en el pasado, si hay alguna razón de guardar malestar con alguien, no es bueno el resentimiento y el rencor hacia esa persona para aliviarte y curarte. Pues de esta *hostilidad* lo único que conseguirás será un infarto.

Es necesario ser bueno no por amor a los otros, sino para estar en paz consigo mismo. A. Tournier

En suma: amabilidad y serenidad, mejor que ira, rabia, gritos y descalificaciones descontroladas.

En conclusión: evitemos recordar, reavivar y traer a nuestra mente emociones negativas que nos deprimen, apenan y bajan nuestra autoestima, por más deseos que tengamos de hacerlo, porque se magnifican, multiplican y vuelven crónicas y nos acompañarán de por vida haciéndonos desgraciados. Aprovechemos esta realidad incuestionable de que cualquier emoción negativa, por intensa y destructiva que sea, se desvanece pronto si no la reavivamos, con lo que alcanzamos de nuevo la calma y el equilibrio interior.

Lo pasado ha huido; lo que esperas está ausente, pero el presente es tuyo. Proverbio Árabe

Disponemos de actitudes positivas para contrarrestar los efectos de las emociones negativas. Éstas serían: la gratitud, el perdón; y reavivar todas las emociones positivas del pasado (satisfacción, complacencia, orgullo sano, serenidad y realización personal). Por la gratitud traemos a la memoria el disfrute y la valoración altamente positiva de todo lo bueno que vivimos en el pasado. Es bueno y alentador señalar fechas y acontecimientos de positivos que nos han marcado, como el día que conocimos a la persona que queremos, el nacimiento de los hijos, la buena suerte que tuvimos al emprender tal o cual actividad.

Mediante la gratitud incrementamos la misma satisfacción del momento presente, porque reavivamos, ampliamos y actualizamos los buenos recuerdos, sentimientos, experiencias y emociones ya vividos y disfrutados y que nos vuelven a reconfortar.

La gratitud aumenta el disfrute y la valoración de los buenos momentos del pasado. Martin E. P. Seligman

Lo que está olvidado no se lamenta. John Heywood

Tenemos que perdonar y olvidar, bien por bondad o virtud, o bien por inteligencia, ya que los pensamientos y emociones negativas frecuentes e intensas sobre nuestro pasado bloquean y aniquilan las emociones y pensamientos de satisfacción, y felicidad del presente. Así, nuestra mente perturbada y alimentada por ideas erróneas permanece bloqueada y atascada en el negativismo.

De ahí el papel fundamental que juega el perdón. Las verdaderas razones de peso por las que hay que perdonar y olvidar:

Si perdonas de verdad te liberas, te descargas del odio y te preparas para disfrutar el momento presente, ya que con el perdón transformas la amargura del pasado en recuerdos neutros o positivos y gratificantes. Dejas de hacerle daño al culpable, pero lo más importante es que dejas de hacértelo a ti mismo. Refuerzas tu sistema inmunológico y, sobre todo, beneficias a tu sistema cardiovascular. En consecuencia, te proporcionas a ti mismo una mayor salud física y psíquica. A su vez, te comportas de manera inteligente, porque te pones en lugar del ofensor y ya no piensas en él como un ser despreciable, sino en alguien tan humano y vulnerable como tú, que comete errores, y tiene problemas personales, miedos y frustraciones.

En resumidas cuentas, debe quedar claro que tu pasado, por muy negativo que haya sido, no tiene por qué determinar tu presente ni tu futuro. Desde tu presente está en tus manos modificar los recuerdos y sentimientos negativos de forma voluntaria, porque tú así lo decides, con mucha sabiduría. ¿Cómo?

a) *Con la «reestructuración cognitiva»,* desmontando las creencias irracionales que te han dominado hasta ahora.

b) *Con la gratitud,* dando gracias por todo lo bueno que has vivido y sabiendo que todo ese bien se hace presente en el día a día.

c) *Con el perdón y el olvido,* librándote del peso del odio y de los deseos de venganza que te impiden vivir y disfrutar el momento actual y te perjudican física, psíquica y emocionalmente.

Por último, un consejo: conviértete en espectador de tus problemas, obsérvate a ti mismo sufriendo porque permites que tu mente, con sus pensamientos distorsionados, alivie tu dolor y encuentre soluciones. Evita que sea tu propia mente la generadora de los conflictos, percibiéndote y sintiéndote fuera de ellos, de tus penas y fracasos, hasta que éstos dejen de utilizarte pretendiendo ser tú y alimentarse a través de ti. Tú eres mucho más que cualquier problema o situación dolorosa.

Aunque antes decíamos que en esta vida al final nos encontramos con dos tipos de personas, las *felices* y las *desgraciadas.* Si apuramos un poco, vemos que no es tanto así, sino que más bien depende de cómo nosotros veamos las cosas que nos suceden en la vida, por tanto, la clasificación más acertada de la población sería la resultante de dos grupos: *Optimistas y pesimistas*

Los pesimistas no son sino espectadores. Son los optimistas los que transforman el mundo. François Guizot

Supongamos una situación grave: pérdida de un ser querido, enfermedad con mal pronóstico, quedarse sin trabajo, desamor brutal, fracaso estrepitoso en los negocios, etc. Ante casos así, las personas muy positivas, como humanas que son, se sienten indefensas, muy dolidas, contrariadas. Sin embargo, en muy poco tiempo aceptan la realidad de las cosas y apenas se dedican a «rumiar» su problema, es decir, a recrearse en el dolor y el lamento. Puesto que es algo que a lo largo de la historia le ha pasado a millones de seres humanos, entonces de nada sirve lamentarse. Mientras que a las personas no tan positivas el periodo de contrariedad, indefensión y dolor les será más prolongado.

Tardan bastante tiempo en aceptar la realidad de los hechos dolorosos y su actitud de recrearse en el lamento puede ser duradera. Si no reciben ayuda psicológica y reaccionan pronto, pueden caer en el pesimismo. La solución está en lograr cuanto antes el auto diálogo reconfortante y vitalista de las personas muy positivas.

Finalmente, están las personas claramente negativas y catastrofistas, que difícilmente se recuperan después de grandes fracasos y situaciones críticas y de dolor, salvo con ayuda especializada y un tratamiento largo.

El optimista auténtico tiene la firme convicción de que las causas de las cosas buenas y deseables que nos reconfortan y alegran la vida son constantes y permanentes. Explica todo lo bueno que le sucede y que va logrando no por la suerte o por agentes externos y circunstanciales, sino por causas permanentes y que están relacionadas con sus capacidades, habilidades y actitudes positivas (inteligencia, voluntad, simpatía, entrenamiento, experiencia acumulada, etc.). El optimista, además, se autorrefuerza constantemente y los buenos resultados (éxitos) que obtiene hoy le motivan para esforzarse y emplearse más a fondo en el futuro.

El humor es esa estupenda condición y disposición en que nos encontramos habitualmente para hacer las cosas y que siempre nos divierte y motiva. En definitiva, el buen humor es aquello que tiende a provocar la risa, la sonrisa y la carcajada o la sensación subjetiva de júbilo, o diversión.

Si uno se puede reír de aquello que le hace llorar, lo va a superar con mucha facilidad. Maitena

El buen humor, inteligente y sutil, constituye la herramienta más eficaz para afrontar con éxito cualquier tipo de situación problemática, estresante, crítica o dolorosa. Pues eleva la autoestima y la confianza en las propias capacidades.

Intensifica la confianza y buen entendimiento entre las personas. Contrarresta las experiencias de las emociones negativas. Serena, equilibra y amortigua el estrés. Reduce el malestar y el dolor. Ayuda a abrirse camino en la vida y a hacer amigos y a conservarlos. Y, a tener en cuenta que alguien pueda pensar que tener sentido del humor es ser un tanto estúpido, es precisamente lo contrario, ya que el sentido del humor demuestra inteligencia, (y no digamos nada de la famosa *ironía*).

Si exagerásemos nuestras alegrías como hacemos con nuestras penas, nuestros problemas perderían su importancia. Anatole France

Sabemos que una de las manifestaciones del buen humor, aunque no la única, es la risa.

El optimismo es una actitud, una manera positiva y esperanzadora de ver las cosas y situaciones por su lado más favorable. Implica además tener fe y confianza en que las cosas buenas llegarán pronto.

El pesimismo es una actitud mental negativa que nos lleva a focalizar nuestra atención en el aspecto más derrotista y negativo de las cosas, esperando además que lo malo continuará o nos sucederán cosas peores.

Las investigaciones actuales sobre inteligencia emocional han descubierto que las personas optimistas se adaptan mejor que las pesimistas porque las primeras se sienten más felices, superan mejor las dificultades y tensiones emocionales, son más capaces de dirigir su conducta hacia objetivos y se relacionan de forma más adecuada con los demás.

La *Felicidad y disfrute en el momento presente*, que vivimos ahora mismo, está compuesta por emociones como la alegría, el entusiasmo, la euforia, el placer, la tranquilidad, o éxtasis, que se activan en el momento que estamos viviendo. Son situaciones que vivimos aquí y ahora como los *placeres corporales*, referidos a deleites inmediatos que proceden de los sentidos. Son momentáneos y pasajeros, y por mucho que los repitamos, no nos reportarán verdadera plenitud que se mantenga en el tiempo: tocar, excitar, oler, acariciar, exacerbar los sentidos nos produce gran deleite, pero de manera fugaz. Una vida centrada exclusivamente en el sexo y en los placeres corporales estaría vacía: cada vez necesitamos una dosis mayor para conseguir los mismos niveles de placer. Aquí incluiríamos saciar el hambre y la sed, o el apetito sexual, los cuales queda claro que terminan tan pronto como los hemos disfrutado. Junto a los placeres corporales, más primarios y orgánicos tenemos las emociones positivas, que, aunque también son transitorias y pasan pronto, nos acostumbramos a ellas fácilmente y las denominamos placeres superiores, llamadas así porque requieren más recursos cognitivos que los placeres físicos y son más variados y complejos. Son momentáneos y una vez terminada la actividad acaba el placer, sin embargo, dejan en nosotros un poso de paz, de equilibrio y de casi plenitud que nos prepara el camino para la verdadera plenitud interior, la felicidad con mayúsculas. Para optimizar los placeres efímeros, que apenas duran lo que la misma acción placentera, lo mejor es *procurar espaciar siempre las gratificaciones en el tiempo. Cambiar de placer como cambias de comida, o camisa. Y, saboréalo*, deteniéndose el tiempo y parándose el mundo. En definitiva, debes llenar tu momento presente de placeres corporales y superiores, pero disfrutarás más si los distancias y si cambias de placer con cierta frecuencia.

El gusto no está en el placer continuo, sino en el cambio de placeres. Luciano de Samosata

La plenitud interior sería la antesala de la felicidad, del placer del espíritu, y tiene como primera causa el bien, la amabilidad, la bondad y la generosidad. El otro nos construye: su felicidad, su paz, su alegría, pena, miedo o éxito. Esa plenitud, ese gozo puramente espiritual, es la esencia de la Felicidad auténtica, con mayúsculas, porque no termina con la acción placentera, sino que permanece en nosotros, se instala en nuestra alma y la reconforta en el tiempo.

Saber que hemos aliviado la pena de una persona desolada y sola; o que hemos hecho reír y disfrutar como nunca a alguien que hacía años que no sonreía; todo ello nos inunda de placer y gozo. Pues, es sentirte tan bien en tu interior, que casi no necesitas nada más.

Es importante que sepamos diferenciar entre el placer (efímero) que, sin duda, conlleva una vida agradable y digna; y la felicidad, que confiere plenitud interior de carácter más profundo y permanente. Pues se puede ser feliz teniendo poco o casi nada.

Las personas felices, más allá de su estatus social, y sean ricos, pobres o mendigos, son a veces más empáticas, bondadosas y generosas que las que llevan una vida placentera.

La felicidad auténtica

Tiene su primera causa, su origen, en el bien y en la amabilidad, en la necesidad de causar felicidad de forma que la dicha del otro se convierta en nuestra propia dicha.

Para sentirte a gusto

1. Tómate un respiro, relájate y desconecta física y mentalmente.

2. Visualización y mentalización positiva. Se trata de imaginarte en plena tarea haciendo, logrando y disfrutando aquello que te has propuesto.

   Si no crees en ti, si no piensas que puedes y no esperas al menos unos resultados aceptables, el éxito se quedará en el camino. Sin confianza, constancia, y fe en que puedas conseguirlo, toda tarea es inútil.

3. Autodiálogo constructivo desde un presente claramente positivo. Todo lo que has hecho en tu vida, mejor o peor, tiene un propósito, aunque en su momento te hiciera sentirte mal o avergonzado. Gracias a esos errores aprendiste lecciones y estrategias para vivir mejor: maduraste, creciste como persona y te formaste a ti mismo.

4. ¡Libérate! Y adopta con descaro actitudes optimistas.

5. Siéntete importante, valioso, útil y necesario para alguien y para algo.

6. Tienes que buscar la compañía de personas optimistas, positivas, y sanas mentalmente.

7. Evita, sin menospreciarlas, a las personas problemáticas, negativas, violentas y que se meten en conflictos.

8. Quiere a quien te quiere. Hay personas a las que no les caemos bien, para las que jamás haremos algo meritorio y digno de consideración, y antes de que emitamos un juicio o pretendamos abrir la boca, ya nos han negado, juzgado y condenado. Esperar comprensión, afecto y trato considerado de estas personas es un intento inútil. Por ello, limítate a querer a quien te quiere. Esto no es egoísmo, sino inteligencia práctica debido a la propia experiencia que hemos acumulado.

Copiando una frase de un tío de uno de nosotros: "No se puede querer a quien no quiera".

9. No te conviertas en el paño de lágrimas de nadie.

10. Ahora, tú eres la única y verdadera razón de tu felicidad y de tu vida. Sólo te queda vivir y ser feliz.

Pero, tenemos obstáculos que salvar, tales como la adversidad, la desgracia, la pérdida y la decepción. Aunque lo primero de todo es el propio hecho adverso, la desgracia o pérdida. Cualquier hecho que nos ocurre, cualquier situación que vivimos, es en sí algo neutro. Son las interpretaciones, esa película que nos montamos sobre lo que nos ha sucedido, lo que convierte una situación en algo bueno o malo, decepcionante o motivador, lo que nos hace felices o desgraciados. En lo único que tenemos que fijarnos no es en el hecho en sí, sino en la interpretación subjetiva o la lectura, como dicen algunos, que hagamos del mismo. Y, dependiendo en qué medida nos afecte ese determinado tema, tendrá para nosotros una mayor o menor importancia dicho asunto.

A continuación, tenemos la valoración, consecuencia de la interpretación, de la lectura que hagas de la situación, esto es del hecho objetivo. Si es positiva o de aceptación de lo irremediable, no nos dañará un suceso que para muchos puede ser doloroso y grave. El problema está en que la valoración del acontecimiento en cuestión sea muy negativa, pues entonces se desencadenarán emociones del mismo signo y claramente catastrofistas, como el miedo, la amenaza, el desamparo o la decepción, (que son *emociones contractivas)*. Prácticamente todas las pérdidas, ya sea del amor, de la salud, del buen nombre, del dinero, del poder, etc., nos producen emociones contractivas.

Y por otra parte tenemos la repercusión somática. Las emociones negativas se somatizan y las percibimos como sudoración, mareos, dolor de estómago, dificultades para respirar, etc. Para solucionar todo esto, lo que tenemos que hacer es reinterpretar el hecho que nos causa dolor de manera que encontremos en él algo aprovechable, esto es, «ver todo lo bueno que siempre se esconde tras aquello que a primera vista se nos presenta como algo grave y negativo». Buscando lo positivo de ese hecho problemático o doloroso.

Aunque bien sabemos que en cualquier adversidad hay una pérdida que nos produce dolor. No la niegues, admítela. Cuando lo hagas, te sentirás mejor y empezarás a ver la parte positiva, lo bueno dentro de lo malo, las experiencias, beneficios y enseñanzas que este hecho doloroso pueden reportarte para el futuro. Al igual que también debes asumir que la mayoría de las cosas que padeciste en el pasado no fueron tan horribles y dramáticas como las sientes.

Por último, acepta lo irreversible, lo inevitable, lo que no admite otra estrategia que la simple aceptación serena de algo que ya es y no puede dejar de ser, pero hazlo con mente positiva, recordando que hasta lo inevitable nos enriquece y nos enseña a vivir.

Es por ello que, cualquiera que se reconozca labrando su propia desgracia con estos hábitos o automatismos mentales, deberá trabajar a fondo todas las técnicas psicológicas de ayuda que aquí se ofrecen, como la reestructuración cognitiva para emociones negativas como la rabia, la culpa, la ira, el enfado, la vergüenza, etc.

Cuando es el miedo la emoción que deseamos vencer, se deben utilizar intervenciones de exposición para relatar los hechos y desensibilizarse.

Y ante cualquier problema o situación crítica, lo adecuado es convertirse en mero espectador de lo que le sucede. Recuerda que tú eres una cosa y otra bien distinta el problema o drama que te preocupa.

En cuanto a la felicidad, apúntate siempre a ver el vaso medio lleno.

— La risa y el ejercicio ayudan porque generan endorfinas.

— Hacer el amor, comer de vez en cuando chocolate, querer a los demás, generan dopamina, la hormona del bienestar.

— Utilizar el sentido común, y conocerse a uno mismo, (siguiendo a Sócrates).

— Aceptar lo inevitable y amoldarse a lo que hay, (como aconseja Aristóteles).

— Encajar las adversidades, buscar alternativas menos problemáticas y dolorosas, activar la fuerza interior, (como diría Buda).

De todas formas, que actitud más positiva y silenciosa, pero al final recompensada… me refiero a saber esperar y en tener esperanza

Es maravilloso el poder del que nunca desespera. Jules Payot

Por sí misma, la esperanza ya es felicidad en la lejanía.

La esperanza es el amigo que nunca abandona, que siempre sabe estar ahí, hasta en los peores momentos, y nunca nos da la espalda. La esperanza es la misma vida. Bien dijo Teócrito que mientras hay vida hay esperanza.

La esperanza vive plenamente el momento presente, pero anticipando lo mejor para el futuro. Una persona con esperanza tiene las metas claras, sabe muy bien el rumbo que debe tomar su vida y no dispersa ni sus energías ni pierde su tiempo en lamentos. Sabe adónde va y qué es lo que pretende. Es más, aprende a convertir su trabajo en una tarea agradable. En la medida en que aumentan nuestras posibilidades de lograr un objetivo nos sentimos impulsados y motivados a pasar a una acción más intensa y eficaz, y no escatimamos esfuerzos y sacrificios. Y es que, el que persiste gana.

Una persona con esperanza, si por algo se caracteriza, es por su entusiasmo y por una permanente ilusión que resulta contagiosa.

Es tiempo de poner en práctica todo lo anterior

Recuerda: Como decíamos antes, quiere a quien te quiere: tu pareja, tu familia o tus amigos de verdad, esos que nunca te abandonan y saben estar a las duras y a las maduras. Puesto que, en realidad, lo único de que verdaderamente disponemos no son los bienes, la riqueza y la fama, sino el amor incondicional de esas personas a las que no necesitamos demostrar nada para que sigan ahí siempre y en cualquier circunstancia, a nuestro lado con su amor, su admiración y su cariño. Eso es al final cuenta y más se valora, que para alguien seas un ser único y especial.

Has de saber ponerte en el lugar del otro

La virtud o cualidad que me sensibiliza y capacita para sentir que los demás y sus problemas no me son indiferentes es la *empatía*. Si en un momento del día surge un conflicto con cualquier persona, sea un desconocido o alguien muy cercano, serenaré mi ánimo y me sentiré en paz conmigo mismo procurando ponerme en su lugar y averiguar la causa de los sentimientos encontrados que alberga contra mí. No importa lo graves que sean sus ofensas y sus críticas, siempre tendré bien presente que detrás de ellas hay un ser humano que se siente también herido u ofendido. Podrá estar equivocado o no, guiado por ideas erróneas o por sentimientos de odio o de venganza, pero le daré la oportunidad de expresar lo que piensa y lo que siente, me pondré en su lugar y no le juzgaré ni condenaré sin antes permitirle que saque de su corazón toda su rabia y de su mente todos sus pensamientos negativos. A esto se llama empatía, la capacidad de comprender y entender lo que sienten los demás y que ello no te sea indiferente.

Este ejercicio difícil, pero noble, inteligente y necesario, serenará mis ánimos y me convertirá en una persona más prudente y sosegada.

Lo más importante: dejar que el globo de los malos pensamientos y sentimientos de quienes, por las razones que sean, tienen algo contra ti se desinfle hasta que aparezca con su verdadero rostro quien se presenta como posible enemigo. Es probable que la escucha serena y atenta de sus palabras envenenadas y acusadoras le lleve a reflexionar sobre que tú no eres ese enemigo, que está equivocado o, al menos, que todo lo ha sacado de quicio y lo ha magnificado. En todo caso, tú quedarás en paz contigo mismo, sin necesidad de hacer otra cosa que escuchar con calma hasta que los ánimos estén serenos y la situación, hasta hace poco tan conflictiva, tome nuevos derroteros.

Sé humilde

El éxito es un camino, no un destino. Ben Sweetland

Siéntete útil

Frecuentemente es más breve y útil adaptarse a otros que hacer que los demás se ajusten a nosotros. La Bruyére

Adáptate al cambio. Sé flexible

Todo es posible siempre que obres con inteligencia y sabiduría, es decir, con flexibilidad, dando un rodeo cuando sea necesario, utilizando el sentido común, la ironía y el sentido del humor y admitiendo los términos medios, no empeñándote en seguir instalado en la absurda dicotomía del blanco-negro y el todo-nada.

Cuando necesitas encontrar la manera de conseguir algo, primero convéncete de que puedes lograrlo y después piensa en las estrategias que debes utilizar, en el modo, en las formas.

1. No pretendas jamás el imposible de la perfección. No te pongas como condición imprescindible ser el mejor, y de no serlo, abandonar. Sé inteligente y práctico y busca la excelencia (hacer lo que puedas de verdad), pero que no te paralice el estúpido perfeccionismo.

2. Ve siempre de la mano de la sensatez, del sentido común y del sentido del humor, para que jamás pierdas la calma, el autocontrol y la energía.

3. No dejes de sembrar, sigue intentándolo con inteligencia y aprende a saber esperar, no te inquietes.

4. Como decía un profesor mío: "Sé flexible como un junco. Si eres inflexible te partirá el viento. Ofrece la resistencia justa, de esta forma no te partirán, y te adaptarás fácilmente al cambio".

¿Qué cosa más dura que la piedra?, ¿Qué más blando que el agua? Pues el agua blanda cava la dura piedra. Ovidio

En la vida, a veces tenemos que cambiar, aunque no nos guste, no nos quede más remedio, o bien nos aterrorice. Hay veces que los cambios pueden ser fundamentales para, por ejemplo, mejorar la salud, las relaciones con los demás, o la seguridad personal.

Cuando algo no vaya bien en lo que proyectamos o hacemos, es recomendable que no nos duelan prendas a la hora de cambiar lo que debamos cambiar para mejorar.

Por ello, hay que buscar otros caminos y otras soluciones. Has de buscar alternativas y salidas en los momentos especialmente cruciales, cuando ya parece todo perdido. Es la esperanza en los momentos de desesperanza. Actitudes de búsqueda cuando todo parece perdido, serían:

1. No perder ni un segundo ni un átomo de energía en lamentos y quejas inútiles que debilitan la personalidad y nos deprimen: acción inteligente.

2. Insistir en seguir dando cien golpes en la herradura para acertar un golpe al menos en el clavo: tenacidad.

3. Buscarte la vida, no esperar que otros hagan por ti lo que tú no puedes y vengan a sacarte las castañas del fuego: responsabilidad y eficacia.

4. Capacitarte, renovarte, aprender más, especializarte para poner todo lo necesario de tu parte: actualización.

5. Persistencia en la acción inteligente que terminará por ser eficaz a pesar de que todo parece casi perdido: constancia.

6. Tener bien presente la frase de Ovidio: «*Gutta cavat lapidem*» (la gota de agua orada la piedra): perseverancia.

7. Finalmente, no olvidemos que el mundo no es para los que no cesan de llorar y lamentarse, pero no mueven un dedo. El mundo es para los que se deciden y toman la iniciativa, hacen todo aquello que está en sus manos y mantienen a toda costa un estado de ánimo optimista y esperanzador hasta en los peores momentos.

En definitiva, he de plantearme ¿Qué razones me doy a mí mismo? Pues que por mal que estén las cosas, siempre hay salidas, siempre hay alternativas. Y si en otros momentos lo tuve difícil y casi imposible y salí a flote, sin duda, una vez más debo darme a mí mismo tranquilidad, seguridad y calma. Además, lo importante no es que todo me salga perfecto, sino que, con mi dedicación y esfuerzo, con mi imaginación, inteligencia y tenacidad, haciendo lo que esté en mis manos, roce la perfección y consiga la excelencia.

Finalmente, recuerda que, a pesar de las circunstancias adversas, es posible que logres tus propósitos, actuando con flexibilidad.

Por todo ello, al final llegamos a la conclusión que el secreto de la felicidad es simplemente dedicarte a vivir, a disfrutar y a sentir con verdadero deleite aquello que te encuentras haciendo en el día a día de tu existencia. La vida tiene que encontrarte ocupado en vivir gozosamente, sea cual fuere el momento, el lugar y las circunstancias en que te encuentres. No olvides que hasta de los males puedes obtener algún bien, algún motivo de alegría, aunque sólo fuera el valor de una experiencia aleccionadora para el futuro y que, por graves que sean las circunstancias externas, de ellas ni siquiera depende un 10 % de tu felicidad.

Por lo que al final, tu felicidad depende de ti en mayor medida y, para lograrla, te recuerdo que debes:

Escoger como compañeras de viaje solamente a las emociones y experiencias positivas del pasado y del presente y a aquellas que puedan motivarte y prepararte para proyectar el futuro con esperanza.

Desenmascarar y ponerles nombre a los prejuicios, pensamientos y creencias irracionales que te llevan a distorsionar con demasiada facilidad la realidad, y a que seas tú mismo quien te labres tu desgracia y le pongas toda clase de obstáculos a la felicidad.

Mantener el control sobre ti mismo y sobre el hábito de adoptar una actitud mental negativa y hasta catastrofista, permitiendo que los demás y las circunstancias malogren tu vida. Recuerda que la mayoría de los problemas y males que te aquejan los causas tú mismo con tus pensamientos y tu imaginación derrotista. Simplemente con que pienses o te imagines que estás mal o que te vas a sentir fatal, es suficiente para que se desencadenen en ti las mismas sensaciones que si existiera una enfermedad, amenaza grave o situación crítica real, verdadera.

«Hacer el camino al andar» o, lo que es lo mismo, fabricar tu propia felicidad al mismo tiempo que la buscas, la sientes o la presientes cerca, la deseas, la imaginas o se la procuras a tus semejantes con tus palabras y actitudes. La felicidad, como tantos otros sentimientos, más que en la culminación, en el final del trayecto o en la meta ansiada, está en los prolegómenos, en los preparativos, en el preludio, en «la forma» de disfrutar en que te planteas el día a día.

Utilizar tu pensamiento y tu imaginación para pensar de la manera más positiva posible y para imaginarte y visualizar realidades gratificantes y enriquecedoras que todavía sólo están en tu mente y en tu deseo, pero responderán a tu llamada y se convertirán en realidades tangibles... El horóscopo más certero e infalible está en tu mente.

Y tampoco podemos pensar que la Felicidad es patrimonio de una época determinada de nuestras vidas, pues no es cierto, tal y como demuestra un estudio según el cual "A los 40 años vivimos mejor. Y desde luego, somos más felices que con

18", pues según *"El Confidencial",* de 14 de enero de 2016, en su artículo *"¿Es un Mito la Crisis de la Mediana Edad?", Miguel* Ayuso establece que:

Una vez que abandonamos la juventud y abrazamos la madurez somos conscientes de que no nos queda tanta vida por delante pero ¿realmente disminuye nuestro bienestar? ¿De verdad eras más feliz con veinte años, cuando no tenías un duro? ¿Quién dice que a los 40 no se puede disfrutar de las cosas buenas de la vida?

Aunque la llamada "crisis de la mediana edad" es un fenómeno muy popular y ampliamente aceptado, sus bases científicas son (cuanto menos) endebles.

Tirando por lo alto, sólo un 10 % de las personas reconocen sufrirla y no está nada claro que la infelicidad en esta época de la vida pueda atribuirse simplemente a la edad y no a otros muchos factores variables que nada tienen que ver con ésta.

Cierto es que la idea tiene su lógica: una vez que abandonamos la juventud y abrazamos la madurez somos conscientes que no nos queda tanta vida por delante. Pero, ¿somos realmente más infelices a los 40 que a los 18? De ninguna manera, asegura un nuevo estudio llevado a cabo por los profesores de psicología en la Universidad de Alberta Nancy Galambos, Harvey Krahn y Matt Johnson.

En opinión de los investigadores la crisis de la mediana edad no es más que un mito, reforzado por la cultura pop, pero falso.

La mayoría de las investigaciones que han tratado de desentrañar cómo cambia nuestro nivel de felicidad a lo largo de la vida han sido estudios transversales, que comparaban el bienestar percibido entre personas de diferentes edades. La novedad del nuevo estudio, que ha sido publicado en la revista 'Developmental Psychology', es que ha seguido el devenir vital de las mismas personas desde su juventud hasta su madurez. Y su conclusión es clara: la felicidad no disminuye al alcanzar los cuarenta, de hecho, aumenta sin parar desde la veintena

Un estudio de fiar

Tal como explica Krahn en la nota de presentación de la investigación, este estudio se ajusta más a la realidad que los realizados anteriormente. "No hemos hecho una basura de estudio transversal", apunta. "Si quieres ver cómo la gente cambia a medida que se hace mayor tienes que observar a los mismos individuos a lo largo del tiempo".

El equipo ha seguido la evolución de dos grupos, uno que ficharon en el Instituto y han estudiado desde los 18 a los 43 años y otro que reclutaron en la universidad y cuya evolución han seguido de los 23 años a los 37. Los científicos tuvieron en cuenta los hitos más importantes en la vida de los sujetos, como los cambios en el estado civil, la situación laboral o el estado de salud, pero aun teniendo esto en cuenta (además de todo tipo de variables socioeconómicas), ambos grupos mostraron un aumento general de la felicidad después de abandonar el instituto y la universidad.

Hasta la fecha, las investigaciones más célebres sobre la crisis de la mediana edad habían sido las realizadas por el profesor de Economía de la Universidad de Warwick Andrew Oswald, creador de la idea de que la felicidad tiene forma de "U". Según este, los picos de nuestro bienestar se encuentran en el alba y el ocaso de nuestra vida, es decir, durante nuestra adolescencia (aproximadamente a los 20 años) y nuestra senectud (con un pico en los 70).

Para Oswald nuestra felicidad toca fondo en torno a los 40 años y no es hasta cumplir los 50 cuando comenzamos a escalar por la pared de la "U" y nuestro bienestar va aumentando. Pero para Galambos y sus colegas esta teoría es tan falsa como un billete de 60 euros pues, si bien es posible observar un pequeño descenso de la felicidad percibida al cumplir los 43 años, en líneas generales los niveles de felicidad no dejan de ascender según vamos cumpliendo primaveras. La felicidad no tiene forma de "U": es una rampa ascendente.

La crisis de mediana edad no existe

En opinión de los investigadores, la crisis de los cuarenta no es más que un mito reforzado por la cultura pop, y muy conveniente en lo que respecta al 'marketing', pero falso. Y hay cinco conclusiones de su estudio que refuerzan la idea:

1. En términos generales, la gente es más feliz en sus primeros cuarenta que con 18 años.

2. La felicidad empieza a aumentar con más velocidad en torno a los 18, pero también se acelera a partir de los 30.

3. La felicidad es mayor en los años en que las personas están casadas y gozan de mejor salud física (algo que suele ocurrir a los 40) y es menor cuando están desempleados algo que, al menos en España, es más frecuente entre los jóvenes.

4. El aumento de la felicidad entre la adolescencia y la cuarentena no es consistente con lo que entendemos como "crisis de la mediana edad".

5. El aumento de la felicidad en la mediana edad refuta la teoría de que la felicidad tiene forma de "U", que asume que ésta disminuye entre la adolescencia y la cuarentena.

Desde el punto de vista de Bernabé Tierno, la mejor forma de lograr la Felicidad estaría basada en 10 puntos, como bien comenta en su libro "Los pilares de la felicidad" (Temas de Hoy):

1) Por medio del amor: a uno mismo, por medio de la autoestima, la competencia (a través de las aptitudes), o de la autonomía (a través de la elección); a los demás, por medio del afecto, el aprecio, la amistad, la convivencia, o la sociabilidad; y, a la vida, valorando lo

cotidiano, aprovechando el tiempo, o bien por medio del placer y el disfrute.

2) Por medio del humor: a través del sentido del humor, el optimismo y el entusiasmo.

3) Por medio de la empatía: a través de la comprensión, el altruismo, el respeto, la generosidad, el diálogo, y el perdón.

4) Por medio de la sabiduría: a través de la coherencia, el sentido común, ser prácticos, la curiosidad, el aprendizaje constante, y la búsqueda.

5) Por medio de la libertad: por medio de la libertad de acción y de elección, de pensamiento, siempre con responsabilidad.

6) Gracias a la salud física, mental y emocional.

7) Gracias a la motivación: que otorga una finalidad a la vida: un porqué para vivir, la razón de la propia existencia. La autorrealización personal, lo que alienta y hace feliz.

8) Gracias al autocontrol, que concede dominio de uno mismo, canaliza las energías, proporciona equilibrio socio-físico-emocional. Y hace que estemos al mando de nosotros mismos y de lo que nos concierne.

9) Gracias a la valentía, por proporcionarnos valor, voluntad, tenacidad, capacidad de riesgo, pero sin perder de vista del todo la necesaria prudencia.

10) Y, por último, gracias a la fortaleza y grandeza de espíritu, que nos da dignidad ante los terribles avatares de la vida. Resistencia para afrontar el sufrimiento en situaciones límite. Serenidad, y paz interna, al sentirnos bien con nosotros mismos, y con la conciencia tranquila, sabedores de haber hecho bien las cosas.

También podemos comparar *nuestra Felicidad* con la felicidad reinante en otras generaciones, sobre todo observando como ahora vivimos más años que años y por tanto tenemos más tiempo para experimentar más vivencias, unas nos reportarán felicidad y otras no tanto, como bien dice Eduardo Punset en su libro "El viaje a la Felicidad", (Ediciones Destino), hace poco más de un siglo la esperanza de vida era de treinta años: lo justo para aprender a sobrevivir, si se contaba con la suerte, y culminar el propósito evolutivo de reproducirse. No había futuro ni, por lo tanto, la posibilidad de plantearse un objetivo tan insospechado como el de ser felices. Ésta era una cuestión que se aparcaba para después de la muerte y dependía de los dioses. En España entre 1992 y 2013, la esperanza de vida al nacimiento de los hombres ha pasado de 73,9 a 80 años, y la de las mujeres de 81,2 a 85,6 años, según las Tablas de mortalidad que publica el INE. Gracias a la revolución científica se ha prolongado la esperanza de vida. Por primera vez la humanidad tiene futuro y se plantea, lógicamente, cómo ser feliz aquí y ahora.

La felicidad es la ausencia de miedo.

La felicidad es una emoción transitoria. Y, hablando de emociones, podríamos preguntarnos si ¿es preferible fiarse de la cabeza más que del corazón? La neurociencia ha descubierto que hay 2 canales de decisión: uno lento y preciso, (basado en la lógica), y otro rápido y turbio, (basado en las emociones). Son dos mecanismos del cerebro complementarios para tomar decisiones, pero no antagónicos.

Cuando es vital llegar a la respuesta correcta y se dispone de tiempo e información, se suele recurrir a razonar las cosas. Aunque, el sistema emocional no se ausenta antes de que termine el proceso, ni mucho menos. En cambio, cuando el tiempo y la información son escasos y es perentoria la necesidad de tomar una decisión, se anticipan los sentimientos. La diferencia entre ambos casos es la *ausencia del mecanismo consciente*, (lo que podríamos traducir en posibles olvidos, debidos a las prisas).

Al hombre le basta con imaginar la infelicidad, para ser infeliz.

A raíz de experimentos de ratones con descargas, de los que uno de ellos tiene una palanca, y da la sensación de que, de alguna manera, controla la situación, cuando los alumnos de Eduardo Punset le pedían consejo sobre las posibles salidas laborales de sus estudios, él les sugería, al igual que en dicho experimento, que sólo aceptasen trabajos con una palanca de control, por leve que sea, y que nunca aceptasen – aunque les ofrezcan mucho dinero – un puesto en el que nada ni nadie dependa de lo que ellos hagan.

La historia de la evolución muestra que tanto nosotros como el resto de los animales estamos inmersos en un "juego" en el que, por más que nos empeñemos en lo contrario, el resultado está supeditado al comportamiento de los demás. El premio anhelado puede ser codiciado por otro con el mismo ahínco, pero más suerte. El final del proceso no sólo depende de uno mismo, sino también de lo que haga el otro y, para complicar más las cosas, no se pueden controlar las decisiones del socio o adversario.

Los condicionantes externos de la felicidad, no son más relevantes, más bien se pueden calificar de neutros. Porque, lo que les caracteriza no es su importancia, sino su neutralidad en la búsqueda de la felicidad. Son los llamados grandes mitos: trabajo, salud, familia, educación y el grupo étnico.

En cuanto al trabajo, el único descubrimiento positivo reciente sobre la relación entre el trabajo y el nivel de felicidad es la constatación de los beneficios innegables que dimanan de aplicar al trabajo las propias virtudes o habilidades. Una vez asumido que el trabajo está mal repartido si el sujeto consigue aplicar, a un trabajo poco satisfactorio algunas de sus cualidades innatas o adquiridas, su nivel de bienestar y satisfacción aumentará.

El siguiente factor externo de la felicidad, que también lleva a engaño es la salud individual. Pues generalmente se le atribuye, equivocadamente, una influencia decisiva, cuando la verdad es que todos los experimentos y encuestas realizados demuestran que sólo las enfermedades particularmente graves tienen un impacto negativo en las tasas de felicidad.

En cuanto a la familia, siempre se dice que los niños son una de las mayores fuentes de alegría de la vida, pero investigaciones recientes han revelado todo lo contrario, cuidar niños no es divertido ni contribuye a la felicidad.

En cuanto al divorcio, un estudio de la Universidad de Chicago contradice la creencia popular según la cual el divorcio siempre hace más felices a los cónyuges en crisis. Es más, sólo la mitad de los divorciados dicen ser felices cinco años después de su divorcio, frente al grupo que aguantó estoicamente su crisis matrimonial, del cual dos tercios es feliz cinco años más tarde. El estudio también concluye que el divorcio no reduce los síntomas de depresión, ni mejora la autoestima en comparación con los que siguen casados.

En cuanto al dinero, todas las investigaciones realizadas apuntan a que, por debajo de los niveles medios de subsistencia, es decir, cuando los niveles de renta no alcanzan el mínimo imprescindible para sobrevivir, el dinero da la felicidad. De esta forma, aparentemente, la felicidad sería un bien que se puede comprar. Pero existen dos limitaciones a esta afirmación. Por una parte, resulta que a medida que aumenta el nivel de la renta, también crece el nivel considerado necesario para volver a sentir placer.

Y, por otra parte, la tendencia a compararnos socialmente con los demás genera grandes dosis de frustración que la escalada del dinero no puede apaciguar. De ahí que a partir de los niveles de renta situados en el promedio social resulte imposible establecer una correlación positiva entre el aumento de renta y el de la felicidad. En suma, generalmente el aumento del poder adquisitivo no significa que se sea más feliz, sino que a veces incluso afecta negativamente al nivel de felicidad.

En cuanto a la educación, cuando se trata de correlacionar los niveles individuales de educación y los niveles de felicidad, los datos no dan la razón a nadie. Los investigadores de la escala de bienestar aseguran que la capacidad de disfrute de los encuestados no sólo no está demasiado condicionada por su nivel educativo, sino que otros factores como el temperamento o la calidad del sueño son mucho más determinantes, con lo que, no se está descubriendo nada nuevo. Esto es, no hay correlación entre la formación académica y la felicidad.

Y, en cuanto al último grupo, el étnico, sólo un ejemplo, siempre se dice que, a pesar de su extrema pobreza, los indios son más felices que la mayoría de los europeos. La ciencia no dispone de argumentos ni datos al respecto, aunque si puede ser una razón de peso la influencia del budismo y el yoga en la búsqueda de la paz interior, con una relación superior al promedio mundial entre la felicidad y el grupo étnico, más allá de las catástrofes naturales o la pobreza.

Hasta ahora hemos hecho un estudio de la felicidad, ahora sólo queda estudiar las causas de infelicidad y descontento de estas sociedades complejas, en las que nos ha tocado vivir. Pues bien, vemos que aquí tienen lugar tres factores: a) el ejercicio perverso, (*"abyecto"* en palabras de Punset), del poder político, b) la disparidad entre los índices de crecimiento económico y la propia felicidad, y c) por último, lo que el propio Eduardo Punset llama *la sociedad de las averías*.

Pues bien, en cuanto al primer punto, (incidencia del poder político), habría que añadir determinantes conclusiones de Robert Sapolsky: *"El lugar ocupado en la jerarquía social es determinante en la salud"*. Por otra parte, también afirma que *"si estudiáramos los casos de personas con desórdenes debidos al estrés, veríamos que ante un factor estresante intentan reaccionar con una actividad frenética, haciendo mil cosas a la vez, y pase lo que pase, siguen con ese ritmo, aunque ese factor ya no esté presente. Es un estado psicológico de emergencia perpetua, sin tregua"*. Todo esto es inquietante, pero también lo es el hecho que los pobres sufran una mayor incidencia de accidentes cardiovasculares y de reuma, (entre otras enfermedades), que los ricos, incluso si se trata de pobres que posteriormente se han enriquecido. Porque como comenta el propio Sapolsky: *"Algunos estudios interesantísimos demuestran que, si en el tercer trimestre de gestación se priva a un feto de ciertos nutrientes, su metabolismo cambiará para siempre. Se llama programación o impronta metabólicas. Demuestra que, aunque todo fuese equitativo a partir de tu nacimiento, si te ha faltado alimento durante la etapa fetal, cuando tengas sesenta años tendrás mayor probabilidad de padecer diabetes, hipertensión y obesidad, porque tu cuerpo decidió, cuando eras un feto, que había que almacenar todo lo que estaba en la sangre, por temor a que necesitara luego esas calorías. Tu metabolismo decide ser ahorrador, y quedas expuesto en mayor medida a estas enfermedades. Puedes tener sesenta años y ser Bill Gates, pero tu páncreas todavía recordará ese precario tercer trimestre cuando eras un feto".*

En cuanto al segundo punto, el crecimiento económico sin aumento de la felicidad, vemos cómo en las actuales sociedades desarrolladas (o, *"complejas"*), existe la convicción generalizada de que aumenta sin cesar el bienestar económico, sin que mejoren los índices de felicidad.

Pues bien, este convencimiento de que los ciudadanos del mundo moderno no son más felices que la gente de otras épocas arranca de la disparidad observada al comparar las curvas del crecimiento de los ingresos por habitante – que han aumentado significativamente en los últimos cincuenta años – y del índice de felicidad declarado por los ciudadanos, que se ha estancado. Esta confirmación radica también en la incapacidad relativa para reconstruir los recuerdos y olvidar, particularmente, los acontecimientos adversos. Cuando se afirma que "cualquier tiempo pasado fue mejor" se está manifestando que sólo se recuerdan del pasado – eso sí, de forma indeleble, en el inconsciente – los acontecimientos más felices.

Uno de los componentes del sentimiento de felicidad plena es el ansia de reconocimiento por parte de terceros y, particularmente, del propio gremio. Si el punto de sintonización de una persona está muy por encima del promedio, ninguna alabanza o premio saciará su sed de reconocimiento. La búsqueda constante de señales en los demás de su propia existencia y valores, le mantendrá en un estado de ansiedad e insatisfacción reñido con la felicidad.

Hay que subrayar también que determinados factores externos como la salud o el dinero no inciden significativamente en los niveles de felicidad. Aunque se trata de una apariencia engañosa, pues se pasa por alto que una serie de factores psicológicos y sociales poco conocidos, neutralizan o compensan el aumento esperado en los niveles de felicidad.

Daniel Gilbert sugiere que sobrestimamos el grado de felicidad vinculada a un acontecimiento futuro, y que, además, pasada la novedad, transcurrido un tiempo disfrutando del objeto, de la compañía de la persona o de la vivencia del acontecimiento activador de la felicidad, todo parece volver a la normalidad. Por lo que, ya nadie se acuerda del viaje de novios, del lavavajillas nuevo o del coche recién estrenado.

A la luz de lo dicho, habría que recordarles a los pesimistas empeñados en pregonar que está ocurriendo algo muy grave, (puesto que la riqueza y el bienestar económico van por un lado y la felicidad por otro), que determinados factores genéticos y psicológicos ajenos a esa relación neutralizan los aumentos esperados en el índice de felicidad. Y, como dato curioso, podemos tener en cuenta que los índices de delincuencia se dispararon a partir de los años cincuenta, en pleno auge económico.

Antes decíamos que la felicidad es la ausencia del miedo, pues en esta *sociedad de las averías*, (que sería el tercer punto), a la que suceden imprevistos o retrasos, (a pesar de los avances tecnológicos de la sociedad actual), se multiplican los estímulos generadores del miedo, influyendo a su vez todo este impacto negativo sobre los índices de felicidad. Aunque a su vez, esta *sociedad de las averías* ha encontrado también la manera de apuntalar los índices de felicidad, mediante la llamada *obsolescencia programada*. El concepto se lo debemos al diseñador industrial Brooks Stevens quien, a mediados de los años cincuenta, lo definió como "la necesidad de destinar en la mente de los compradores el deseo de contar con un producto algo más novedoso, algo mejor, y un poco antes de necesitarlo". A diferencia del yogur, los fabricantes de equipos no dan a sus productos una fecha de caducidad, pero es como si la tuvieran. Los ingenieros han programado la vida útil de los coches, las neveras y los lavavajillas para un cierto período de tiempo, por lo que el precio colectivo que se paga por todo ello, en términos de residuos, pérdidas en el valor de productos desechados antes de tiempo o polución, puede ser irrisorio, comparado con el mantenimiento de los índices de felicidad.

Por último, se abarca el tema de la felicidad programada, la cual tiene que ver con la capacidad de imaginar situaciones estresantes y de adentrarse voluntariamente en el mundo de los sueños.

Aunque eso es sólo una pequeña parte, pues además generaría las representaciones mentales de los placeres vinculados a la comida y el sexo, o fruto de las drogas, el alcohol, la música y el arte, protagonistas todas ellas de un mundo de imágenes medio real y medio imaginado. No cabe duda de que el sentimiento de placer es muy poderoso. Si algo es placentero queremos repetirlo. Hay determinadas actividades vitales, al igual que expresiones artísticas, que activan un circuito especializado de neuronas que producen y regulan la sensación de placer. Estas neuronas están situadas encima del tronco encefálico en el área ventral tegmental. Desde allí, utilizando sus axones, las neuronas transmiten sus mensajes a las células nerviosas situadas en el núcleo accumbens. Ésa es la anatomía del circuito neuronal del llamado sistema motivacional y de recompensa. Pero lo interesante es que la hormona dopamina, considerada esencial en los mecanismos del placer, fluye en estos circuitos anticipándose a los hechos. Los flujos de dopamina se ponen en marcha con la simple expectativa de placer, aunque luego no se materialice. En otras palabras, tienen que ver más con el deseo que el propio placer.

El grado de interconectividad e integración cerebral es tal vez mayor de lo que se creía, pues el sistema de recompensa seguiría teniendo fácil acceso al sofisticado córtex cerebral, pródigo en habilidades asociativas y de cálculo.

Como hemos dicho antes, al igual que la buena comida, el sexo y las drogas, las artes plásticas y la música generan también un sentimiento de bienestar. Pues escuchar buena música y componerla forma parte, igualmente, del sistema motivacional y de recompensa que garantiza la supervivencia mediante la búsqueda del bienestar. Las investigaciones más recientes han revelado que la música, al actuar sobre el sistema nervioso central, aumenta los niveles de endorfinas, los opiáceos propios del cerebro, así como los de otros neurotransmisores, como la dopamina, la acetilcolina y la oxitocina.

De las endorfinas se ha descubierto que dan motivación y energía ante la vida, que producen alegría y optimismo, que disminuyen el dolor, que contribuyen a la sensación de bienestar, y que estimulan los sentimientos de gratitud y satisfacción existencial. Más recientemente, el *Journal of the American Medical Association* publicó los resultados de un estudio de terapia musical realizado en Austin en 1996. La estimulación de la música aumenta la liberación de endorfinas y disminuye la necesidad de medicamentos. "También es un medio para distraerse del dolor y aliviar la ansiedad", explicó uno de los investigadores. La capacidad de la música de inducir un intenso placer, y la estimulación de sistemas de recompensa endógenos sugieren que, aunque la música no es estrictamente necesaria para la supervivencia de la especie humana, constituye un beneficio significativo para nuestro bienestar físico y mental.

Curiosamente, tenemos objetivos grandiosos y radicalmente nuevos de los que, supuestamente, depende nuestra felicidad, pero los mecanismos neuronales de recompensa siguen siendo los mismos de siempre, enfocados a objetivos de supervivencia tan pedestres como la comida, el sexo, o la repugnancia.

A la hora de buscar la felicidad, quizá deberíamos retroceder al principio, pues antes de nacer, el feto está dentro del útero en un entorno templado, protegido de la luz y el ruido; oye los sonidos de la madre y el latido de su corazón, y, en definitiva, está muy a gusto. Se puede afirmar que nunca volverá a ser tan feliz en toda su vida. Hoy en día hay un menor número de hijos que en generaciones anteriores, y se dedican más cuidados para los pocos que se crían. Se destinan cuantiosos desembolsos en la mejora de la calidad de vida, particularmente durante los cuarenta años que actualmente vivimos de más, (en comparación con la esperanza de vida de los felices años 20), y que están en continuo aumento. Por lo que resulta evidente que la consecución de la felicidad exige reducir drásticamente los recursos destinados a la perpetuación de la especie y un aumento correlativo de los recursos asignados a las tareas de mantenimiento.

Lo que es evidente al tratar de encontrar la felicidad es que una cosa si es segura, a lo largo de nuestras vidas siempre que tengamos un objetivo va a haber *emoción* de por medio, es lo que nos da alas para tratar de conseguirla, porque de lo contrario no tendríamos un proyecto definido.

Finalmente, Punset establece una *fórmula de la felicidad distinta* a la anterior del Dr. Seligman, la cual estaría compuesta por la suma de factores significativos como M (Mantenimiento y atención al detalle) más B (disfrute de la Búsqueda y la expectativa) y más P (relaciones Personales), todo ello multiplicado por E (Emoción al comienzo y final del proyecto; pues sin emoción no hay nada – también es cierto que si la suma de los factores es cero, nada tendrá valor); todo ello dividido entre la suma de R (factores Reductores, tales como: ausencia de desaprendizaje, recurso a la memoria grupal, interferencia con los procesos automatizados, y predominio del miedo), más C (la Carga heredada, compuesta de: mutaciones lesivas, desgaste y envejecimiento; ejercicio abyecto del poder político, y estrés imaginado – el cual deberíamos cambiar y pasarlo a situaciones que generan bienestar, cuanto antes -).

En definitiva: $Felicidad = \dfrac{E\,(M+B+P)}{R+C}$

Destacando en R (Factores Reductores del Bienestar) que: desaprender la mayor parte de las cosas que nos han enseñado es mucho más importante que aprender. Por otra parte, de la misma manera que la belleza es la ausencia de dolor, la felicidad es, básicamente, la ausencia de miedo. Esto supone que al final de cualquier proceso, la emoción se ha canalizado en el perfeccionamiento de las competencias propias y en profundizar en las relaciones interpersonales para garantizar la supervivencia. Estableciendo una parábola, podríamos decir que para unos niños que han estado jugando al escondite, los momentos más felices y creativos fueron exclusivamente los de la búsqueda…

Si seguimos buscando la felicidad, una buena referencia, y muy aconsejable, serían las aportaciones de Rafael Santandreu, por lo menos para no complicarnos la existencia y ser prácticos, pues en su libro "El arte de no amargarse la vida", (Paidós), hace referencias a que "Cambiar es posible", y "Transformarse en alguien positivo es esencial para disfrutar de la vida".

Resulta curioso el ejemplo que cita de Epicteto, cuando le pegaba con fuerza su amo y él prefirió no defenderse, dando por hecho que el silencio o una breve frase haría más efecto a la hora de dejar que le atizaran. Solamente abrió la boca para decir: "cuidado señor, que, si seguís así, vais a romper vuestro bastón".

Según Epicteto: "No nos afecta lo que nos sucede, sino lo que nos decimos acerca de lo que nos sucede".

El autor afirma que "La principal distorsión cognitiva consiste en tomarse todo a la tremenda y anticipar desgracias".

"Si nos detenemos a pensar sobre la realidad, nos damos cuenta de que, muchas veces, exageramos la relevancia de las adversidades", por lo que, "aprender a evaluar lo que nos sucede con realismo y objetividad nos hace más fuertes y tranquilos".

"Necesitamos muy poco para estar bien".

"Uno de los principales métodos para adquirir una mejor filosofía vital es revisar cada día cómo pensamos", para ello, hay que "detectar las creencias irracionales, combatirlas con argumentos y desarrollar nuevas creencias racionales".

Las facetas en las cuales uno puede encontrar objetivos valiosos que llevar a cabo, aun careciendo de todo lo material, son muchas, y entre otras podemos destacar las siguientes: Ayudar a los demás. Hacer buenos amigos. Profundizar en la espiritualidad. Hacer algo artístico. Cuidar mente y cuerpo. Estudiar y aprender. Amor sentimental. Y, llevar a cabo una vida de ocio, como pasear, nadar, bailar.

La verdadera fuente de la *terribilitis* son las necesidades inventadas.

Todos los miedos están conectados por la *terribilitis*. Cuando reduces un miedo, reduces todos los demás.

Hay que refrenarse continuamente para no transformar los deseos en necesidades.

La comodidad no es tan importante.

Visualizarse sin necesidades es otro de los grandes métodos para adquirir filosofía racional.

Imaginarnos muertos es una buena medida preventiva de las ansiedades cotidianas, pues, cada vez que nos estresemos, podremos sosegarnos pensando en nuestra propia muerte.

Incluso estando paralizado, por alguna enfermedad, podríamos tener una vida emocionante, esto es, se trata de "no quejarse" y fijarse en lo que sí podemos hacer.

La soledad y el aburrimiento Nunca pueden ser sensaciones muy desagradables, a no ser que te convenzas a ti mismo de ello.

La vergüenza y el ridículo son sensaciones molestas, pero experimentarlas de vez en cuando no es el fin del mundo. Es más, la vergüenza y el temor a hacer el ridículo se vencen pensando bien, pero no enfrentándose a él.

Nos liberamos definitivamente de la necesidad de aprobación de los demás cuando comprendemos que "estar abajo" no es ningún problema. Ser capaz de "estar abajo" de buen humor te hace superior y te permite disfrutar más de la vida.

Nadie "necesita" a nadie, así que tampoco necesitamos la aprobación de los demás.

Nadie es perfecto, ni nosotros ni los demás.

La clave de las buenas relaciones es "pedirle a cada cual lo que pueda dar, y no lo que no pueda dar".

Es mejor sugerir que exigir el cambio en los demás.

Quejarse es la mejor forma de arruinar una relación.

No entrar nunca en diálogos de locos. Cuando las personas que tenemos al lado se pongan nerviosas, exageren, nos exijan cosas que no deseamos conceder…, lo fundamental será no entrar en su dinámica, no discutir en los mismos términos que ellos, pues, en ese momento, están desviados de la realidad. Intentar razonar con alguien que temporalmente no está en su sano juicio no es razonable.

Las mejores estrategias para atajar comportamientos neuróticos son: el amor, el humor y el surrealismo.

Alusión a la maravillosa historia de Mark Twain. Aquella en la que Tom Sawyer seduce a los chicos para que pinten una valla. Algo que tendría que hacer él y sólo él, puesto que en eso consiste el castigo que se le aplica. Pues no sólo la pintura, sino que le dieron tres manos de pintura, y además, sus amigos le dieron a Tom todos sus *pequeños tesoros* para obtener el privilegio de poder pintarla. De otra forma, si Tom les hubiera exigido a sus amigos pintar la valla, le hubieses resultado imposible conseguirlo. Esto nos demuestra que la mente humana es flexible y, es más, lo que, de una manera determinada parece una tortura, con un envoltorio reluciente puede convertirse en un goce.

Si queremos obtener algo de los demás, es mejor seducirles para que lo hagan, pero nunca exigirles nuestra voluntad.

La eficacia está sobrevalorada. Un poco de eficacia es buena, pero demasiada es mala.

La paz interior se pierde a base de obsesionarse con la perfección.

Cometer fallos es normal y positivo. De los errores aprendemos cosas.

Las adversidades forman parte de la vida y son, en gran medida, inevitables. Si las aceptamos, no nos molestarán tanto.

La mayoría de las obligaciones, a las que nos comprometemos nosotros, son neuróticas situaciones procedentes de necesidades inventadas.

Es conveniente ocuparse de la salud, pero no preocuparse demasiado por ella.

Sin salud se puede ser muy feliz y, con salud, se puede ser muy desgraciado.

Es muy sano distanciarse de uno mismo, no darse mucha importancia, porque no hay otra forma de sosegarse. Autoestima la justa, no darnos tanta importancia de cara a cuando se metan con nosotros, así no nos afectará tanto y sufriremos menos.

No busques más, ya lo tienes todo.

La felicidad no depende de logros o situaciones ideales, sino de nuestra salud mental.

Hay que dejar de mirar al pasado con nostalgia. Aquel tiempo pasado no fue mejor, es una ficción de nuestra mente. La única diferencia es que en "aquel pasado" no mirábamos al "pasado".

No hay que tenerle miedo a nada porque, en realidad, no hay nada que temer.

Nuestros temores tenemos que situarlos en una escala lo más "real" posible, pues no podemos poner en el mismo escalafón dentro de lo malo, (o muy malo, o terrible), a "perder un empleo" comparado por igual con "sufrir un cáncer".

Es importante aceptar incondicionalmente a los demás porque así nos aceptaremos incondicionalmente a nosotros mismos.

La buena asertividad no consiste en defenderse, sino en no verse nunca atacado y no tener problemas en que nos critiquen.

Ante todo, lo mejor es observar el lado bueno de las cosas, así observamos interesantes unos consejos o anécdotas que nos aporta Luis Rojas Marcos en su libro "La fuerza del optimismo", (Aguilar), que sin duda no nos dejan indiferente:

- No importa la mala suerte que hayas tenido, (eso no es lo más importante), sino la importancia que le das a ese hecho, (y a los sucesos que nos afectan).

- Importancia de la intimidación del contrincante, (tal es el caso del tenista Rafa Nadal en sus mejores tiempos), pues la apariencia de total confianza en uno mismo es rentable, tanto en juegos, negociaciones, o conflictos con personas.

- Cuenta la anécdota del hombre paralítico, que estaba satisfecho personalmente con su vida y se daba un 8, en una escala del 0 al 10, cuando antes del accidente valoraba su propia situación con un 8,5.

- Destaca el caso de unos soldados totalmente perdidos en los Alpes en medio de una avalancha de nieve, pero que estaban esperanzados porque tenían un mapa, gracias al cual llegaron a su destino, lo chocante del caso es que el mapa resultó ser de los Pirineos, de lo cual se deduce que lo que les animó a seguir adelante fue el hecho de disponer de un mapa, resultando al final irrelevante de dónde fuera éste.

- Y, por último, como una pescadilla que se muerde la cola, resalta el hecho que un buen médico para operar con éxito de vesícula biliar ha tenido que operar antes otras 30 veces para tener experiencia… (se deduce que al principio no la tenía, por lo que la confianza en uno mismo es clave para alcanzar tus objetivos satisfactoriamente).

Por otra parte, en su libro "Secretos de la Felicidad", (Espasa) nos cita conceptos y aspectos de *la felicidad*, a tener en cuenta, tales como:

"Aunque no nos pongamos de acuerdo a la hora de definir la felicidad, todos la reconocemos cuando la sentimos", Paula F. Eagle.

La felicidad allana nuestro camino al promover un estado de ánimo dichoso que favorece la calidad de nuestro día a día.

Esta sensación de bienestar y contento es también el principal refuerzo de los comportamientos que favorecen la conservación y propagación de la especie, como propuso en su día Charles Darwin.

Los sentimientos estables de felicidad responden a mecanismos neuroquímicos cerebrales, activados continuamente por múltiples estímulos internos y externos. Sustancias neurotransmisoras, como la dopamina, la serotonina y ciertas hormonas, las endorfinas, estimulan áreas cerebrales que inducen en nosotros emociones placenteras. Y, además, gracias a las técnicas de visualización del cerebro vivo, hemos averiguado que las zonas del tálamo y prefrontal izquierda de este órgano muestran una mayor actividad en las personas que se sienten contentas que en aquellas de temperamentos depresivos. Sin embargo, no se puede reducir a una reacción química concreta algo tan complejo como el sentimiento de la felicidad, y tampoco se puede localizar en una parte determinada del cerebro. También habrá que tener en cuenta nuestra disposición emocional y nuestra perspectiva de la vida, así se explica que los humanos experimentemos, expliquemos y exte
ioricemos nuestra felicidad de formas tan personales como diferentes. En todo esto influyen nuestras ilusiones, y nuestras experiencias vividas. Es decir, el presente está influido tanto por el futuro como por el pasado. Además de por nuestro estado de ánimo actual, (el del día a día), pues éste moldea nuestra opinión de la felicidad.

Puede que la felicidad sea un concepto muy amplio en el que no nos pongamos de acuerdo sobre qué es, o cómo la medimos, pero sí tenemos claro en qué parcelas concretas hallamos la felicidad y en cuáles no. Por ejemplo, en el lado positivo, de las que extraemos satisfacción vital, tendríamos las situaciones que nos permiten conectarnos y disfrutar de nuestras relaciones con los demás, los proyectos y las ocupaciones que nos estimulan a usar nuestros talentos y a sentirnos útiles o creativos, y las actividades de ocio que disfrutamos durante lo que llamamos tiempo libre…

En este espacio podemos incluir también otros aspectos que caracterizan al ser humano, como la capacidad que tenemos todos nosotros para olvidar selectivamente recuerdos penosos y pasar página, o la utilidad del sentido del humor. Mientras que los principales impedimentos o barreras del instinto de felicidad y, en gran medida, de la conservación de la especie, serían: el dolor crónico, el miedo y la ansiedad, la depresión y el estancamiento permanente en traumas pasados que minan las ganas de vivir.

Según Rojas Marcos, la felicidad sería un "sentimiento placentero y apacible de satisfacción con la vida en general. Esta felicidad no depende de un momento dado o de un hecho determinado, sino que consiste en un estado de ánimo positivo y estable de contentamiento que acompaña a la perspectiva favorable de la vida y alimenta la idea de que vivir merece la pena". Así, las personas felices suelen tener una perspectiva positiva de las cosas y suelen buscar las circunstancias que les proporcionan un mayor estado de bienestar subjetivo, poseen una buena dosis de confianza en sí mismas, y aprovechan las oportunidades y gozan de las pequeñas cosas que les ofrece el día a día; son por tanto flexibles, y se adaptan bien a los cambios.

El tema de la felicidad puede ser considerado un tabú en determinadas zonas, así en Europa, al contrario que en Estados Unidos, no se habla abiertamente de la felicidad personal, no solo porque se considera algo muy íntimo, sino también porque, en general, está mal visto hacerlo. Y, no digamos en España, concretamente en nuestros puestos de trabajo, tratamos de evitar la pregunta "¿qué tal, cómo te va?", pues debido a diversos factores, principalmente la envidia, te puedes encontrar con una respuesta que no deseas oír, como "pues no tan bien como a ti", "tú sí que vives bien", "que bien estás tú aquí".

Está visto que lo mejor es demostrar a los demás todo el trabajo que tienes por delante, (optamos por la queja, aun cuando nos sintamos muy contentos, porque quizá creamos en sus efectos preventivos – "quien se queja, sus males aleja", dice el refrán), y si te encuentras bien y te sientes feliz resérvalo para tu intimidad, que nadie te vea sonreír porque rápidamente especularán y dirán "le va bien, algo trama, ¿qué se traerá entre manos". Todo lo contrario de la opinión del famoso Julián Muñoz cuando decía a Isabel Pantoja de cara a los periodistas, "dientes, dientes, que te vean sonreír", como diciendo que sufran al ver que eres feliz…

Hay investigaciones que confirman que alrededor del 85 % de las personas afirmamos sentirnos satisfechas con la vida en general. En el caso de los españoles, la tasa de *contentamiento* se sitúa entre las diez más elevadas del mundo. En el año 2000, un sondeo Demoscopia elaborado mediante entrevistas a domicilio señalaba que seis de cada diez españoles decían sentirse bien consigo mismos. Dos años más tarde la agencia Eurobarómetro mostraba que *la población española*, junto con la holandesa, obtenía la cota más alta en bienestar psicológico. Y, en 2006, este mismo organismo documentó que el 84 % de los españoles afirmaba estar muy o bastantes satisfecho con su vida, (cuatro puntos por encima del resto de los europeos).

Por otra parte, la tasa de *satisfacción* de la juventud española no parece estar afectada por los frecuentes fracasos escolares que sufren los jóvenes estudiantes, ni por las serias dificultades que padecen para encontrar empleo estable, con los consiguientes aprietos económicos. Esto se debe, a que los jóvenes, conscientes de su impotencia para resolver los problemas académicos, laborales y pecuniarios que tienen, han elegido excluirlos de la lista de factores que determinan su nivel general de felicidad.

Este eficaz mecanismo de defensa está además amparado tácitamente por la tradicional tolerancia de la sociedad española a los suspensos, al desempleo y a la emancipación tardía de los hijos. De esta forma, el sentimiento de universalidad, contenido en el frecuente "esto nos pasa a todos", también ayuda a los jóvenes a minimizar estos reveses y preservar su nivel de felicidad. No obstante, y a pesar de la crisis, seguimos otorgando entre un 6 y un 8, en una escala del 0 al 10, al nivel de satisfacción que tenemos con la vida. Esto se debe a que tendemos a relativizar y a hacer comparaciones favorables como: "la crisis me afecta bastante, pero no tanto como a otras personas de mi entorno, que casi no tienen para comer", o a compensar el impacto negativo de la crisis con otras parcelas gratificantes de la vida cotidiana: "la parte laboral la tengo muy mal, pero tengo la suerte de tener buena salud, buenos amigos y contar con la ayuda de mis padres…".

A pesar de todo, también hay quien atribuye la felicidad *a otros*, así como que la Lotería es algo que les ocurre *a otros,* y nunca nos pasa a nosotros mismos, como diría Thomas Szasz con bastante ironía: "La felicidad es una condición imaginaria que antiguamente los seres vivos atribuían a los muertos, y ahora los adultos atribuyen a los niños, y los niños a los adultos".

Gracias al pensamiento positivo, cuando somos golpeados por alguna adversidad, tendemos a pensar que se trata de un evento pasajero o de un contratiempo transitorio del que nos recuperaremos. Recurrir a explicaciones ventajosas de las cosas nos estimula a buscar el lado positivo de los contratiempos y nos ayuda a minimizar su impacto; también alimenta la noción de que controlamos nuestra vida y nos protege de la autocrítica despiadada, del desánimo y del sentimiento de indefensión. A la vez, para proteger nuestro estado de ánimo positivo estamos predispuestos a relacionarnos con personas que tienen buena opinión de nosotros, y a rehuir a quienes no caemos bien. La verdad es que buscamos amistades que nos perciben favorablemente.

Además, para defender nuestra felicidad, evitamos relacionarnos con ese tipo de personas "tóxicas" que gustan de emitir mensajes negativos y catastrofistas. Por otra parte, otra defensa de la felicidad es la inclinación para compararnos ventajosamente con nuestros semejantes, lo que ampara nuestra capacidad para mantenernos contentos a pesar de los infortunios. La clave es contrastar nuestras circunstancias con las de quienes han tenido peor suerte. Y para obtener el máximo beneficio, tendemos a compararnos con personas de nuestro mismo grupo social. Las comparaciones ventajosas nos protegen de la desilusión y fortalecen nuestra seguridad y confianza. Después de un desastre natural, muchas víctimas se sienten afortunadas si se comparan con damnificados que han sufrido daños mayores, expresiones como "podía haber sido mucho peor" nos ayudan a soportar la angustia que producen los accidentes inesperados. Y es que lo malo nunca es bueno, excepto cuando al vecino le pasa algo peor.

El sustento más natural de la vida es la felicidad. Cuando nosotros somos padres, simplemente el hecho de serlo cambia nuestras prioridades sobre otras cosas, ellos se convierten en lo más importante para nosotros, y atender sus necesidades se convierte en la parcela más gratificante de nuestra existencia, sin embargo, podemos modificar el sentido de las cosas y algo que antes era importante puede pasar a un segundo plano, pues cuando los hijos crecen y empiezan a valerse por sí mismo, los padres encontramos significado en otras parcelas.

Contamos con poderosas defensas físicas y psicológicas que protegen nuestra satisfacción con la vida: la salud, la autoestima, las conexiones afectivas, el pensamiento positivo, o la sensación de controlar nuestro destino; como diría Helen Keller: "El mundo está lleno de sufrimiento, pero rebosa de personas que lo han vencido".

En su biografía, esta célebre escritora narró "puedo ver y por eso puedo ser feliz", sin embargo, ella era ciega y sordomuda desde los diecinueve meses de vida por una grave enfermedad neurológica, así que su afirmación significaba, en realidad, que en la vida es peor no tener *visión* que no ver. Por lo que antes que tener intactos todos los órganos de los sentidos, es más importante para ser felices disfrutar de una perspectiva positiva de la vida. Pues ella aprendió a leer y a escribir con el método Braille y se alzó como un ejemplo de que, a pesar de las mayores adversidades, con perseverancia y optimismo es posible alcanzar la felicidad.

Tal vez para ella, la pérdida de estos sentidos supondría pequeños obstáculos a salvar en la vida, pero para la sociedad en general todavía quedan retos que superar, siendo los más peligrosos y frecuentes el dolor crónico, el miedo continuado a la ansiedad el estancamiento permanente en estados de ánimo negativos a casa de una experiencia traumática, y la depresión. El miedo es un factor terrible, porque como decía Séneca, "donde está el miedo, no está la felicidad". Pero, sobre todo, la clave está en *continuar*. Que no haya un parón, que sigamos haciendo lo mismo que ayer, (que bueno es volver a *la rutina* después de un largo parón, es más, es necesaria), por ello es bueno *seguir y continuar*, (que no se nos olvide el objetivo de ayer y continuar con él, y si ya lo conseguimos, marcarnos uno nuevo), como diría Albert Einstein: "La vida es como montar en bicicleta; para mantener el equilibrio debes seguir pedaleando".

Hay que destacar la importancia clave que tiene la autoestima, por ser un buen regulador y comprobador de nuestro estado de ánimo, y aunque no lo reconozcamos públicamente, para todos nosotros lo más importante del mundo es uno mismo. A la hora de medir nuestra autoestima tenemos en cuenta atributos que tienen que ver con nuestras cualidades personales y también con las cosas que consideramos nuestras.

Por ejemplo, si pensamos en los ingredientes de nuestra autoestima, lo más probable es que incluyamos características de nuestra forma de ser, nuestros valores, prioridades, aptitudes y logros, y hagamos un balance con nuestras limitaciones y defectos. En definitiva, es una respuesta automática de aprecio o de rechazo hacia nosotros mismos, porque en realidad es el sentimiento que acompaña a la valoración que hacemos de nosotros mismos y, también, el conjunto de aptitudes y rasgos de nuestro carácter que valoramos. Aunque, no es menos cierto, que la evaluación que hacemos de nosotros mismos es algo que la mayor parte de las personas prefiere mantener en el ámbito de la intimidad, de lo privado; al preferir no querer hablar de ello. La mayoría de la gente no está preparada para describirse espontáneamente. Después de todo, revelar aspectos personales casi siempre nos provoca temor a crear una mala impresión en los demás. Y, por otra parte, la valoración de uno mismo depende, además, del balance que hagamos entre lo que creemos que somos y lo que nos gustaría ser.

El pensamiento positivo es un excelente protector de nuestra satisfacción con la vida, a pesar de las enfermedades que nos afligen y de los golpes que nos llevamos en la lucha diaria. Como ocurre con la felicidad, en nuestra cultura no está bien visto decir que somos optimistas. Tal rechazo obedece a que, desde hace varios siglos, la mayoría de los filósofos y pensadores han equiparado el optimismo con la ingenuidad e, incluso, con la ignorancia. Por otra parte, también hay instalado en nuestra sociedad cierto planteamiento pesimista de la existencia humana que no ayuda mucho a la hora expresarnos con optimismo, es más tenemos cierto miedo a hacerlo. En parte, además, por la proclamada creencia de que los seres humanos somos malévolos por naturaleza, con lo que se justifica el popular dicho de "piensa mal y acertarás".

Debido a esto, muchas veces nos asombramos, (apareciendo en el telediario incluso), ante determinados gestos altruistas de otros, (devolución de un dinero encontrado, o dar la vida para salvar a unos ancianos al declararse un incendio en su residencia). Puede que se produzcan hechos aislados, pero cualquiera que observe a sus allegados, o a los miembros de la comunidad en la que vive, reconocerá que la gran mayoría de las personas son pacíficas y generosas.

Es importante pensar bien de los demás, y sobre todo mantener actitudes positivas, pues éstas facilitan las conexiones afectivas con otras personas, las cuales, además de proteger nuestra satisfacción con la vida, nos proporcionan momentos felices. Este beneficioso efecto obedece a que la disposición optimista nos estimula a acercarnos a los demás y a confiar en ellos, generando una respuesta recíproca, a la vez que facilitan las relaciones íntimas pues neutralizan el temor a ser rechazados.

En este punto, nos encontramos con dos pensadores contrapuestos en cuanto a la Felicidad: Fernando Savater, por entenderla desde el pasado, y Julián Marías, por proyectarla hacia el futuro.

El pensador y escritor Fernando Savater ha resaltado la importancia de nuestra percepción del ayer. En su obra *El contenido de la felicidad* (Punto de Lectura) señala que "la felicidad es una de las formas de la memoria", y añade que la dicha está en los recuerdos. "Todos somos optimistas, no por creer que vayamos a ser felices, sino por creer que lo hemos sido", asegura Savater.

La *felicidad* es un proyecto de *inconformismo:* de lo que se nos ofrece nada puede bastar. El placer, o la utilidad, o aun el bien, nada significan en cuánto ideales de vida si no se los refiere a la felicidad, mientras que ésta se obstina en no dejarse agotar por ninguno de ellos, ni siquiera por su conjunto. La felicidad, por ser un término tan amplio, es todavía lo que los políticos no se atreven a prometer directamente en nuestros días.

No sabríamos definirla, aunque no la confundimos con ninguno de los sucedáneos que pretenden reemplazarla; pero suponemos que seríamos capaces de reconocerla si por fin se nos apareciera. Quizá lo que ocurre con la felicidad es que somos incompatibles con ella. Felicidad es aquello que brilla donde yo no estoy, o aún no estoy, o ya no estoy. Para ser feliz tendría que *quitarme* yo. Y, sin embargo, es el *yo* el que quiere ser feliz, aunque no se atreva a proclamarlo a gritos, aunque finja resignación o acomodo a la simple supervivencia, es decir, a la obligación de la muerte. Decir «quiero ser feliz» es una ingenuidad o una cursilería, salvo cuando se trata de un desafío, o de toda una declaración. Quizá pueda decir legítimamente que tengo derecho a ser infeliz a mi modo. A la administración de mi infelicidad sí tengo derecho —o, mejor, sí que *hay* derecho—; pero no hay tal cosa como un «derecho a la felicidad». Ni brota de un convenio ni está garantizada por una institución superior. Kant habló de que lo importante no es la felicidad, sino «ser dignos de la felicidad». Ser *dignos* de la felicidad no es tener derecho a ella ni ser capaces en modo alguno de conquistarla, sino intentar borrar o disolver lo que en nuestro yo es *obstáculo* para la felicidad, lo que resulta radicalmente incompatible con ella.

Llamamos felicidad a lo que queremos; por eso se trata de un objeto perpetuamente perdido, a la deriva. Al decir «quiero ser feliz», en realidad afirmamos «quiero *ser*».

Por el contrario, para el escritor Julián Marías, la esperanza de alegría o dicha, futura, es la pieza fundamental de nuestra felicidad. En su libro *La felicidad humana* (Alianza Editorial) señala que llevamos bien el estar mal hoy si pensamos que mañana vamos a estar mejor. Y cuando decimos "soy feliz", lo que realmente queremos decir es "voy a ser feliz". De forma que nuestra dicha está compuesta sobre todo de ilusiones, expectativas y sueños.

Según él, no se puede esclarecer lo que es el amor, o la vida humana, o la muerte, o la libertad, o la felicidad haciendo observaciones, encuestas, estadísticas o experimentos de laboratorio. La felicidad es una situación compleja, porque reúne ingredientes materiales y factores dinámicos en tanto no hay una ciencia que determine su estudio como sucede con las ciencias o las letras, además ésta se encuentra inmersa en nuestra vida, siempre estamos buscándola, aunque algunas personas sitúan la felicidad referida a Dios.

La felicidad es comúnmente definida como: dicha, suerte, fortuna, o ventura, asimismo existen palabras que indican definiciones contrarias esto quiere decir que lo malo es derivado de lo bueno, es decir que en algún momento la felicidad puede faltar, puede ser destruida y entonces sobreviene la desgracia. Pero, *¿por qué es tan importante poseer la Felicidad?*

En estos últimos años la felicidad se ha visto confundida con realidades totalmente lejanas. Es por ello que las cosas que buscamos, que queremos, que nos interesan, por las cuales nos afanamos, todas tienen como un trasfondo esa improbable felicidad, aunque solo llenan esa ausencia de manera pasajera tal como sucede con los buenos deseos, "felicidades", manifestados en las celebraciones.

El cristianismo, juega un papel importante por haber transferido el concepto de felicidad a la salvación, involucrándola con el arrepentimiento, por lo cual nosotros los fieles olvidamos la felicidad en esta vida, y consideramos una felicidad ultraterrena y mucho más aún ni siquiera la imaginamos.

Pensamos en la otra vida como algo que no tiene gran conexión con ésta, nos hace falta imaginar para poder desearla, sin embargo, hemos imaginado mucho más la condenación que la salvación. No obstante, la vida, en la medida que es humana, es singular y única, por lo tanto, no se puede reducir a cualquier otra. Estamos convencidos que la felicidad no existe y que, si hay alguna posibilidad, esta resulta imposible, pero necesitamos ser felices. La felicidad consiste en el goce y la posesión de la realidad, es decir dejar de solicitar objetos con grandes diferencias y dejar de ser lo que no se puede ser. Ninguna cosa nos basta, nada nos resulta suficiente y por tanto no nos satisface, pero al mismo tiempo toda renuncia es dolorosa porque también era deseada. La vida humana es un continuo mecanismo de elección de preferencia y postergación, toda elección es a la vez exclusión. Los jóvenes en principio, podemos ser todo, porque todavía no somos casi nada y a medida que vamos creciendo vamos renunciando y excluyendo diversas situaciones en base a nuestros intereses y preferencias , ello forma nuestra trayectoria, si se menciona lo que hemos hecho o nos ha sucedido, no se presenta la realidad completa, que incluye además lo que no hemos hecho, lo que nos pudo pasar pero que no nos pasó, lo que pudimos hacer y lo que no, lo que hemos querido hacer y lo que hemos abandonado o se ha frustrado o desvanecido; todos estos puntos señalados constituyen cada una de nuestras vidas. He aquí la razón fundamental de que la felicidad sea imposible, aun suponiendo que siempre elegimos lo correcto y que además pudimos realizar eso que elegimos y preferimos; aunque también renunciamos a otras muchas más cosas, a otras trayectorias que también nos atraen y que deberían ser realizadas y por consiguiente no somos plenamente felices, porque se las echa de menos y nos duele su ausencia. Tal vez las condiciones económicas o familiares no nos puedan ayudar a construirlas, pero no podemos renunciar a ellas.

Nuestro futuro es importante, así la tonalidad de la vida involucra sentirse bien o mal, estos estados definen la felicidad, para sentirla es necesario mencionar "estoy siendo feliz", que, cerrando el círculo con lo dicho anteriormente, en realidad lo que quiere decir es "voy a ser feliz", y en proyectarse positivamente estaría la clave. De lo contrario no seremos nunca felices.

Asegura Rojas Marcos, que, en el terreno de la Autoestima, los efectos beneficiosos del pensamiento positivo son fáciles de imaginar. La visión optimista nos inclina a contemplar el mundo a través de un cristal de emociones agradables y a valorarnos favorablemente. Además, al fomentar la evocación de los éxitos del pasado y facilitar las explicaciones ventajosas de los sucesos que nos afectan, se alimenta la fe en nosotros mismos, así como el sentido de competencia y la esperanza de que lograremos lo que deseamos.

Papel fundamental en nuestra Felicidad lo juega la Memoria, pues contribuye a nuestro instinto de felicidad dando habitualmente prioridad a los buenos recuerdos. Los seres humanos nos acordamos de más experiencias positivas que negativas. Por otra parte, *olvidar* es una función esencial de la memoria que protege nuestra satisfacción con la vida. Desde los primeros tiempos el concepto de Memoria ha ido siempre de la mano del olvido. El funcionamiento de la memoria es hacer limpieza y borrar continuamente información que no usamos o que, de forma inconsciente, decidimos eliminar. A la vez que olvidar es necesario para mantener nuestro bienestar y equilibrio emocional, ya que nos permite vivir el presente o ilusionarnos con el futuro sin sentirnos atados al pasado.

Por tanto, como hemos visto, la memoria es selectiva y evoca más fácilmente las alegrías que las penas, los éxitos que los fracasos. Gracias a su capacidad para olvidar, la memoria nos ayuda a distanciarnos de los daños que nos causan y nos anima a *perdonar y pasar página*, (fundamental para nosotros este último concepto, pues nos supone una gran ayuda a la hora de buscar la felicidad, por lo menos para *fabricarnos* un pensamiento positivo.

Pues como diría Paul Boese: "el perdón no cambia el pasado, pero engrandece el futuro"). Así, sin una dosis de olvido, el perdón es muy difícil. Desde siempre la relación entre olvidar y perdonar ha sido un tema de discusión, reflejado en dichos populares como: "Los tontos ni perdonan ni olvidan; los ingenuos perdonan y olvidan; los sabios perdonan, pero no olvidan". Por lo que, ser capaz de perdonar es una cualidad muy útil para vivir, especialmente a la hora de resolver los conflictos de la convivencia, las decepciones cotidianas y las traiciones en las relaciones con los demás. El perdón ha sido siempre un elemento importante de nuestro equilibrio psicológico. La tendencia humana a perdonar y pasar página es una cualidad genética favorecida por la fuerza evolutiva de selección natural, un ingrediente fundamental del instinto de felicidad que nos impulsa a hacer las paces con el ayer, reponernos y seguir adelante. Pero esto no es todo, pues como demuestran las investigaciones realizadas en la Universidad de Stanford, California, por el psicólogo Fred Luskin, *pasar página* es bueno para la salud, pues beneficia al corazón, a la presión arterial, al sistema inmunológico y a la tensión nerviosa.

Por ello es muy importante la adaptación a los cambios, como diría Charles Darwin, "no sobreviven los más fuertes ni los más inteligentes, sino los más flexibles y adaptables a los cambios". Pues, desde que nacemos estamos sumidos en un proceso de cambio permanente, nuestra trayectoria por el mundo es impredecible y de ahí que la capacidad que tengamos para adaptarnos a los cambios sea un protector muy eficaz de la felicidad. Debemos tener en cuenta que la base fundamental de la adaptación es la flexibilidad; gracias a ella, las personas nos vamos acostumbrando poco a poco tanto a las exigencias de nuestro cuerpo como a las imposiciones del medio en que vivimos, y, con el paso del tiempo, nos habituamos tanto al dolor como al placer. Hay alteraciones imprevistas que nos cogen por sorpresa, como un accidente de coche; otras, sin embargo, son cambios progresivos, como el envejecimiento natural.

Modificaciones pasajeras como la fractura de un brazo por una caída, o un enfado familiar de poca importancia, pero también las que traen consigo consecuencias permanentes como la jubilación, (desde aquí hago un inciso para decir que el aumento de la esperanza de vida, unido a las cada vez más tempranas edades de jubilación, están ocasionando que nuestras sociedades cada año sea relativamente más importante el grupo de personas mayores de 60-65 años; desde la psicología, varios hechos están suficientemente comprobados: es nefasto el corte radical de actividad derivado de la jubilación, por lo que sería más lógica una jubilación "escalonada"; a la vez que también es nefasto el aislamiento, apartando a los mayores de su mundo, puesto que la "vida" acaba con la muerte y no antes), el divorcio, o porque no una enfermedad que te obligará a cambiar tus hábitos, como la diabetes.

Lo positivo de todo ello es que el ser humano puede superar con el paso del tiempo las situaciones traumáticas por muy dolorosas que sean. Por ejemplo, a los tres meses de los atentados terroristas del 11-S de 2001 de Nueva York y 11-M de 2004 de Madrid, un 87 % de adultos neoyorquinos y 92 % de madrileños entrevistados por especialistas habían superado los síntomas del estrés postraumático, pese a residir cerca del lugar donde ocurrieron.

Lugar destacado ocupa el sentido del humor. Su función principal es la de ayudarnos a mantener una saludable distancia emocional de las agresiones a nuestra felicidad. Constituye una estrategia de defensa muy eficaz, pues actúa de auténtico calmante a la hora de explicarnos las cosas que nos inquietan y compartirlas con otros. La gran virtud del buen humor es que nos alegra la vida y, de paso, también la alarga. La realidad es que las personas que gozan de la capacidad de explicar los malos momentos en un contexto jocoso los toleran mejor. Porque el sentido del humor ejerce de purgante psicológico que nos libera de los malos pensamientos.

Por su parte, también Thomas Hobbes nos aporta su granito de arena sobre *la felicidad* en su "Leviatán", de 1651, una de las obras maestras de la filosofía política, pues, aunque su finalidad es criticar a la Iglesia, no por ello dejan de resultar interesantes sus ideas sobre la "*Felicidad*" al decir que el *continuo éxito* en la obtención de aquellas cosas que un hombre desea de tiempo en tiempo, es decir, su continua perseverancia, es lo que los hombres llaman Felicidad. Y, se refiere a la felicidad en esta vida, pues "no hay cosa que dé perpetua tranquilidad a la mente mientras vivamos aquí abajo, porque la vida raras veces es otra cosa que movimiento, y no puede darse sin deseo y sin temor, como no puede existir sin sensaciones. Qué género de felicidad guarda Dios para aquellos que con devoción le honran, nadie puede saberlo antes de gozarlo, pues son cosas que resultan por ahora incomprensibles".

"La felicidad es un continuo progreso de los deseos, de un objeto a otro, ya que la consecución del primero no es otra cosa sino un camino para realizar otro posterior. La causa de ello es que el objeto de los deseos humanos no es gozar una vez solamente y, por un instante, sino asegurar para siempre la vía del deseo futuro. Por consiguiente, las acciones voluntarias e inclinaciones de todos los hombres tienden no solamente a procurar, sino, también, a asegurar una vida feliz; difieren tan sólo en el modo como parcialmente surgen de la diversidad de las pasiones en hombres diversos; en parte, también, de la diferencia de costumbres o de la opinión que cada uno tiene de las causas que producen el efecto deseado.

Del poder y la bondad derivan tres pasiones: *amor*, (que hace referencia a la bondad); y *esperanza y miedo*, (que hacen relación al poder). A estas añadiríamos tres formas de adoración externa: *elogio, exaltación y consagración*. El sujeto del elogio es la bondad; el sujeto de la exaltación y de la consagración, es el poder; y el efecto de todo ello es la *Felicidad*.

El elogio y la exaltación se expresan por medio de palabras y acciones; por palabras, cuando decimos que un hombre es bueno; por acciones, cuando le expresamos nuestro agradecimiento por sus favores y le prestamos obediencia por su poder. Mientras que la opinión de *la Felicidad de otros* sólo puede expresarse por medio de palabras.

Para finalizar este apartado, queremos hacer hincapié en una fecha, el 20 de marzo, Día Internacional de la Felicidad, y a su vez reflexionar sobre qué podemos hacer para ser más felices.

En cuanto al primer asunto, el 20 de marzo, Día Internacional de la Felicidad, perfectamente nos podría llamar la atención que también el 20 de marzo es el día en el que dejamos atrás el invierno… No sabemos si la llegada de la primavera tiene que ver o no con que estemos exultantes de alegría y de ahí que otorguemos un día del año a celebrar la Felicidad. El caso es que curiosamente el Día de la Felicidad coincide con el Inicio de la Primavera, y es una fecha que se celebra desde que la Asamblea General de la ONU decretara en 2012 que fuera esta jornada cuando se reconociera la relevancia de la felicidad y el bienestar como aspiraciones de todos los seres humanos.

Una resolución de Naciones Unidas que fue iniciada por Bután, un país del sur de Asia, de los más pequeños y con menos población del planeta, que desde la década de 1970 reconoce el valor de la felicidad nacional sobre el de los ingresos, priorizando la *Felicidad Nacional Bruta* sobre el Producto Nacional Bruto.

¿Es casualidad que coincida con la llegada de la primavera? No lo sabemos, pero sí que es cierto que con el equinoccio los días comienzan a ser más largos, la luz del sol se hace más presente que la oscuridad de la noche y dejamos atrás el letargo del invierno, para tener mucho más contacto con el exterior y la naturaleza, algo que se relaciona con la alegría.

Con este día, la ONU quiere promover la felicidad y el bienestar de todos los pueblos con políticas de gobierno que se pongan como objetivo que se aplique al crecimiento económico "un enfoque más inclusivo, equitativo y equilibrado", para erradicar la pobreza y promover el desarrollo sostenible.

Por tanto, la felicidad humana se reclama como una meta fundamental, y las organizaciones internacionales y los gobiernos, deben invertir, según este organismo internacional, en condiciones que favorezcan la felicidad mediante la defensa de los derechos humanos y la incorporación de las dimensiones de bienestar y medioambiente. Es por ello por lo que la ONU escogió simbólicamente esta fecha como Día Internacional de la Felicidad, con la finalidad de darle valor e importancia para lograr el desarrollo integral y el bienestar de los habitantes de todos los países del mundo sin excepción.

De esta forma, al igualarnos a todos, en este concepto tan global como es la Felicidad, queda demostrado que la denominada *"paradoja de Easterling"* queda confirmada. Pues se trata de un concepto que se emplea en economía de la felicidad, y que pone en cuestión la teoría que afirma que cuanto mayor sea el nivel de ingresos, mayor será el nivel de felicidad. Y, es más, en muchos casos, ha quedado demostrado que un enorme volumen de riqueza puede hacerte completamente infeliz y desgraciado.

Y, ahora bien, en cuanto al segundo asunto, anteriormente expuesto, de reflexionar sobre qué podemos hacer para ser más felices, partiendo de la celebración todos los 20 de marzo del Día Internacional de la Felicidad... Pues bien, investigando un poco, vemos cómo un estudio de Harvard, que se ha prolongado en el tiempo durante más de 85 años, ha obtenido resultados muy reveladores sobre la importancia en nuestras vidas de las relaciones sociales para ser felices, e incluso para la salud.

Han sido muchos los que han tratado de esclarecer las claves de la felicidad a lo largo de la historia, y las relaciones sociales siempre han sido consideradas un elemento fundamental para ello. Una de las iniciativas más ambiciosas para establecer conclusiones sobre este punto es el *Study of Adult Development, ("Estudio sobre el Desarrollo Adulto"),* un estudio que fue iniciado por miembros de la Escuela de Medicina de Harvard en 1938, con la participación de 700 adolescentes, y que sigue activo tras más de 85 años, habiendo analizado los comportamientos y vínculos personales de cientos de personas, incluyendo también muchos de los hijos de los participantes originales.

El cuarto y actual director del estudio, el psiquiatra y profesor Robert J. Waldinger, ha dedicado buena parte de su vida a explorar a fondo los entresijos de las relaciones sociales y sus efectos en la felicidad de las personas, e incluso en la salud física, (como podemos ver en el libro "The Good Life", que lanzó en 2023 como coautor, basándose en los resultados de tantos años de investigación).

El estudio comprobó que "tener vínculos fuertes e íntimos con otras personas nos hace más felices", una conclusión a la que ya habían llegado otras investigaciones previas, pero también descubrieron que eso mismo "nos mantiene sanos". Por el contrario, las personas solitarias, que no tienen relaciones sólidas, son más propensas a desarrollar enfermedades relacionadas con la vejez a una edad más temprana, y su esperanza de vida se acorta.

Waldinger defiende que, para ser feliz, es necesario tener como mínimo "una o dos relaciones seguras", y mejor si son al menos dos "de apego seguro", como él las define, en las que se pueda confiar plenamente.

Durante las investigaciones, preguntaron a los participantes por las personas a las que podrían llamar en mitad de la noche "si estuvieran enfermos o asustados". Según relata, la mayoría de ellos pudieron enumerar algunos nombres, pero hubo quienes no tenían a nadie al que aludir, lo cual era una señal de que algo podría ir mal con su felicidad y su salud.

Además, descubrieron que quienes más se esforzaron por cuidar sus vínculos y mantener sus amistades eran "más felices y tenían mejores relaciones" que quienes las desatendían, ya que en muchos casos sus vínculos se acababan diluyendo con el tiempo.

"Los amigos nos aportan una sensación de identidad, de quiénes somos", y nos hacen formar parte de una comunidad y de un grupo, algo que el profesor de Harvard considera muy importante.

Además, sostiene que "las relaciones nos protegen del estrés crónico", y que compartir nuestras preocupaciones y problemas con otras personas nos ayuda a recuperar el equilibrio diario, a relajarnos, y a darle tregua a nuestro organismo.

Conclusión, a raíz de las aportaciones de este estudio de investigación, nos queda claro que las relaciones sociales y las conexiones, son la verdadera clave para una vida feliz y satisfactoria. Dicho estudio lleva por título, *La importancia de las conexiones humanas",* es el mayor estudio sobre la felicidad, y de él podemos interpretar cómo deben ser estas relaciones sociales y cómo nos afectan positivamente en nuestro día a día. El estudio afirma que, gracias a dichas relaciones, cubrimos necesidades humanas, relacionadas con nuestro bienestar fisiológico y psicológico. Además de pertenencia, afectivas, de comunicación y crecimiento personal. De ahí la verdadera importancia de conectar, porque sin conexión, a veces, no hay relación y, por ende, perdemos el acceso a nuestra fuente de felicidad.

Tener buenas relaciones sociales puede ser una fuente de felicidad y apoyo. Para el psiquiatra, hay varios puntos clave que nos permitirán ser felices:

1) *No descuidar a tus amigos.* Tener relaciones auténticas y significativas nos ayudará a sentirnos más conectados y felices. Para ello, insiste en dedicar tiempo de calidad a nuestro círculo más cercano. Los amigos brindan apoyo emocional, ofrecen perspectivas diferentes y nos ayudan a crecer como personas, por lo que es importante saberlos cuidar de la misma manera que nos cuidan ellos a nosotros.

2) *Compartir actividades.* Participar en actividades sociales puede ser una gran oportunidad de conocer a per-

sonas con los mismos intereses que los nuestros. Ya sea algún voluntariado o hobby, cualquier opción es válida. Pertenecer a un grupo, explica, ayuda a tener una buena autoestima y a darnos una sensación de propósito y significado a la vida.

3) *Ser nosotros mismos y sentirnos seguros.* Es muy importante ser uno mismo y aceptar nuestras propias características y peculiaridades, dando valor así a cómo somos realmente. Para ello, él propone aprender a poner límites saludables, de forma que respetemos y respeten nuestra forma de ser y nuestros valores, convirtiéndonos en personas "más seguras de sí mismas".

4) *Aceptar los cambios.* Para Waldinger, aceptar los cambios es vital para encontrar la felicidad. A lo largo de su estudio ha comprendido que, si de verdad queremos ser felices, debemos cambiar nuestra perspectiva sobre los cambios. De forma que, en vez de verlos como algo negativo, podemos verlos como una oportunidad de crecer y aprender. Asimismo, al igual que nosotros cambiamos, también lo hace nuestro entorno, por lo que también deberemos aceptar los cambios de nuestros familiares, amigos o compañeros.

¿Se puede aprender a ser feliz?

Robert Waldinger, apoyándose en la teoría de Sonja Lyubumoirsky, según la cual únicamente el 10 % de nuestra felicidad corresponde a nuestras circunstancias, asegura que es posible aprender a ser feliz, ya que esto es el resultado de una serie de hábitos y acciones conscientes.

El psiquiatra explica cómo la felicidad no es algo que se logra de forma instantánea, sino que es un proceso gradual, por lo que la paciencia y la perseverancia juegan un gran papel. A la vez que la actitud positiva y las conexiones sociales también ayudarán a conseguir este propósito.

¿Podríamos determinar a qué edad somos más felices, y por qué?

En 2022, el economista y profesor universitario, David Blachflower, desarrolló un estudio mediante el cual creó una curva en forma de "U" con el propósito de medir la felicidad a lo largo de la vida. Su conclusión fue clara: la edad más triste son los 47 años. Algo curioso, sobre todo, si tenemos en cuenta que solemos pensar que seremos más infelices al adentrarnos en la vejez.

Pues bien, el estudio que hemos visto anteriormente de Waldinger, de la Universidad de Harvard le ha dado la razón y, no sólo eso, sino que, además, después de analizar varias generaciones de familias americanas, diversas pruebas físicas y mediciones médicas, tal y como comenta en su libro "The Good Life", se ha determinado que el momento de máxima felicidad de nuestras vidas se produce a partir de los 60 años. Pues a esa edad empezamos a ser más conscientes de los límites de nuestra propia existencia, y nos liberamos de todas aquellas obligaciones que realmente no deseamos. Es decir, tenemos una percepción real de la muerte que invita a aprovechar el tiempo lo máximo posible. Un tiempo que comenzamos a tener en mayor cantidad cuando nos jubilamos y nuestros hijos se independizan.

Conclusiones inesperadas

Aunque también es cierto que existe un pero… pues los expertos de Harvard han abordado el principal miedo al que se enfrentan estas personas: *la soledad*. Sin embargo, no lo interpretan desde una perspectiva negativa, sino al contrario. Estiman que ese sentimiento hace que los mayores de 60 años traten de reforzar sus conexiones afectivas, lo que impacta de forma positiva en su salud mental. También son capaces de diferenciar las verdaderas amistades de las relaciones tóxicas, lo que les ayuda a saber con quiénes mantener un contacto estrecho.

Por su parte, esta investigación coincide con el estudio, anteriormente citado, de Blachflower, al situar el pico máximo de infelicidad a los 47-48 años. En este sentido afirma que esa es la edad en la que las personas experimentan mayores cotas de estrés, ya que es el momento en el que tienen que afrontar más cantidad de preocupaciones e incertidumbre. Algo que se suma a la perspectiva del "declive físico" que se avecina por culpa del lógico paso del tiempo.

La clave para aprender: La Memoria

Al hablar de la Memoria, es importante tener en cuenta las 5 formas curiosas de potenciarla, que nos ofrece Eva Mª Rodríguez, en "unamentemaravillosa.com", pues nos asegura que, aunque parezca mentira, *pequeños gestos pueden ser muy útiles para estimular el recuerdo y potenciar la memoria.* Muchos estudios científicos se han centrado en estas formas curiosas que las personas podemos usar como estrategias para recordar:

1) Dormir una breve siesta:

Las investigaciones sugieren que *dormir una siesta rápida puede ser muy eficaz para estimular la memoria.* En un estudio, los participantes que durmieron una siesta de 45 a 60 minutos antes de una tarea de memoria obtuvieron una mejora en su rendimiento que se multiplicó por cinco.

Muchos son los estudios que aseguran que *el sueño desempeña un papel importante en la memoria.* Una de las principales explicaciones de por qué necesitamos dormir por la noche es que durante el sueño se consolida la memoria y se "limpia" el cerebro. Los investigadores también han descubierto que dormir justo después de aprender algo influye en la memoria.

2) Mover los ojos de lado a lado:

Mover los ojos de lado a lado cuando quieras recordar algo te ayudará a estimular el recuerdo. Así lo sugieren diversos estudios. Aunque los motivos no están del todo claros, los investigadores sugieren que *los movimientos oculares horizontales ayudan a activar y vincular los dos hemisferios del cerebro.*

En pruebas recientes, los investigadores encontraron que los participantes que movían sus ojos de lado a lado durante 30 segundos cada mañana realizaron sus tareas mejor en un promedio del 10 %. También encontraron que esos movimientos oculares bilaterales redujeron falsos recuerdos en tareas de memoria en un 15 %.

3) Apretar los puños:

Apretar los puños puede ayudar a conseguir un mayor control sobre tu memoria, según sugieren las investigaciones. Según resultados de un estudio, las personas que apretaron el puño de su lado dominante antes de aprender algo y luego apretaron el otro cuando evocaban el recuerdo podían ser más eficaces a la hora de memorizar y recordar.

Aunque las explicaciones no están muy claras, los investigadores sugieren que *el hecho de apretar los puños activa ciertas áreas del cerebro implicadas en la memorización y el recuerdo.*

4) Masticar chicle

Masticar chicle es un pequeño truco que puede darle a tu memoria un impulso importante para recordar. En un estudio, los investigadores descubrieron que los participantes que masticaron chicle durante una prueba de memoria y atención obtuvieron una puntuación casi un 25 % más alta que los que no lo hicieron.

Aunque el porqué de este fenómeno no está muy claro, algunos investigadores especulan que *el gesto de marcar chicle puede aumentar los niveles de oxígeno en el hipocampo,* un área del cerebro asociada con la memoria y la atención.

Por otra parte, otro estudio descubrió que el masticar chicle justo antes de una prueba ayudó a los participantes a recordar de un 25 % a un 50 % más que los que no lo hicieron.

Aunque los investigadores no pudieron explicar las razones exactas de por qué ocurría esto, sugirieron que *el chicle aumenta el suministro de sangre al cerebro,* lo cual ofrece un breve impulso al cerebro que mejora el rendimiento intelectual durante los minutos siguientes.

5) Escuchar música

La investigación muestra que *ciertos tipos de música son muy útiles para evocar recuerdos.* La información que se aprende mientras se escucha una canción, a menudo se puede recuperar pensando en la canción o "jugando" mentalmente.

El profesor e investigador Antonio Matas Terrón, de la Universidad de Málaga, plantea que *escuchar música favorece el rendimiento escolar, aunque esto depende del ritmo, estilo o volumen de la música.* Según Matas Terrón, el ritmo musical sirve para modificar la sensación de tiempo.

Además, *es importante no utilizar música con letra,* porque este tipo de sonidos implican la participación de una capacidad cerebral que puede resultar contraproducente para la atención. Además, debe ser utilizada únicamente en bloques de 20 minutos ya que la atención disminuye pasado este periodo de tiempo.

En algún momento de nuestra vida todos hemos *deseado tener mejor memoria,* ya sea para mejorar en nuestros estudios o en nuestra carrera profesional o simplemente para acordarnos de todo lo que tenemos que hacer a lo largo del día.

Para los estudiantes *es algo fundamental poder optimizar su tiempo de estudio y sacarle el máximo partido. Además, una memoria entrenada les será muy útil en su vida profesional, y más en estos tiempos en los que es necesario reciclarse constantemente.*

Entendiendo que mejorar la memoria consiste en mejorar el proceso de recuperación de la información y aumentar su retención. A continuación, vamos a ver *10 estrategias* que nos aporta Eva Mª Rodríguez, extraídas de diversos estudios, libros y artículos sobre psicología cognitiva, para mejorar nuestra memoria y optimizar el estudio:

1) Enfoca tu atención en lo que estás haciendo

La atención es uno de los principales componentes de la memoria. Para que la información pueda pasar de la memoria a corto plazo a la memoria a largo plazo es necesario enfocarse en esta información. A la hora de estudiar o de intentar memorizar algo es importante estar en un lugar sin distracciones que nos permita centrar la atención.

Evita las distracciones y huye del "modo multitarea on".

2) Establece sesiones de estudio regulares y no lo dejes todo para el final

No se trata de educar la disciplina, sino de ayudar a nuestra mente a procesar adecuadamente la información. Se ha demostrado que los estudiantes que estudian regularmente recuerdan mucho mejor el material de estudio que los que dedicaron sesiones maratonianas al estudio del mismo material.

Organiza tu tiempo y evita los "atracones".

3) Estructura y organiza la información

Los investigadores han demostrado que la información se organiza en la memoria en grupos relacionados entre sí. Por lo tanto, estructurando y organizando los materiales de estudio, agrupando los conceptos similares o haciendo resúmenes con notas tomadas a lo largo del estudio, es más fácil asociar la información relacionada y así mejorar el estudio.

Simplifica, esquematiza, analiza, relaciona. Tienes muchas herramientas y tecnología para hacerlo más fácil y entretenido.

4) Utilizar técnicas mnemotécnicas para recordar la información

Las técnicas mnemotécnicas son estrategias empleadas para recordar la información que suelen ser muy personales. Funcionan como una "tecla de acceso" que nos permiten asociar algo concreto a lo que deseamos recordar. Algunas técnicas consisten en formar una palabra utilizando las iniciales de las primeras palabras de una lista para recordar todos los puntos o memorizar una serie de imágenes o dibujos divertidos, utilizar una canción, etc.

Elabora secuencias o palabras graciosas para recordar: Estudia en positivo.

5) Elabora progresivamente lo que estás estudiando

Para recordar la información es necesario codificar lo que se está estudiando en la memoria a largo plazo.

Para ello, una técnica muy eficaz consiste en profundizar progresivamente en un concepto comenzando por leer la definición del término clave, estudiar después ese término, y luego profundizar en una definición más ampliada. Repetir este proceso varias veces favorece la memorización.

Simplifica y añade poco a poco más información, no lo ataques todo de golpe.

6) Relaciona la información nueva con lo que ya conoces

Cuando te enfrentes a un material de estudio nuevo y desconocido, piensa primero cómo puedes relacionarlo con lo que ya sabes. Al establecer relaciones entre las nuevas ideas y los recuerdos previamente existentes conseguirás recordar la nueva información mucho mejor.

Pensar en lo que ya sabes te ayudará a darle mayor sentido y significado a la nueva información.

7) Visualiza los conceptos para recordar mejor

La visualización es una de las técnicas más utilizadas y que mejores resultados da. Para ello, es importante fijarse en las imágenes (fotos, esquemas, gráficos), utilizar colores y símbolos propios, hacer mapas mentales, dibujos personales, etc. Cualquier cosa que nos evoque el recuerdo vale.

Adornar tus apuntes te ayudará a visualizar mejor la información y a tener un material de estudio más alegre y positivo.

8) Cuéntale a otro lo que has aprendido

Las investigaciones sugieren que la lectura en voz alta de la información mejora significativamente el proceso de memorización. Los educadores y los psicólogos han descubierto que cuando los estudiantes enseñan nuevos conceptos a los demás, mejora su comprensión y el recuerdo de estos. Para aprovechar esta técnica puedes estudiar con un compañero o pedirle a alguien de tu familia o de tu entorno que te escuche.

Si no puedes contar con nadie puedes hacerlo igualmente imaginando una conversación o utilizando fotografías, posters, muñecos... cualquier cosa con lo que te sientas cómodo.

9) Presta especial atención a lo más difícil y reestructura la información

Los investigadores han encontrado que el orden de la información puede jugar un papel importante en el recuerdo. Una técnica interesante consistiría en reestructurar la información, empezando por lo que nos resulte más sencillo recordar, dedicando un poco más de tiempo a lo que nos resulte más difícil.

Desmenuza la información y conviértela en algo fácil de digerir. Localiza lo que te cuesta más y dedícale un poco más de tiempo.

10) Varía de vez en cuando tu rutina de estudio

Introducir una variante novedosa en la rutina de estudio rompe la monotonía y aumenta la eficacia de los esfuerzos realizados, ayudando a mejorar la recuperación de la información a largo plazo. Para ello basta con cambiar el lugar de estudio, intentar encontrar otras horas distintas para estudiar, o cualquier otra novedad que nos parezca interesante. No es necesario hacer un cambio radical, sólo buscar alternativas ocasionales.

Introducir alguna novedad hace más interesante el estudio y nos permite relajar la mente con un pequeño ejercicio de creatividad.

Al hilo de estos consejos, destacamos también *10 Consejos útiles* que nos ofrece el neuropsicólogo Álvaro Bilbao, en su libro *"Me falla la Memoria"*, (RBA Libros), para que esto no ocurra o bien la situación se retrase al máximo, porque aunque tenemos 100.000 millones de neuronas, es inevitable perder 9.000 al día: 1) mantener una vida activa, 2) realizar ejercicio físico a diario, 3) seguir una alimentación adecuada y comer en familia, 4) pasar tiempo con los amigos, 5) organizarse, 6) pedir a la memoria sólo lo que puede dar, 7) reducir los estados de ánimo perjudiciales, 8) utilizar ayudas de memoria, 9) asegurarse de descansar lo suficiente, y 10) mantener una vida sexual activa.

Voluntad es Motivación más Ilusión: cóctel perfecto

Del grupo de Valores, que trataremos más adelante, sobresale el de la *Autorrealización*, el cual bien lo podemos enlazar con otro no menos fundamental y que guarda muchos aspectos comunes con éste, o por lo menos transversales como el que nos ocupa: el de la *Motivación*.

Motivación no es otra cosa que acción y efecto de motivar. Así por lo menos es como aparece en la Gran Enciclopedia LAROUSSE, donde además explica que, desde el punto de vista psicológico, es el conjunto de motivos que intervienen en un acto electivo. Mientras que, desde el punto de vista sociológico, es el proceso por el cual un agente social consciente, se da a sí mismo motivos para emprender una acción deliberada y voluntaria.

Motivar, es ser causa o motivo de algo. Por lo que "Motivo", del latín motivum, quiere decir que mueve o tiene virtud para mover. Siendo el factor que interviene en el acto volitivo y que está constituido por un componente intelectual consciente y un valor, consciente o inconsciente, que atrae las tendencias y sentimientos. (Los motivos pueden ser: aparentes, si existen otras razones inconscientes no examinadas; o reales, si las razones aducidas coinciden con las pulsiones interiores).

Abraham H. Maslow defiende que en cada ser humano actúan dos sistemas de fuerzas en su interior: el primero, que se aferra a la seguridad y a las posiciones defensivas, temeroso de la novedad y del riesgo, y que se inclina por el retroceso y la fijación en el pasado, maximiza los peligros y minimiza los atractivos.

El segundo impulsa al sujeto hacia el desarrollo, hacia el futuro, viviendo con plenitud el presente, orientado al funcionamiento pleno de sus capacidades, hacia la totalidad y unidad del yo, la autonomía y la confianza en las propias posibilidades. Maximiza los atractivos y minimiza los peligros. Es este segundo sistema que impulsa el desarrollo el que activa los diversos procesos que conducen a la persona a la autorrealización definitiva que ocupa todo el período de nuestra vida. Como bien dijo Kierkegaard, «el yo no es algo que es, sino algo que será. Es una tarea».

La Autorrealización es, pues, el más ambicioso programa de desarrollo personal del ser humano. A medida que aumenta la seguridad y quedan satisfechas las necesidades básicas de alimento, amor, respeto, aprobación, autoestima, etcétera, se va poniendo en marcha el segundo sistema de fuerzas que activa el desarrollo, la salud psíquica y la autorrealización.

Resulta curioso el pensamiento de Abraham H. Maslow:

"El Individuo está motivado por Necesidades Básicas de Seguridad". Y, "las personas que se autorrealizan, aquellas que han llegado a un nivel de madurez, salud y desarrollo, pueden enseñarnos tantas cosas, que casi parecen algunas veces una raza distinta de seres humanos"

"Si quieres algo bueno, búscalo en ti mismo". Epicteto

La persona motivada por necesidades básicas de seguridad es casi por completo dependiente del exterior, ya que las necesidades de seguridad, pertenencia, relaciones amorosas, aprobación y respeto sólo pueden ser satisfechas desde fuera de la persona.

Como acertadamente afirma Maslow, «quien se encuentra en situación de dependencia no puede decirse que dirija su propio destino o se autogobierne, pues debe ser sensible a la aprobación, afecto y buena voluntad de los demás».

Está temeroso de su entorno, porque existe la posibilidad de que pueda fallarle.

El problema se agrava en la persona motivada por necesidades básicas, ya que la angustiosa dependencia en que vive genera frustración y hostilidad. La relativa satisfacción y seguridad le viene del entorno, de los demás, pero no de sí mismo, como le sucede a quien está motivado por necesidades de desarrollo.

La autorrealización no es un estado perfecto, irreal, supremo, acabado y sobrehumano, cuyo logro supone trascender los problemas de cada día que nos afectan a todos los mortales, sino un proceso dinámico que hace posible el desarrollo de la personalidad de manera gradual y constante hasta adquirir un mínimo de madurez que nos permite cierta habilidad y autoafirmación a la hora de enfrentarnos a los problemas reales, soportar y superar frustraciones, asumir las propias deficiencias y vivir en un equilibrio y paz relativa con nosotros mismos.

Quien únicamente está motivado por necesidades básicas de seguridad sólo disfruta en circunstancias muy especiales de triunfos, aciertos, suerte, éxitos y experiencias únicas. Pero la persona autorrealizada, motivada por necesidades del desarrollo, tiene la curiosa habilidad de «transformar las actividades medio en experiencias finales», como afirma de nuevo Maslow; es decir, que el caminar se convierte en un disfrute no menos intenso que la consecución de la meta deseada.

El individuo motivado por necesidades superiores o del desarrollo:

• Es mucho más autosuficiente y su conducta se rige más por determinantes internos que por ambientales y sociales; importa más la opinión que tenga sobre sí mismo que la que puedan tener los demás. Sus deseos y propósitos, el motivo o porqué de su existencia son el verdadero motor de sus actos; de ahí su independencia y libertad psicológica frente a las presiones del ambiente.

• Necesita menos la alabanza y el afecto, al tiempo que concede menos importancia a los honores, prestigio, halagos y recompensas.

• Soporta con relativa calma y estoicismo las circunstancias externas adversas: tragedias, privaciones, dificultades, frustraciones o carencias

• No utiliza a los demás ni los chantajea. Los percibe de forma desinteresada y los admira por las cualidades objetivamente admirables con independencia de las alabanzas, reconocimiento y amor que reciba de esas mismas personas. Al otro le permite ser él mismo.

• El respeto y la aceptación de sí mismo y de los demás es una constante.

• Criterio propio, firme y claro, autonomía y libertad de juicio y clara resistencia a la manipulación, adoptando conocimientos y sabiduría mediante la propia conciencia.

• Comprensión, tolerancia, actitudes democráticas, propensión a defender al débil, perseguido o necesitado, altruismo, generosidad...

• Naturalidad, espontaneidad y trato afable con todos, sea cual fuere su condición sociocultural, prestigio o fama.

• Actitud mental positiva en cualquier situación, tratando siempre de encontrar alternativas, sea cual fuere la dificultad.

• Aunque necesita recibir amor, está más dispuesto a proporcionarlo a los demás y puede pasar largos períodos de tiempo sin ser amado.

• Vive intensamente el presente sin permitir interferencias negativas del pasado, ni que le inquiete el futuro.

• Unicidad e individualidad acusadas y bien definidas en un yo único, fuerte, comprensivo, eficaz, bondadoso y, en definitiva, persona que sabe disfrutar de la vida sacándole todo su jugo, incansable hasta de lo más sencillo y cotidiano.

Y, ¿qué ocurre en cuánto a la Motivación para con el puesto de Trabajo? José M. Peiró en su manual de "Psicología de la Organización", (UNED, 1991), hace relación a los *dos tipos de factores relevantes* para la motivación en el trabajo que señala Herzberg. En el primero, agrupa una serie de aspectos extrínsecos al propio trabajo que ejercen una función de mantenimiento o de higiene dado que eliminan las preocupaciones de los trabajadores respecto de algunos problemas pero que, realmente, no motivan para la realización del propio trabajo. Estos factores son extrínsecos a la propia tarea y entre ellos Herzberg agrupa los salarios y los aumentos de salarios, la supervisión técnica, las relaciones humanas, los planes de la compañía, las condiciones de trabajo y la seguridad en el trabajo. El segundo grupo de factores incluye aquellos que son, propiamente hablando, motivadores para el trabajo y que se derivan directamente de la relación del sujeto con su trabajo. Entre ellos enumera el logro, el reconocimiento, la responsabilidad y el ascenso o promoción. A partir de esta distinción el autor señala que los dos tipos de factores satisfacen dos conjuntos diferentes de necesidades. Los primeros satisfacen necesidades biológicas básicas y las que han sido asociadas a ellas por aprendizaje (por ejemplo, el dinero).

Los segundos, satisfacen necesidades típicamente humanas, de logro y autorrealización. Así pues, si los directivos quieren motivar realmente a sus empleados lo han de hacer mejorando los factores asociados con el propio trabajo. Esto es posible mediante la estrategia de enriquecimiento del trabajo, haciéndolo más interesante y menos rutinario, reconociendo y valorando el trabajo bien hecho, aumentando la autonomía del trabajo y promocionando de acuerdo con el rendimiento. Los factores de higiene, como los incrementos de salario, la mejora de las condiciones de trabajo o la mejora de los sistemas de supervisión, no son, en sí motivadores, y lo más que pueden lograr es un cierto estado neutral de mantenimiento del empleado, al que las necesidades básicas de supervivencia dejan de resultarle un problema.

Todo lo anterior se refiere a la *Autorrealización* en el puesto de Trabajo, pero, ahora bien, *¿Cómo podemos favorecer y propiciar la Autorrealización* de *nuestros propios hijos?*

Los mejores artistas son los que hacen una obra de arte de su propia vida". G. Mateu

Conforme se avanza hacia la cima de la autorrealización en el propio proyecto personal que ocupará toda nuestra vida, deseamos más contribuir a la noble tarea de hacer del mundo un lugar más hermoso, cálido y humano para todos; dejan de inquietarnos las necesidades materiales y de seguridad, y nos entregamos a satisfacer las necesidades de rango superior a que acabamos de referirnos.

Educar para la autorrealización, en definitiva, es enseñar a la persona que para serlo todo (verdad, bondad, belleza y espiritualidad) tiene que aprender a dejar de buscarlo todo de forma inquietante. Por eso siguen plenamente vigentes las palabras de Epicteto:

«Si quieres algo bueno, búscalo en ti mismo». La verdad no es algo que yo descubro, es algo que vivo, al igual que la bondad, la belleza y la espiritualidad son formas de ser, sentir y vivir.

Todo esto nos lleva a la famosa Pirámide de Maslow. Wikipedia nos complementa la base anterior con el siguiente apunte:

La pirámide de Maslow, o jerarquía de las necesidades humanas, es una teoría psicológica propuesta por Abraham Maslow en su obra *Una teoría sobre la motivación humana* (en inglés, *A Theory of Human Motivation*) de 1943, que posteriormente amplió. Obtuvo una importante notoriedad, no sólo en el campo de la psicología sino en el ámbito empresarial del marketing o la publicidad. Maslow formula en su teoría una jerarquía de necesidades humanas y defiende que conforme se satisfacen las necesidades más básicas (parte inferior de la pirámide), los seres humanos desarrollan necesidades y deseos más elevados (parte superior de la pirámide).

La Pirámide de Maslow, *establece una jerarquía o escala de necesidades*, con cinco niveles: los cuatro primeros niveles pueden ser agrupados como «necesidades de déficit» (*deficit needs* o *D-needs*) (primordiales); al nivel superior lo denominó por última vez «autorrealización», «motivación de crecimiento», o «necesidad de ser» (*being needs* o *B-needs*).

La idea básica es: sólo se atienden necesidades superiores cuando se han satisfecho las necesidades inferiores, es decir, todos aspiramos a satisfacer necesidades superiores. Las fuerzas de crecimiento dan lugar a un movimiento ascendente en la jerarquía, mientras que las fuerzas regresivas empujan las necesidades prepotentes hacia abajo en la jerarquía. Según la pirámide de Maslow dispondríamos de:

Necesidades básicas

- Son necesidades fisiológicas básicas para mantener la homeostasis (referentes a la supervivencia):
- Necesidad de respirar, beber agua (hidratarse) y alimentarse.
- Necesidad de dormir (descansar) y eliminar los desechos corporales.
- Necesidad de evitar el dolor.
- Necesidad de mantener la temperatura corporal, en un ambiente cálido o con vestimenta.

Necesidades de seguridad y protección

Surgen cuando las necesidades fisiológicas están satisfechas. Se refieren a sentirse seguro y protegido:

- Seguridad física (asegurar la integridad del propio cuerpo) y de salud (asegurar el buen funcionamiento del cuerpo).

- Necesidad de proteger tus bienes y tus activos (casa, dinero, automóvil, etc.)

- Necesidad de vivienda (protección).

Necesidades sociales (afiliación)

Son las relacionadas con nuestra naturaleza social:

- Función de relación (amistad, pareja, colegas o familia).

- Aceptación social.

Necesidades de estima (reconocimiento)

Maslow describió dos tipos de necesidades de estima, una alta y otra baja.

- La estima *alta* concierne a la necesidad del respeto a uno mismo, e incluye sentimientos tales como confianza, competencia, maestría, logros, independencia y libertad.

- La estima *baja* concierne al respeto de las demás personas: la necesidad de atención, aprecio, reconocimiento, reputación, estatus, dignidad, fama, gloria, e incluso dominio.

La merma de estas necesidades se refleja en una baja autoestima e ideas de inferioridad. El tener satisfecha esta necesidad apoya el sentido de vida y la valoración como individuo y profesional, que tranquilamente puede escalonar y avanzar hacia la necesidad de la autorrealización.

La necesidad de autoestima es la necesidad del equilibrio en el ser humano, dado que se constituye en el pilar fundamental para que el individuo se convierta en el hombre de éxito que siempre ha soñado, o en un hombre abocado hacia el fracaso, el cual no puede lograr nada por sus propios medios.

Autorrealización

Este último nivel es algo diferente y Maslow utilizó varios términos para denominarlo: «motivación de crecimiento», «necesidad de ser» y «autorrealización».

Es la necesidad psicológica más elevada del ser humano, se halla en la cima de las jerarquías, y es a través de su satisfacción que se encuentra una justificación o un sentido válido a la vida mediante el desarrollo potencial de una actividad.

Se llega a ésta cuando todos los niveles anteriores han sido alcanzados y completados, o al menos, hasta cierto punto.

Personas autorrealizadas

Maslow consideró autorrealizados a un grupo de personajes históricos que estimaba cumplían dichos criterios: Abraham Lincoln, Thomas Jefferson, Mahatma Gandhi, Albert Einstein, Eleanor Roosevelt, William James, entre otros.

Maslow dedujo de sus biografías, escritos y actividades una serie de cualidades similares. Estimaba que eran personas:

- Centradas en la realidad, que sabían diferenciar lo falso o ficticio de lo real y genuino.
- Centradas en los problemas, que enfrentan los problemas en virtud de sus soluciones.

Con una percepción diferente de los significados y los fines.

En sus relaciones con los demás, eran personas:

- Con necesidad de privacidad, sintiéndose cómodos en esta situación. Independientes de la cultura y el entorno dominante, basándose más en experiencias y juicios propios.
- Resistentes a la recibir la cultura de la generación *de los mayores*, pues no eran susceptibles a la presión social; sino más bien eran inconformistas.
- Con sentido del humor no hostil, prefiriendo bromas de sí mismos o de la condición humana.

- Buena aceptación de sí mismos y de los demás, tal como eran, no pretenciosos ni artificiales.
- Frescura en la apreciación. Tipos creativos, inventivos y originales.
- Con tendencia a vivir con más intensidad las experiencias que el resto de la humanidad.

Metanecesidades y metapatologías

Maslow también aborda de otra forma la problemática de lo que es autorrealización, hablando de las necesidades impulsivas, y comenta lo que se necesitaba para ser feliz: verdad, bondad, belleza, unidad, integridad y trascendencia de los opuestos, vitalidad, singularidad, perfección y necesidad, realización, justicia y orden, simplicidad, riqueza ambiental, fortaleza, sentido lúdico, autosuficiencia, y búsqueda de lo significativo.

Cuando no se colman las necesidades de autorrealización, surgen las metapatologías, cuya lista es complementaria y tan extensa como la de metanecesidades. Aflora entonces cierto grado de cinismo, los disgustos, la depresión, la invalidez emocional y la alienación.

Características generales de la teoría de Maslow

Sólo las necesidades no satisfechas influyen en el comportamiento de todas las personas, pues la necesidad satisfecha no genera comportamiento alguno.

Las necesidades fisiológicas nacen con la persona, pero el resto de las necesidades surgen con el transcurso del tiempo.

A medida que la persona logra controlar sus necesidades básicas aparecen gradualmente necesidades de orden superior; pero no todos los individuos sienten necesidades de autorrealización, debido a que es una conquista individual.

Las necesidades más elevadas no surgen en la medida en que las más bajas van siendo satisfechas. Pueden ser concomitantes pero las básicas predominarán sobre las superiores.

Las necesidades básicas requieren para su satisfacción un ciclo motivador relativamente corto, en contraposición, las necesidades superiores requieren de un ciclo más largo.

Ciclo de proceso

Maslow definió en su pirámide las necesidades básicas del individuo de una manera jerárquica, colocando las necesidades más básicas o simples en la base de la pirámide y las más relevantes o fundamentales en la cima de la misma, a medida que las necesidades van siendo satisfechas o logradas surgen otras de un nivel superior o mejor. En la última fase se encuentra con la «autorrealización» que no es más que un nivel de plena felicidad, armonía y amor.

Según el psicólogo Maslow, para vivir una vida con sentido, lo primero que hemos de hacer es estar por encima de la aprobación del prójimo y lo segundo, no aferrarnos al resultado. Y nunca olvides amar (sentir pasión) por lo que haces. Pues, hasta que llegue el momento de poder hacer lo que amamos nos enfocaremos en amar lo que hacemos.

Al fin y al cabo, Motivación podríamos decir que es tener un motivo para hacer algo, pero "ese algo" no lo podríamos hacer si no pusiéramos empeño, y tuviéramos Ilusión en conseguir un premio, esto es lo que nos haría tener más fuerza para llegar al final a la meta. Sería algo así como ponerle una zanahoria a un burro para que este tirara hacia adelante. De ahí la importancia de la Ilusión.

Para saber algo más del término ilusión, es muy práctico acudir a una charla del prestigioso psiquiatra Enrique Rojas, y observaréis como seduce su forma de *etiquetar términos*. De esta forma sus obras resultan muy atractivas, recordando de alguna forma a Ortega y Gasset cuando establecía definiciones de las cosas. Él habla de la ilusión como de un estado en el que el hombre vive siempre hacia adelante, en la confianza y el deseo de que el objetivo trazado llegará a cumplirse algún día. *La ilusión* empuja, arrastra, tira, fascina por su contenido y *pone en marcha la motivación.* Tener ilusión es estar vivo y coleando, programar objetivos, soñar con sacar lo mejor de uno, crecerse ante las dificultades y llegar a esa cima que de joven uno se planteó. De ahí la frase que decimos siempre de pequeños: "El día de mañana, cuando yo sea mayor…". Hay que saber vivir sacándole el máximo jugo a la vida. En eso estriba la felicidad. *Felicidad e ilusión* forman un binomio inseparable. Ilusión es despertar cada mañana con ansias renovadas y superar las adversidades. Como dice Julián Marías "estar ilusionado es en algún modo desvivirse". En pocas palabras, tener ilusión es ser uno mismo.

El optimismo es la visión positiva de la vida. El optimista es el que ha sabido educar su mirada para descubrir lo positivo que se asoma a su alrededor. Lo bueno y positivo lo toma como referencia, (al igual que en la escuela el maestro es punto de referencia, y sirve de modelo de identidad para sus alumnos). El optimista no pierde la calma cuando todo parece que se viene abajo. Sabe mantener el tipo. Por ello, mirando hacia adelante, la vida humana es futuro, anticipación, pensar en el día de mañana, en lo que será de cada uno cuando sea mayor.

La felicidad es suma y compendio de lo que uno ha ido haciendo con su vida. La felicidad no depende de la realidad, sino de la percepción de la realidad que uno hace. Se dice que la vida es la gran maestra porque son las situaciones límite y los sufrimientos más dolorosos los que enseñan las mejores lecciones. Así, si uno sale indemne de estas situaciones, puede experimentar un cambio muy positivo y dar un giro de timón, navegando ya de otro modo, sorteando escollos pasados y abriendo bien los ojos para buscar la mejor ruta que le llevará a un buen puerto donde atracar. De esta forma, la didáctica de la vida nos ofrece una triple visión: 1) Conocimiento personal: los griegos predicaban el "conócete a ti mismo" como un principio inteligente. 2) Visión global de la vida, y 3) Panorámica de la propia biografía: conjunto que engloba lo afectivo, lo profesional y lo cultural.

No cabe duda de que llegar a ser uno mismo es una gran tarea cuando se van viendo los resultados, aunque al principio resulte costoso y difícil.

Pero al final está claro que no se puede vivir sin ilusión, pues es una especie de clima interior, mezcla de alegría y mirada puesta en el futuro. Al final, la vida diaria sigue siendo la gran cuestión, y debemos aspirar a sacarle el máximo partido a la vida, todo lo bueno, grande y positivo que lleva dentro. En eso consiste la *felicidad*, que sigue constituyendo la meta del hombre. Cuando miramos hacia atrás debemos perdonarnos muchas cosas que no han salido y otras que se han quedado a medio camino. *La vida del hombre es por esencia deficitaria.* Por eso lo mejor es que el corazón esté en marcha, y la cabeza lúcida, serena y abierta de par en par hacia todo lo valioso que nos sale al encuentro.

Para alcanzar la felicidad hemos de hacer frente a la personalidad de cada uno, (buscando un cierto equilibrio psicológico, llevándonos bien con nosotros mismos y con los demás), y a nuestro proyecto de vida personal, (por medio de coherencia para programar la trayectoria de cada uno, porque la vida no se improvisa, sino que se diseña y se vertebra hacia adelante). Este proyecto debe estar compuesto de cuatro argumentos: *personalidad, amor, trabajo y cultura.* Dicho de otro modo, la felicidad se apoya sobre unos puntos que albergan el estilo personal de ser: la vida afectiva, el trabajo profesional y la cultura como telón de fondo. Para atreverse a ser feliz hay que buscar lo mejor, es decir, lo más humano y lo más espiritual a lo que el hombre puede aspirar.

Aristóteles nos define la felicidad como la "consecución de lo mejor, del bien propio del hombre, que debe tener cuatro características: ser perfecto, suficiente, absolutamente preferido a lo demás y con un carácter individual". Este concepto lo modela en base a otros dos conceptos: *el bien* (como aquello a lo que todas las cosas tienden, o proceso mediante el cual una cosa alcanza su forma perfecta), y *el amor* (al principio ligado al placer, cuando madura convoca a la voluntad con el deseo de amistad, y finalmente tiene un sentido trascendente ya que se constituye en camino y preparación para acercarse a Dios).

Vemos la relación entre felicidad y amor, porque no hay felicidad sin amor y no hay amor sin renuncias, (siendo el amor una tendencia afectiva que nos lleva a darle a alguien lo mejor que tenemos). Los dos grandes guiones de la felicidad son el amor y el trabajo, puesto que ambos conjugan el verbo ser feliz. La felicidad consiste en vivir en armonía con uno mismo, (ese estado desprende paz y serenidad). Así llegaríamos a otros conceptos ya comentados: La felicidad no depende de la realidad, sino de la percepción de la realidad que uno hace, y, la felicidad no se da en el superhombre, sino en el hombre verdadero.

Aparte de vivir en armonía con uno mismo, también es importante vivir en armonía con los demás, esto es, la *convivencia*, y ésta en sí es un arte pues es ante todo compartir, tomar parte en la vida ajena y hacer partícipe de la propia al otro. Y, más en general resaltaríamos la importancia de la convivencia en la familia (primera fuente cultural) y el papel decisivo que juega en la configuración de la personalidad de cada uno de sus integrantes, que nos va a llevar al conocimiento de uno mismo, y también por hacer un esfuerzo más por nuestra parte para limar y rectificar aquellos aspectos de nuestra personalidad que dificultan, entorpecen o impiden el trato y la relación cotidiana.

Y que mejor forma de convivir si lo hacemos con educación y buenas formas. Veamos cómo hacerlo y en qué consiste: Educar a una persona es entusiasmarla con los valores. Ya desde muy pequeño el niño aprende a dominar su voluntad, dirigiéndola no a lo que le apetece, sino a lo que a la larga resulta mejor para él. Educar es formar a una persona para que se vuelva más armónica y sea capaz de gobernarse a sí misma. La mejor educación pretende *construir la felicidad*, pero sin olvidar que *no hay felicidad sin sacrificio y renuncias*. De ahí la máxima: "No hay voluntad si no hay conocimiento de la meta". Si la tarea del educador va más allá de la explicación de ciertos conocimientos, es porque tiene que saber estimular. La actitud del educador, al igual que sus modales, ha de tener un propósito. Así sus silencios resultarán elocuentes, y su palabra modelará y arropará a quien la escucha.

Se educa más por lo que se es que por lo que se dice. "Las palabras mueven, pero el ejemplo, arrastra".

Para todo ello hay que educar la voluntad. Se puede decir que *educar* es hacer que alguien aprenda a vivir con alegría. Los resortes principales que permiten alcanzar los objetivos propuestos se inspiran, por un lado, en la *motivación*, y por otro, en el *esfuerzo*. Toda educación conduce a la formación de un ser humano más *completo, coherente y maduro*. Para ello es esencial la tarea del educador.

Voluntad es determinación, firmeza, solidez en las intenciones, lo que sostiene las ilusiones en la cumbre de lo mejor. Porque cuando uno tiene voluntad, sus sueños se van haciendo realidad, siempre que el orden y la constancia potencien la conducta. Sin embargo, Enrique Rojas piensa que para que nosotros tengamos Voluntad (de hacer algo), tenemos que basarnos en una fuerza importante que nos *motive*, y como asegura en su libro "La conquista de la Voluntad" (Temas de hoy), estar motivado significa tener una representación anticipada de la meta, lo cual arrastra a la acción. De ahí emerge buena parte del proyecto personal que cada uno debemos tener. Lo ideal es que la motivación vaya acompañada de una lección de alguien que sea portador de ese algo que motiva; o sea, debemos tener un *modelo de identidad*, una persona a quien imitar.

Para ello, decidirse es querer. El hombre maduro sabe trazarse objetivos concretos en su vida, pocos, pero bien configurados, y más tarde poner todo el empeño en alcanzarlos.

Nos encontramos con distintas clases de Voluntad. Por ejemplo, según la forma, tenemos la voluntad perseverante, en la cual intervienen elementos como el tesón, el empeño y la firmeza. Por lo que, comenzar supone mucho, pero perseverar es todo. Y las dificultades son superadas a base de volver a empezar. De esta forma, tarde o temprano superamos las frustraciones, por lo que nunca hay que rendirse ni darse por vencido.

Por supuesto tienes que luchar para vencer las dificultades. Kant en su *"Antropología"*, decía: "Niégate la satisfacción de la diversión, pero no en el sentido estoico de querer prescindir por completo de ella, sino en el finamente epicúreo de tener en proyecto un goce todavía mayor […] que a la larga te hará más rico, aun cuando al final de tu existencia hayas tenido que renunciar en gran parte a tu satisfacción inmediata".

Y, por último, la voluntad espiritual, aquélla que busca los valores naturales y sobrenaturales. El hombre sin valores vive huérfano de humanismo y de espiritualidad: es el hombre *light*, al que sólo le interesa el sexo, el dinero, el poder, el éxito, el pasarlo bien sin restricciones y la permisividad ilimitada. Es decir, el culto a la tolerancia total.

Visto al revés, desde el final al principio, o según la meta que nos hayamos establecido, existen tres tipos de Voluntad: la *voluntad inmediata* (a corto plazo), otra *mediata* (a medio plazo) y una *a largo plazo*. La *felicidad* consiste en tener un proyecto de vida coherente y realista, que nos impulsa con ilusión hacia el futuro. La meta produce ilusión anticipada, de ahí su fuerza. Dándose la voluntad más lejana sólo en el hombre singular, con madurez, que ha aprendido a esperar y a sembrar, el cual llegará a la meta propuesta si se apoya en la *constancia*.

La educación de la voluntad está compuesta de pequeños vencimientos. "Tan importante como la inteligencia es la voluntad, ya que *el hombre con voluntad puede llegar en la vida más lejos que el hombre inteligente*". La voluntad es una aspiración que exige una serie de pequeños ensayos y esfuerzos, hasta que, una vez educada, se afianza y produce sus frutos. Para el niño y el adolescente, educar la voluntad significa en primer lugar huir del *culto al instante*, según el cual lo más importante es vivir lo inmediato. Lo primero que necesitamos para ir domando la voluntad es ser capaces de renunciar a la satisfacción que nos produce lo urgente, (en base a que lo que empuja es el futuro, lo que está por llegar).

La voluntad es determinación, firmeza en los propósitos, solidez en los objetivos y ánimo frente a las dificultades. Todo lo grande del hombre es hijo de la abnegación; así, por ejemplo, la entereza de volver a empezar cueste lo que cueste.

La voluntad conduce al más alto grado de progreso personal, cuando se ha obtenido el hábito de hacer, no lo que sugiere el deseo sino lo que es mejor y más conveniente.

El hombre con poca voluntad está amenazado, porque, poco a poco, se vuelve más frágil y cualquier cosa, por pequeña que sea, le hace desviarse de lo trazado. Pues se escabulle de la obligación para escoger lo que le apetece, lo que más le gusta en ese momento concreto.

El que tiene voluntad dispone de sí mismo, porque ha sabido vencerse en el tiempo y superarse, porque es capaz de posponer la satisfacción ante lo inmediato, y tiene cierta visión del futuro. A resaltar que la voluntad debe ser educada desde la niñez, (si en los primeros diez años de la vida de un niño no se ha dado una disciplina educativa de la voluntad, después todo será mucho más difícil).

Los principales elementos para educar la voluntad son: 1) la motivación, de donde surge toda la disposición para el esfuerzo; 2) el orden, 3) la constancia, y 4) una mezcla de alegría e ilusión.

Voluntad significa tener la intención de hacer algo, aunque cueste. Hay que educar en la voluntad, y para ello los mejores educadores son los padres. Ellos, ejemplificando con la práctica diaria, van señalando el camino correcto, (lejos queda ya la expresión, *fuerza de voluntad*).

Lo contrario sería la *permisividad*, para lo que nada es bueno ni malo, y se sustenta sobre una *tolerancia absoluta*. Un hombre permisivo y consumista no tiene referentes ni puntos de apoyo, y acaba no sabiendo a dónde va. *Es un hombre que, en vez de ser brújula, es veleta.* Por lo que Gilles Lipovetsky afirma que "estamos en la era del vacío", mientras que Protágoras decía que "el hombre es la medida de todas las cosas".

Tenemos que saber hacia dónde vamos, cual es nuestro objetivo en la vida. Y por ello debemos tener un cierto orden en nuestra vida. Hay cuatro dimensiones de orden: *orden en la cabeza, orden en el tipo de vida, orden en la forma*, y, finalmente, *orden en los objetivos*; todas ellas íntimamente relacionadas. Siendo la primera la fundamental, pues *orden en la cabeza* quiere decir saber a qué atenerse, tener unos criterios coherentes y operar siguiéndolos de cerca. Y en ello influye la televisión, pues una cosa es *estar informado*, sabiendo lo que pasa, y otra distinta, *tener formación*, (siendo esta última acción la que mejor nos realiza, y produciéndose tras esfuerzos personales concretos). Además de todo tipo de pantallas que inundan nuestras vidas, siendo el móvil el rey.

Por otra parte, en cuanto al *orden en el tipo de vida*, cuando alguien se va acostumbrando a *aplazar las tareas previstas*, no se da cuenta que por ese camino acabará debilitando su voluntad, (en el fracaso escolar tiene especial relieve el orden, la constancia y la voluntad).

Aquí, por tanto, llegaríamos de nuevo a nuestro punto de partida, pues *La Voluntad* sería aquella facultad capaz de impulsar la conducta y dirigirla hacia un objetivo determinado, contando con dos ingredientes básicos: *la motivación y la ilusión*. La inteligencia y la voluntad, conocer y querer, están muy relacionadas (como ya comentamos, en su día se refirió a ellas Platón), pero ambas son modalidades distintas, pero convergentes, del pensamiento moderno.

¿Cómo entrenar la voluntad?, está claro que la falta de voluntad de una persona se basa en no creer en las propias posibilidades y abandonarse ante el primer revés. Pues, quien aprende a conocerse y sabe sus *aptitudes y limitaciones*, pero se arriesga con retos personales concretos que desafían su fragilidad, llegará a lo que se proponga. El que empieza, tiene más de la mitad conseguido. Pero, aun así, siempre es más aconsejable ejercitarse a través del esfuerzo y las dificultades, que no en una situación contraria. Aunque, como se ha dicho antes, lo mejor es empezar desde pequeño, pues el consentimiento de absolutamente todo cuando se es niño; la falta de motivación para tener concretos objetivos de lucha… y muchas veces, el mal ejemplo de los padres, van a hacer las veces de un potente deseducador. Además de una comodidad excesiva, seguir la ley del mínimo esfuerzo para las tareas escolares, falta de generosidad en el día a día en la familia, inapetencia, o pereza… En definitiva, son muchas las cosas que se van descuidado, pero el perfil (negativo) de estos niños sería el de no estar dispuestos a renunciar a los deseos inmediatos, no tener hábito para los esfuerzos, quererlo todo en el momento, y no saberse negar nada.

La clave está clara: avanzar poco a poco, atravesando baches y dificultades, aunque momentáneamente esté lejos la meta. De esta forma, si persiste, estará muy cerca de la felicidad.

La felicidad consiste sobre todo en ilusión. Con ella la vida se vive como anticipación. La felicidad está basada en encontrar un programa de vida atractivo y satisfactorio, trazándonos un proyecto personal, diseñado por nosotros mismos, y siendo nosotros los protagonistas. A su vez, habría que combatir dos peligros: la dispersión, o sea, querer abarcar demasiado, y además, decir que sí a otras incitaciones interesantes, (lícitas pero que distraen de la tarea principal). Y, como hemos dicho antes, el que tiene voluntad es verdaderamente libre, pues consigue lo que se propone.

La felicidad es un resultado. Según el Derecho Romano, las claves para llevar una existencia positiva eran tres: *"honeste vívere, alterum non laedere et suum cuique tribuere"*, es decir, vivir honestamente, no dañar a nadie y dar a cada uno lo suyo. Esta sería la *felicidad del hombre apolíneo*, fundamentada en el orden y el equilibrio. En otra vertiente nos encontramos con la *felicidad dionisíaca*, la del hombre que busca sensaciones nuevas.

El hombre busca tanto la libertad como la felicidad, y en el camino aspiramos a los valores eternos: paz, armonía con los demás, educación para la libertad y la convivencia.

Si la felicidad es un resultado, la vida es un ensayo hasta conseguir exteriorizar lo mejor, lo más humano que se lleva dentro, sin olvidar que para alcanzar esa paz interior son inevitables las contradicciones, las contrariedades y el sufrimiento.

La felicidad es la experiencia subjetiva de encontrarse uno a gusto consigo mismo, contento con su vida hasta ese momento. Las notas esenciales son la alegría, el júbilo y la satisfacción.

"La felicidad se parece a una manta pequeña, que nos tapa, pero que siempre deja una parte del cuerpo al descubierto. También podemos compararla a un puzle, en el que siempre faltan algunas piezas, porque ésta es un polinomio, producto de muchos factores". La felicidad, de entrada, descansa sobre una actitud mental positiva. La felicidad consiste en vivir en armonía y orden con uno mismo. El ideal del sabio es estar de acuerdo con uno mismo. Dicho de otro modo: estar contento interiormente, porque una vida coherente conduce a la felicidad. Aristóteles, en su *Metafísica*, nos dice que "todos los hombres

tienden por naturaleza a la felicidad". Séneca, que era estoico, relacionaba la felicidad con la virtud, mientras que Platón la ponía en relación con la *sabiduría*.

La felicidad es la meta del hombre, su máxima aspiración. Pero hay que buscarla, no se encuentra al final de la existencia, sino en medio de su recorrido. Por eso, es más una forma de viajar, que una estación definitiva. La felicidad absoluta es una utopía. A lo largo de la vida, la felicidad juega con el hombre al escondite: se va, viene, desaparece, asoma, se esconde, nos muestra la cara y, más tarde, enseña la espalda. La felicidad consiste en una mezcla de alegrías y tristezas, de luces y sombras, pero presididas por el amor. Al adentrarnos en el entramado del corazón humano descubrimos que la coherencia interior es el puente que nos conduce al castillo de la felicidad.

Saber escuchar a los hijos

Antes de adentrarnos en el capítulo dedicado al niño, tan sólo un inciso remarcando la importancia que tiene saber escucharle, pues es quizá el acto más importante de la comunicación que nosotros establecemos con él. Aunque en general no sólo con el niño, sino con cualquier otro interlocutor, nos vamos a dar cuenta que es siempre más importante escuchar al otro que lo que nosotros queramos decir, por mucho valor que tengan nuestras palabras.

Aparte de más enriquecedor, pues también egoístamente nos va a reportar más que lo que nosotros transmitimos. De ahí la importancia de saber escuchar al otro, pues no podemos ni siquiera imaginar la cantidad de problemas, sinsabores, disgustos, contratiempos y desgracias que nos evitaríamos si supiéramos escuchar a los demás, si no prejuzgáramos, si procuráramos entender las posibles razones que tienen los demás, (pues como siempre digo yo, "todo el mundo desde su punto de vista tiene razón").

Saber escuchar de manera atenta, empática, con interés, demostrando afecto y buena disposición nos reportaría incontables beneficios de todo tipo, muchos momentos de felicidad y de alegría y, sobre todo, nos libraría de cometer tantos errores por la precipitación, por los pensamientos distorsionados y por la falta de paciencia para llegar a entender por qué el otro piensa, habla o se comporta de una forma determinada.

Escucha atenta, porque nos sentimos respetados y agradecidos cuando nuestro interlocutor se interesa por lo que decimos, dándonos a entender que le importamos como personas. Así nosotros debemos mostrar que nos interesan sus argumentos. La escucha atenta predispone favorablemente al otro, nos hace caerle mejor y que se sienta movido a mostrar también respeto y atención a los argumentos que podamos aportar. La atención demuestra distinción en quien atiende y da categoría y valor a quien tenemos delante y nos habla.

Escucha empática, lo cual significa ponernos en el lugar del otro y tratar de ver las cosas desde su punto de vista y hasta desde sus circunstancias, sus problemas y su carácter. Si pretendemos ser más justos y objetivos es imprescindible conocer en profundidad las razones que pueden mover al otro a pensar, sentir y obrar como lo hace.

Sin empatía y serenidad, esto es imposible. Además, la empatía, si es sincera y clara, facilita y dulcifica las formas y la buena comunicación.

Para saber hablar es preciso saber escuchar. Plutarco

Escucha demostrando interés con los gestos, las miradas, la complicidad, la sonrisa, (lo que podríamos denominar lenguaje corporal o no verbal). Que nuestro interlocutor sepa que nos interesan sus argumentos, la forma de exponerlos, su actitud y hasta su simpatía. Cada asentimiento con la cabeza, cada gesto de admiración, sorpresa o duda arqueando las cejas, y sonriendo porque afirmamos o dudamos con nuestra mirada, motiva al otro y le predispone a interesarse por lo que podamos decirle. Sabe que nuestras formas serán respetuosas y benévolas.

Escucha de manera afectuosa, libre de tensiones, de gestos de rechazo, de miradas frías y desafiantes. Nuestro interlocutor se sentirá impulsado a ser más sincero y comprensivo si le facilitamos las cosas para que se encuentre cómodo, atendido, valorado y tratado de manera cálida y cercana.

Escucha de manera constructiva, positiva, con esperanza, dando a entender con nuestra actitud que deseamos y esperamos lo mejor para nuestro interlocutor, que pretendemos que salga bien parado del asunto que tratamos, aunque tengamos distintos puntos de vista. Hay que dejar bien claro que una cosa es el respeto, la admiración y consideración que nos merece el oponente, y otra bien distinta, las cuestiones sobre las que todavía no hemos llegado a ponernos de acuerdo.

Escucha generosamente, esto es, no permitas que el contrario se marche sin algo de razón. Hay que ser elegantes y delicados, hasta el punto de admitir que en algo no hemos estado a la altura o que pudimos mejorar las formas.

Escucha de manera eficaz, es decir, siendo capaz de sugerir y hasta de ofrecer alternativas, soluciones y salidas airosas, al contrario. Aparte del bien que le hacemos al otro, es importante la tranquilidad y la paz que nos reporta saber que está bien, que no ha quedado herido por nuestras palabras, que no se ha resentido su autoestima y que en próximas ocasiones tendrá claro que los argumentos *y* razones serán valoradas y respetadas como él merece.

No hay espejo que mejor refleje la imagen del hombre que sus palabras. Luis Vives

La escucha es muy importante, pues con las palabras se puede casi todo, para bien y para mal. La palabra construye o destruye, alienta o deprime. Hablemos siempre como si de las palabras que vamos a pronunciar dependiera nuestra propia felicidad y la de la persona con la que estamos.

Enlazamos el tema de la escucha en general con un libro muy práctico, y directo al grano, "Cómo hablar para que los niños escuchen y cómo escuchar para que los niños hablen" (HarperCollins), de Adele Faber, y, Elaine Mazlish, que nos brinda ideas para mejorar la comunicación con nuestros hijos, desde que empiezan a hablar (o antes) hasta la edad escolar. En realidad, este libro nos ayuda también a mejorar la forma en que te comunicas con adolescentes y con otros adultos.

Y todo a base de mucho sentido común, ayudándonos a entender el punto de vista de los niños y permitiéndonos a la vez mantenernos dentro de nuestros parámetros de conducta.

Por otra parte, principalmente nos ayuda sobre todo a saber cómo tratar con nuestros propios hijos. Pues, aunque parezca que lo hacemos bien, puede que los resultados positivos hayan llegado por casualidad, por lo que es interesante este manual. Su lectura te hará recapacitar, y darte cuenta que tienes que "aprender" de nuevo a tratar con ellos, pues seguramente no estés utilizando el método adecuado:

1) Cómo ayudar a los niños a enfrentarse a sus sentimientos. Ideas para tener en cuenta: cuando los niños se sienten bien, se comportan bien, y ¿cómo los podemos ayudar a sentirse bien?, pues ¡aceptando sus sentimientos!, pero en general no solemos aceptar lo sentimientos de nuestros hijos, por ejemplo: "en realidad tú no te sientes así", "simplemente dices eso porque estás cansado", "no hay ninguna razón para que estés tan alterado". La constante negación de los sentimientos puede confundir y encolerizar a los niños. Y también les enseña a no saber cuáles son sus sentimientos… a no confiar en ellos. Para ello, he aquí unos consejos de ayuda con el tema de los sentimientos: a) escucha con toda atención, b) acepta sus sentimientos con una palabra, ("oh"…"umm"… "ya veo"), c) dale un nombre a los sentimientos de sus hijos, d) concédeles sus deseos en la imaginación. Es más, no escuches a medias, pues puede resultar de lo más desalentador tratar de llegar a alguien que sólo finge escuchar. Si escuchaste con toda atención a tu hijo… ves cómo resulta mucho más fácil contarle sus problemas a un padre que en realidad está escuchando, pues ni siquiera tiene que decir nada; a menudo, todo lo que el niño necesita es un silencio pleno de comprensión.

En vez de preguntar y aconsejar, pues a los niños les resulta difícil pensar con claridad o en forma constructiva cuando alguien trata de interrogarles, culparles o aconsejarles... responde con "oh" y una palabra, pues se puede brindar una gran ayuda con un simple "oh".. "um", o "ya veo". Expresiones como éstas, aunadas a una actitud solícita, son invitaciones para que los niños exploren sus propios sentimientos y posiblemente encuentren sus propias soluciones.

En vez de negar el sentimiento... "no llores", "vamos, ya basta"... (porque es muy extraño, pero cuando pedimos a un niño que deje a un lado sus sentimientos negativos, por mucha bondad con que lo hagamos, el niño parece cada vez más alterado), dale un nombre al sentimiento, ("oh, no, qué terrible", "eso debió ser muy frustrante"); debido a que los padres, por lo común, no ofrecemos esta clase de respuesta, porque tememos que al darle un nombre al sentimiento, lo único que lograremos será empeorar las cosas. Pero sucede exactamente lo contrario. El niño que escucha las palabras que describen lo que está experimentando se siente profundamente consolado, pues alguien ha reconocido su experiencia interna.

Concédele al niño sus deseos en la imaginación, pues a veces el solo hecho de que alguien comprenda lo mucho que el niño quiere algo, hace que la realidad le resulte más fácil de soportar. ("como me gustaría poder hacer que el plátano madurara en este momento para que te lo comieras", "me doy cuenta de lo enfadado que estás con tu hermano", "dile lo que quieras con palabras, no con los puños"). Aunque, algo más importante que cualquier palabra que podamos emplear es nuestra actitud. Si nuestra actitud no es compasiva, entonces cualquier cosa que digamos el niño lo percibirá como algo falso o como una manipulación. Cuando nuestras palabras están impregnadas de nuestros verdaderos sentimientos de empatía, es cuando le hablan directamente al corazón del niño.

2) Cómo obtener cooperación: simplemente *describe* (bien lo que ve, o bien el problema de que se trate), da información, lo que quieras pedirles *díselo con una palabra*, habla de sus sentimientos, y, por último, puedes escribir *una notita*.

Si algo no lo han hecho bien, (por ejemplo, dejar una luz encendida), en vez de gritarles o calificarles de forma negativa, simplemente limítate a describir (la luz del baño está encendida). En vez de acusar ("¿Quién ha sido?", ¡esto es asqueroso!") mejor da información (una pequeña explicación de por qué hacer las cosas bien), pues la información es mucho más fácil de aceptar que las acusaciones. Si pintan en la pared, en vez de reprocharles o amenazarles, mejor da información ("las paredes no son para escribir en ellas. El papel sí es para escribir"). En vez de soltar una parrafada para pedirles que se acuesten, díselo con una palabra ("¡Niños, a la cama!"), en este caso, "menos es más". No hagas ningún comentario acerca del carácter o la personalidad del niño. En vez de faltarles al respeto, da una breve explicación de por qué no te gusta lo que ellos hacen (si no cierran la puerta, "me molesta que quede abierta, pues entran moscas y van a la comida"), pues los niños tienen derecho a escuchar los sentimientos honestos de sus padres. Al describirles lo que sentimos, podemos ser auténticos sin herirles. Por último, sólo decir que a veces, nada de lo que decimos es tan efectivo como la palabra escrita, (por ejemplo, poner una nota en la tele: "antes de encender este aparato, piensa, ¿ya hice mis deberes?), pero no sólo para regañar, también para premiar, ("estoy muy orgulloso de ti, firmado papá").

Recapitulando, para obtener la cooperación de un niño... si por ejemplo han dejado una toalla mojada sobre nuestra cama:

a) Escribe lo que ves, o describe el problema: "Hay una toalla mojada sobre mi cama", b) da información: "La toalla está mojando mi edredón", c) díselo con una palabra: "¡la toalla!", d) describe lo que sientes: "¡no me gusta dormir en una cama mojada!", y, e) escribe una nota: (encima del toallero) "por favor, vuelve a dejarme aquí (a la toalla) para poder secarme, ¡gracias!, tu toalla".

3) Alternativas para el castigo: Éstas pueden ser, a) Expresa tus sentimientos con energía (sin atacar el carácter del niño), ("¡Estoy furioso porque dejaste mi sierra nueva en el jardín, y se oxidó con la lluvia!"), b) Manifiesta lo que espera de él, ("¡Espero que me devuelvas mis herramientas después de que las tomes prestadas!"), c) Enséñale al niño a cumplir con satisfacción, ("cuando termines de pulir la sierra, una ligera capa de aceite la protegerá para el futuro"), d) Ofrécele una elección al niño, ("puedes tomar prestadas mis herramientas y devolvérmelas; o bien puedes renunciar al privilegio de usarlas. Tú decides"), e) Emprende alguna acción, ("¡Papá, ¿por qué está cerrada con llave tu caja de herramientas?, "pues hijo, ¡dímelo tú!"), f) Resuelve el problema, ("¿Qué idea se te ocurre para que tú uses mis herramientas cuando las necesites y yo esté seguro de que estarán allí cuando yo las tenga que utilizar?").

Si el niño es más pequeño, se pueden añadir dos más. La primera, y antes de expresar una enérgica desaprobación: Señalar una forma de ser útil, (si el niño está jugando con la fruta en el supermercado, se le puede decir: "si quieres ayudar, escoge tres limones grandes"), y, la última: Permitir que el niño experimente las consecuencias de su mal comportamiento...

Con situaciones tales como: "Mamá, ¿puedo ir contigo a comprar?", "no, hoy no irás", "¿porqué", "dímelo tú", "lo siento, dame otra oportunidad", "ya habrá más oportunidades, pero hoy iré yo sola".

Recordad, siempre mejor un comentario breve, si, por ejemplo, se dejan la luz del baño encendida, lo mejor, es decir, "Niños, la luz del baño está encendida", o mejor todavía, "Niños, ¡la luz!".

En cuanto a la parte práctica... Llegada la hora de resolver problemas. 5 pasos: Paso I) Habla de los sentimientos y necesidades del niño. Paso II) Habla de tus propios sentimientos y necesidades. Paso III) Buscad juntos alguna idea genial para encontrar una solución que os convenga a los dos. Paso IV) Anota todas las ideas, sin hacer ninguna evaluación. Paso V) Piensa que sugerencias te agradan, y cuáles no, y decide aquellas que pondrás en práctica.

4) Cómo fomentar la autonomía: a) Deja que los niños hagan sus propias elecciones, ("¿estás hoy de humor para ponerte los pantalones grises o los rojos?"), b) demuestra respeto hacia los esfuerzos de un niño, (cuando se respeta el esfuerzo del niño, éste reúne el ánimo suficiente para terminar él solo lo que está haciendo, "puede ser difícil abrir un frasco, a veces ayuda si golpeas los lados de la tapa con una cuchara"), c) no hagas demasiadas preguntas, (el exceso de preguntas se puede experimentar como una invasión de la propia vida privada, "me alegro de verte, bienvenido a casa"), d) no te apresures a dar respuestas, (cuando los niños hacen preguntas, merecen la oportunidad de explorar primero la respuesta ellos mismos, "es una pregunta interesante, ¿qué piensas tú?"); e) anima al niño a emplear recursos fuera de su hogar, (que nuestros hijos sepan que no son totalmente dependientes de nosotros, el mundo fuera de casa, la academia, la escuela, un niño mayor, son recursos a los que puede acudir en busca de ayuda para sus problemas, "tal vez en la academia de inglés podrían sugerirte una forma verbal más adecuada"), y, f) no le quites la esperanza, (en vez de preparar a los niños para una decepción, déjalos que exploren y experimenten, pues al tratar de proteger a los niños contra una decepción les impedimos que esperen, luchen y sueñen, y a veces también que realicen sus sueños, "¡de manera que estás pensando obtener un papel en la obra!, será toda una experiencia").

5) Las alabanzas. En cuanto a la alabanza descriptiva, en vez de evaluar, describe lo que ves o lo que sientes, (es un proceso curioso, el adulto solamente se limita a describir lo que ve, por ejemplo, un garabato que ha hecho el niño, a la vez que es éste el que al final se alaba a sí mismo). Pero, limítate a observar la realidad con una palabra, no pongas una etiqueta o adjetivo al niño por una acción, (por ejemplo, "dijiste que estarías en casa a las cinco y son las cinco en punto; eso es lo que yo llamo puntualidad").

En vez de evaluar, describe: a) describe lo que ves, "veo un piso limpio, una cama bien hecha y unos libros muy bien ordenados en su estantería", b) describe lo que sientes, "¡es un placer entrar en este cuarto!", y, c) resume en una palabra la conducta digna de alabanza del niño, "veo que ordenaste en grupos tus lápices, y ceras, y los guardaste en cajas separadas, ¡es eso lo que yo llamo *organización*!".

6) Cómo liberar a los niños de la representación de papeles: a) busca las oportunidades para enseñarle al niño una nueva imagen de sí mismo o de sí misma, b) coloca a los niños en situaciones en las cuales puedan verse a sí mismos de una manera diferente, c) deja que los niños puedan escuchar cualquier comentario positivo que usted haga acerca de ellos, d) modela la conducta que le gustaría ver, e) sé un depósito para acumular los momentos especiales de su hijo, y, f) cuando tu hijo actúe de acuerdo con el antiguo estereotipo, manifiesta tus sentimientos y/o tus expectativas.

Por otra parte, también podemos hacer mención a la gran aportación del pensamiento de Bernabé Tierno sobre la educación de los niños, pues su psicología se ha centrado en este tema en numerosas ocasiones y durante treinta años investigó sobre la causa de fracaso escolar y los pilares que aseguran un aprendizaje más eficaz.

Bernabé Tierno siempre recalcó la importancia de hacer todo lo posible por conseguir la paz y la armonía con uno mismo, así como de vivir el tiempo presente poniendo todo nuestro empeño en el día a día.

Teniendo esto en cuenta, Estefanía Esteban recurre a 10 pensamientos del psicólogo Bernabé Tierno para la educación de los niños:

1. **Frustración**: 'Se puede afrontar todo, pero no se puede vencer todo'. Cuanto antes comience nuestro hijo a aceptar esto, antes conseguirá superar la frustración, un sentimiento que impide crecer y madurar de forma correcta.

2. **Fracaso escolar**: 'La primera causa de fracaso escolar es que los niños no saben estudiar'. Y el problema no es sólo del estudiante. En esto están involucrados profesores, alumnos y padres.

3. **Amor**: 'Quien planta con honestidad la semilla del amor, acaba obteniendo los frutos más dulces'. El amor es sin duda, el gran motor que mueve el mundo.

4. **Amistad:** 'En la amistad, como en el amor, la mutua admiración es un denominador común. Para que la amistad viva ha de ser limpia, libre, respetuosa y sincera. Así siempre triunfará'.

5. **Amabilidad:** 'Educar para la amabilidad no es otra cosa que educar para la empatía, el amor a los demás, la cordialidad, las buenas formas y en definitiva, para vivir mejor y más en paz con uno mismo y con los demás'.

6. **Envidia:** 'El brillo que generas molesta a los que viven en la oscuridad'. La felicidad puede generar el recelo de los que no la consiguen. Que la envidia de los demás no se convierta en ningún obstáculo para seguir avanzando.

7. **Autoestima:** 'Si estamos seguros de nosotros mismos, sabremos reconocer cuando el otro tiene razón, sabremos aceptar que cometemos errores y que esto no es

ningún problema, pues es el camino del aprendizaje. Y sabremos abordar cada problema con calma y tranquilidad'.

8. **Educación:** 'La única pedagogía posible es estimular la curiosidad del niño'.

9. **El destino:** Todos somos responsables de lo que hacemos con nuestro destino. Lo que pensamos, sentimos, decimos y hacemos; los sueños que propiciamos y las fantasías que acariciamos, determinan nuestra existencia. Por eso nadie, salvo nosotros mismos, labra nuestro destino y hace de nuestras vidas un cielo, purgatorio o infierno.

10. **Prepotencia:** La personas que viven para criticar las conductas de los demás, jamás se equivocan y difícilmente piden disculpas, necesitan destacar lo negativo de las personas que tienen más cerca para así ignorar sus propios defectos, limitaciones y miserias humanas, que no son pocas.

Resulta también muy útil recurrir a los autores Harris Clemes y Reynold Bean, en su libro "Cómo enseñar a sus hijos a ser responsables" (Círculo de Lectores), para obtener unas conclusiones prácticas para ponerlas en marcha en nuestras propias casas.

El niño que posea sentido de la responsabilidad cosechará éxitos cada vez con mayor frecuencia, y se beneficiará de las consecuencias positivas de esos éxitos. Por el contrario, el niño que actúe irresponsablemente sufrirá más castigos y reprimendas de lo que es debido, con lo cual su autoestima disminuirá.

No se trata tan sólo de que no llegue a *fiarse de sus propias reacciones* y de las reacciones de los demás hacia él: es que además mostrará una actitud negativa hacia la vida en general.

Para enseñar a los niños a ser responsables tiene que haber un cierto "*toma y daca*". Porque es difícil que un niño incremente su capacidad para ser responsable si no consigue ninguna recompensa ni alabanza por su comportamiento.

Así, los niños a los que se recompensa por ser responsables van desarrollando gradualmente la conciencia de que la responsabilidad y los buenos sentimientos están relacionados; y, con el tiempo, disminuye su necesidad de recompensas externas.

Los padres tienen que recordar a los hijos que las incomodidades que les producimos por pedirles hacer ciertas tareas son, en general, pasajeras, y que las tareas terminan por ser más agradables gracias a las alabanzas, el afecto o las recompensas que se obtienen al hacer bien las cosas. Es por esto que los niños son responsables en amplias áreas de su vida, y necesitan siempre que se les considere responsables de lo que dicen y hacen.

Para ayudar a los niños a desarrollar el sentido de la responsabilidad durante la infancia y la adolescencia, se requiere que sus padres sean tolerantes y pacientes, al tiempo que claros y coherentes al expresar lo que esperan de ellos.

Muchos padres se sienten fracasados cuando deben castigar a sus hijos por su mal comportamiento. Pero es que los niños no nacen sabiendo cómo comportarse; y buena parte de lo que aprenden lo hacen a base de ensayos y errores. Estos errores necesitan ser contemplados a la luz de las consecuencias que provocan; ni que decir tiene que éstas deben ser enunciadas claramente con antelación, porque las consecuencias no son amenazas.

La diferencia estriba en que una consecuencia es un curso de acontecimientos predeterminado que tanto hijos como padres saben que se producirá inevitablemente en ciertas circunstancias, mientras que, por el contrario, una amenaza es un mensaje, percibido por el niño, que le dice que sus padres están empezando a sentirse molestos y a perder el control, (por lo general, éstas no se llevan a cabo, creando así un clima de incoherencia y ansiedad).

Capítulo aparte es el resentimiento hacia el niño, el cual es un síntoma de que existe un conflicto de poder entre padre e hijo que está sin resolver y en el que el padre se siente perdedor.

De esta sensación se deduce que el padre no cumple sus funciones de paternidad responsable, lo cual incluye ser claro respecto a las expectativas y a las consecuencias. Los padres que no sean capaces o no quieran expresar estos sentimientos a sus hijos, inevitablemente sintiendo rencor hacia ellos. Dos ideas sencillas que pueden ayudar a los padres a expresar sus *agravios* a sus hijos serían: Cambia el "eres" (acompañado por un adjetivo calificativo negativo) por el "has hecho". Y, no emitas un juicio de valor, (simplemente limítate a describir lo que ves). Al igual que a la hora de valorar los resultados, la pregunta fundamental que se le ha de hacer al niño es "¿qué es lo que ha ido mal?", y no "¿qué es lo que has hecho mal?". Aunque, también es verdad que el resentimiento de los padres, en muchas ocasiones, es cosa suya y no solamente producto de la actitud de los hijos. Los padres, por ejemplo, pueden querer que los hijos hagan algo de determinada manera, que, sin embargo, no han sabido transmitir. Pero, si no se han tomado el tiempo o la molestia de aclarar lo que quieren de sus hijos, lo único que cabe esperar es un pobre resultado. Y, otras veces, tienen expectativas demasiado elevadas para la edad del niño. En cambio, si en lugar de una lucha de poder lo que hay es una comunicación abierta, clara y honesta, los sentimientos entre padres e hijos serán bien distintos. Los padres son quienes establecen un modelo de comunicación en la familia, modelo que los hijos siguen, así, quienes pongan en práctica una forma de comunicación clara y directa con sus hijos, se encontrarán con que éstos responden de igual modo.

Por otra parte, muchas veces pedimos algo a los niños y, o bien porque no llega nítido el mensaje, o porque están con otra cosa, al final acabamos haciendo nosotros mismos lo que les hemos pedido a ellos, (lo mejor es no enfadarse y pensar que casi siempre va a ocurrir así), nosotros lo que podemos hacer es asegurarnos de haber emitido bien el mensaje, con frases como "¿puedes repetirme qué te he dicho?", siempre acabaremos antes y nos resultará más fácil hacerlo nosotros mismos, pero *hay que intentarlo…*

Pero, también podemos preguntarnos *¿por qué los niños no se sienten mal si son irresponsables?,* tampoco hay que preocuparse mucho por ello, puesto que "sentirse mal" por actuar de forma irresponsable es consecuencia de una actitud ética y moral madura. Por lo que los valores morales se aprenden con la experiencia, a partir de los modelos que nos ofrecen los demás y a través de la educación, (por tanto, es cuestión de tiempo).

Con frecuencia, los adultos intentan poner calificativos al lógico interés personal de los niños haciéndoles sentirse mal mediante la culpabilidad. Pero el comportamiento ético no proviene de la culpa sino de que el niño sea consciente de cómo puede equilibrar su interés personal con el de los demás. Este sentido ético sólo se consigue con la experiencia y a los niños hay que darles tiempo para que puedan desarrollarlo. La culpabilidad y el remordimiento suelen detener dicho desarrollo, disminuyendo el aprecio que el niño siente por sí mismo y fomentando artificialmente su necesidad de complacer a los demás.

Así, cuando los adultos quieren que el niño se sienta culpable o experimente remordimientos, intentan impresionarle preguntándole *si no le parece mal lo que han hecho,* o *qué le parecería si se lo hicieran a él,* con lo que pretenden que los niños sientan cosas que no son capaces de sentir.

De esta forma, padres y educadores suponen, y con razón, que, si fueran capaces de modificar la actitud de un niño, tendrían un mayor control sobre su comportamiento. Pero ocurre que modificar una actitud es más difícil que influir directamente sobre el comportamiento.

De todas formas, no hay nada como la comunicación, pues cuando ésta es clara y coherente, el niño puede entender las expectativas y las exigencias de los adultos, y se muestra menos interesado en herir sus sentimientos.

A la vez que, los adultos que afrontan el mal comportamiento de los niños de manera directa y razonable pueden evitar sentirse heridos. Y, por otra parte, los adultos que son capaces de hablar con los niños de sentimientos sean suyos o de los niños, pueden expresar cuándo se sienten heridos y esforzarse para resolverlo.

No hay que confundir la incoherencia con la flexibilidad. Ser flexible significa que uno está dispuesto y es capaz de emplear métodos muy diversos para conseguir un objetivo coherente. Ser incoherente, por el contrario, significa que uno cambia de objetivos, muchas veces inconscientemente. Cuando los padres asumen la responsabilidad de los demás miembros de la familia de manera directa, honesta y clara, a los niños también les resulta mucho más fácil aceptar responsabilidades, así como los niños que observan a los padres resolviendo sus conflictos de modo amistoso, también tenderán a adoptar un comportamiento semejante. Y, una vez que a los niños se les ha asignado ciertas obligaciones, los padres no deben confundirles ni fomentar la irresponsabilidad volviéndose a hacer cargo de las tareas encomendadas.

Los padres necesitan cierta "fortaleza interior" si quieren enseñar a sus hijos a ser responsables. Deben permitir que sus hijos cometan errores para que puedan aprender de ellos. Una vez que los padres estén seguros de haber aclarado lo que quieren, de haber proporcionado a sus hijos las alternativas necesarias y haberles enseñado el modo de hacer las cosas, es importante que se hagan a un lado y permitan a sus hijos experimentar las dificultades que conlleva hacerse seres humanos responsables.

Por lo tanto, si los padres son justos, tienen claras sus expectativas, son coherentes en la aplicación de los castigos establecidos, recompensan a los niños por su buen comportamiento y cumplen las promesas que hagan, los hijos llegarán a convencerse de que ser responsable es una virtud.

Es fundamental establecer normas y límites. De lo contrario podremos tener, en el futuro, niños mimados o malcriados en nuestra propia casa, pues existe la creencia, muy extendida, que a estos niños se les da demasiado, cuando en realidad es justamente al revés. Al niño que se convierte en malcriado no se le da lo suficiente en ciertos aspectos, y es por ello por lo que llega a encontrarse *desorientado* sin saber cuál es su rumbo. Así, a los niños a los que no se les pida que participen en "tareas" desde la primera infancia, carecerán de habilidad para organizarse, para fijarse objetivos y llevar a cabo tareas complejas durante el resto de su infancia y la adolescencia. Además, pedir a los niños que hagan determinadas tareas les ayuda a manejar sus frustraciones y sus ambigüedades; los niños que hacen estas tareas de modo regular terminan por saber resolver sus dificultades mucho mejor que los que no participan.

Por otra parte, es muy importante ser coherente. Pues es el mejor modo de indicar a los niños que los adultos dicen las cosas en serio. Una aplicación coherente de una norma, con un suave castigo por transgredirla, tiene sobre el niño más efecto a largo plazo que una actitud incoherente y un castigo severo. La coherencia es una manera de demostrar a los hijos que se está pendiente de su comportamiento: si los hijos comprueban reiteradamente que hay un adulto atento a su comportamiento, tienen un motivo más para actuar adecuadamente.

Al ser coherentes, padres y profesores contribuyen a que los niños se sientan seguros. Si son incoherentes, los niños se muestran ansiosos porque no son capaces de predecir lo que puede suceder; y a veces da toda la impresión de que los niños se portan mal para forzar a los adultos a ponerles algunos límites. Si se intenta aplicar coherentemente una mala norma, el resultado será resentimiento y cólera, tanto en el niño como en el adulto. Por el contrario, la aplicación coherente de buenas normas promoverá orden y disciplina, dará seguridad y sentará las bases para manifestar buena voluntad.

De esta forma, si los padres y profesores hablan en serio, se deduce que aceptarán su responsabilidad para llevar adelante lo que han dicho.

Por otra parte, es fundamental no ser arbitrario, pues esto quiere decir que no se sigue un criterio definido, pues actuar arbitrariamente significa una de estas dos cosas: el padre o el maestro hacen algo diferente de lo que habían dicho que harían, o hacen algo sobre lo que no se había advertido al niño y que éste no se esperaba. Para eliminar las actuaciones arbitrarias, es importante que haya un acuerdo entre los padres sobre cuáles son las expectativas y cómo deben encararse los problemas. Es frecuente que los padres no se concedan el tiempo suficiente para adoptar las decisiones de una forma razonable. Muchas veces, mientras están metidos en algo que les ocupa toda su atención, deben decidir sobre alguna cosa que quiere el niño. En momentos así, algunos padres actúan arbitrariamente, bien porque están distraídos, o bien porque experimentan enfado o frustración.

Cuando mucho mejor sería que dijeran: "vuelve dentro de diez minutos para contármelo otra vez, porque ahora no puedo ocuparme de eso". Si el padre puede predisponerse favorablemente, podrá discutir las cosas con su hijo de manera más razonable, a fin de llegar a una solución realista.

Por parte de los hijos, he de decir que éstos suelen abordar a los adultos cuando están ocupados porque, distrayéndolos, se ven más capaces de conseguir lo que quieren. Por ello, hay que enseñarles a no interrumpir a los adultos cuando están ocupados.

Y, por parte de los padres, decir que éstos, hagan lo que hagan, siempre serán arbitrarios alguna vez. Y también que, a muchos padres les cuesta disculparse ante sus hijos, aunque eso sea lo único que haga falta para mejorar las relaciones.

Con lo que, simplemente, si tras actuar se explica por qué se ha decidido determinada cosa, se puede contribuir a que el niño comprenda el comportamiento de los padres, o, dicho de otra forma: los padres actúan arbitrariamente en alguna ocasión y eso no es necesariamente malo, siempre que no sea su forma habitual de tratar a los niños.

Es un punto de partida básico dar recompensas por ser responsable. Pues la búsqueda de una recompensa es una de las razones que estimula a los niños a comportarse adecuadamente; la otra es el deseo de eludir los castigos. Los padres y profesores que enseñan seriamente a ser responsables deben aprender a recompensar sus comportamientos positivos. Los niños son muy prácticos. Tienen más probabilidades de hacer cosas que no desean hacer si prevén que puede ocurrir algo por realizar la tarea. La verdad es que muchos padres nos preocupamos cuando nuestros hijos pasan por esta "etapa materialista", pues ellos quieren que se les pague por hacer las cosas, o les parece que deben obtener ciertas ventajas por hacer las tareas domésticas. Aunque esto es bastante normal, ya hemos indicado anteriormente que no es lo más aconsejable. Pero sí encontramos cierta similitud con los premios que se "auto conceden" los adultos, pues nosotros poseemos recursos propios para concedernos recompensas, como, por ejemplo, ir a cenar fuera después de un largo y duro día de trabajo. Pero los niños carecen de ese control financiero de sus recursos, y por eso es importante proporcionarles algún sistema de recompensas que les permita medir cuáles son sus progresos y sus éxitos, (podría ser perfectamente un helado, o una cena en un restaurante de comida rápida). Poseer firmes y apropiados objetivos, y trabajar para alcanzarlos, son características de la madurez. Los niños no suelen tener objetivos por los que trabajar, como les sucede a los adultos: conforme van comprendiendo que pueden conseguir lo que desean por medio de su propio esfuerzo, se van dando cuenta de que tener objetivos y trabajar para conseguirlos es beneficioso.

Además, y muy importante, hay que decir que los padres necesitan ser conscientes de la amplia variedad de recompensas de que disponen. Además de las recompensas materiales o pecuniarias, hay cosas como el tiempo, la atención, la preocupación, la simpatía y la buena voluntad que también son recompensas.

En cuanto a la responsabilidad del niño en el Colegio, un procedimiento muy importante para que los padres dispongan de la información necesaria consistirá en establecer un contacto estrecho y permanente con los profesores. Porque, si padres y profesores trabajan en direcciones opuestas, el niño lo nota. Pero, por el contrario, si trabajan coordinadamente con el fin de modificar el comportamiento del niño, los resultados serán espectaculares.

En el artículo de El Mundo de 15 de noviembre de 2015, "Cómo Enseñar a un Niño a Ser Feliz", Isabel Serrano Rosa nos ofrece unas claves muy útiles:

Educar en positivo es un desafío que implica crecer con nuestros hijos y adaptarnos a su evolución. La Psicología Positiva, la ciencia que estudia la felicidad, se refiere al bienestar psicológico, y dice nos sienta bien aquello que nos ayuda a crecer y nos hace fuertes. Darse un masaje nos da placer, pero no nos cambia la vida. Educar a los hijos de manera positiva es un reto que nos obliga a crecer con ellos y a adaptarnos a su evolución. Por ello son importantes estas herramientas:

1) **Cultiva las emociones:** Lo primero es escucharles, sin negar, minimizar o culparles. Evita pronunciar frases como "no entiendo por qué te pones así" o "eso es una tontería". Sus problemas son grandes oportunidades para enseñarles a encontrar soluciones.

Las emociones positivas les ayudan a avanzar. Los niños son juguetones y felices, exploran su mundo. Proporciónales el vocabulario emocional para que nombren estos sentimientos.

Juego uno: Los mejores momentos. Antes de ir a la cama, recordad los tres mejores momentos del día. Los del niño y los tuyos. Si te cuentan una pesadilla, cambia el guion y haz que el sueño acabe con final feliz.

2) **Relaciones positivas:** Hay pocas cosas positivas que sean solitarias. La relación con los demás es la variable más importante para medir nuestra satisfacción vital. Y la soledad real o sentida, una de las situaciones más incapacitantes para niños y adolescentes.

La familia ideal no debe centrarse sólo en satisfacer las necesidades del niño, sino en las relaciones positivas de todos sus miembros. Anima a tus hijos a ponerse en el lugar de los otros para desarrollar la empatía, una habilidad clave para la vida.

Un estudio de la Universidad de Michigan confirma que las buenas relaciones en el hogar favorecen la salud. Si dedicas 20 minutos al día a cuidarlas tendrás tres veces más salud que si los empleas en correr en la cinta.

Juego dos: Hadas y dragones. Una vez, el niño/a será el hada o el mago que representan la alegría. Tú, un dragón colérico. Alterna los roles. Enseña al niño a manejar conflictos y a expresar sus diferentes emociones.

3) **Establece y alcanza metas:** Es una gran satisfacción conseguir algo que te has propuesto aunque te cueste mucho esfuerzo, ¿verdad? Hay que fomentar que los niños tengan sus metas y favorecer que aprendan a tolerar la frustración que antecede al éxito. Es importante no brindarles todas las soluciones a sus problemas. Hay que ayudarles a ganar, pero también necesitan fracasar y, sobre todo, aprender a superarlo. Elogia de forma selectiva su esfuerzo. Al fomentar el triunfo barato, se producen fracasos muy caros, según dice el psicólogo Seligman.

Juego tres: Cuento inventado. Idea un relato donde tú digas una frase y el niño, otra. Así hasta que consigáis una narración construida a vuestro gusto.

4) Enséñale a fluir: ¿Recuerdas uno de esos momentos en el que estabas haciendo alguna actividad y el tiempo pasaba sin que te dieras cuenta? El bienestar y el desarrollo del talento tienen que ver con saber centrarse y fluir. Seguro que habrás visto alguna vez a tu hijo tan concentrado que parecía que no había niño. Cuando eso ocurra no le hables.

Se llama juego libre y es uno de los ingredientes de la creatividad y la felicidad infantil. Ayúdale a desarrollar el silencio y la capacidad de estar consigo mismo sin interrupción.

Juego cuatro: La estrella. La atención plena o *mindfulness* es una actitud de calma que nos permite vivir el momento presente. Les guiaremos para que imaginen que tienen una estrella en lo alto de su cabeza. Una luz blanca que entra por la cabeza, baja por los brazos y las manos, el cuerpo, las piernas y los pies. Si son bebés, respira lenta y profundamente abrazado a ellos para que escuchen el sonido de tu respiración.

5) Da sentido a lo que hace: Como adultos nos damos cuenta de que ser altruista puede proporcionar mucho mayor bienestar que hacer algo sólo pensando en uno mismo.

Si haces que tu hijo sienta que forma parte de algo más grande que él mismo, como su familia, grupo, colegio, ciudad, mundo, etc., le darás una norme fuente de bienestar y seguridad.

Juego cinco: Ser amables. Los elefantes que se rascan. Juega con tu hijo a regalar amabilidad. Pensad en algo totalmente inesperado y agradable que pueda hacer por otro miembro de la familia y anímale a que lo lleve a cabo como un regalo personal hacia esa persona. La risa es también una buena estrategia. Juega a poner tu espalda contra la suya y rascaros sin manos como lo hacen los elefantes. Recuerda siempre que jugando obtendrás más que poniéndote serio…

Y, por otra parte, El Mundo, versión digital de 18 de septiembre de 2015, nos ofrece una serie de Consejos prácticos de la psicóloga *Patricia Ramírez,* para tratar a adolescentes:

Decía Sócrates, allá por el año 400 a.C, que "los jóvenes hoy en día son unos tiranos. Contradicen a sus padres, devoran su comida, y le faltan al respeto a sus maestros".

Así que por mucho que a los padres del siglo XXI les parezca que ahora los jóvenes están más descontrolados que nunca, lo cierto es que la adolescencia ha sido siempre una fuente de conflicto. El niño que se convierte en adulto quiere autonomía, libertad, reivindicarse, afianzar su personalidad; y los padres queremos control, saber qué hacen, con quién, lo que piensan, y hoy en día, lo que cuelgan y lo que comparten en las redes sociales.

Con estos consejos, seguro que podemos ayudarte a sobrellevar mejor esta etapa tan complicada de tus hijos:

1. **Educa en valores**. ¡Desde que nacen!. Educa con la palabra, con el ejemplo, siendo un modelo de conducta, con coherencia y sobre todo, con cariño y paciencia.

2. **Comunícate mucho con ellos**. No se trata de imponer, también tienes que hacerles comprender, reflexionar y darles tiempo. No hagas interrogatorios con todo lo que hacen. Simplemente, invítales a que te cuenten. Y pregunta sobre cosas interesantes para ellos, no solo para ti.

3. **No los etiquetes.** ¡Es que todos a esta edad tenéis un pavo que no podéis con él!. Este tipo de comentarios generalistas con los que ellos no se identifican los pone a la defensiva. Olvida los juicios de valor y las críticas destructivas. Así no aprenden, se cierran y dejan de compartir cosas contigo por miedo a tu represalia.

4. **No todo puede ser un no**. Tiene que haber una parte negociable. El autoritarismo a veces conduce a que se busquen la vida a través del engaño para conseguir lo

que desean. Hay límites innegociables y otros que debes debatir con ellos.

5. **Escucha, escucha y escucha**. No puedes interpretar lo que les pasa porque tú también hayas sido adolescente. Tus problemas e inquietudes no tienen nada que ver con las de ellos. No creas que vienes de vuelta. Solo vienes de tu vuelta, pero no de la de ellos.

6. **Olvida los grandes discursos** y todas tus historias de "yo a vuestra edad no hubiera hecho jamás…". No generan empatía y tampoco las entienden. Es mejor preguntarles por qué han hecho esto o lo otro. No te pongas como ejemplo constantemente. Ellos no se ven reflejados en ti.

7. **Espera cosas buenas de la adolescencia**. Haz por disfrutar de sus historietas, de sus intereses, de su música, de sus redes sociales.

8. **No hagas juicios de valor de sus amigos**, para ellos son sagrados. En lugar de decir algo como "no entiendo que a tu amiga sus padres le permitan…" pregunta algo así como "¿a ti qué te parece que tu amiga Ana sus padres le dejen…?". Entenderán que te estás interesando por lo que ellos piensan.

9. **Trata de compartir alguna afición con ellos**, la que sea. Y muestra un interés sincero por ella.

10. **No siempre son ellos los que se aíslan**, a veces somos nosotros. Diles que te encantaría salir a cenar, al cine, a pasear, jugar a un juego de mesa con ellos y seguro que responden.

Por otra parte, según artículo publicado en El Confidencial, de 22 de enero de 2016 "De la Autoridad a la Insolencia", Héctor G. Barnés escribe sobre "El fin de los buenos padres", un libro que explica el daño que estamos haciendo a nuestros hijos…

Comenta cómo el popular doctor Leonard Sax toca unos cuantos puntos sensibles en su último volumen sobre paternidad, y habla del *efecto rebote*: la autoridad férrea ha sido sustituida por un pernicioso 'laissez faire', ("dejen hacer").

¿Estamos malcriando a nuestros hijos? Se trata de la pregunta que muchos padres modernos se han hecho en un momento u otro. Como reacción a la **inamovible autoridad** que los progenitores ejercieron sobre sus vástagos durante décadas, el nuevo modelo de paternidad es mucho más permisivo. Algo que ha llevado a muchas familias a temer que, quizá, hayan ido demasiado lejos sobreprotegiendo y mimando a sus hijos hasta el punto de que estos no sepan desenvolverse en el mundo real o bien se hayan convertido en unos presuntuosos dictadores.

'The Collapse of Parenting', (o, "derrumbe de la paternidad")

Es la opinión que comparte **Leonard Sax**, un médico estadounidense que ejerce en el estado de Pensilvania pero que es relativamente célebre en su país natal por los libros que ha escrito sobre niños, 'Boys Adrift', 'Girls on the Edge' y 'Why Gender Matters' (todos ellos editados por Perseus Books), que abordan los roles de género de niños y niñas y los caminos que deben seguir si quieren triunfar. En su último trabajo, 'The Collapse of Parenting' (Basic Books) ("El derrumbe de la paternidad") explica el problema que tienen los niños hoy en día: sus padres, y más concretamente su voluntad de querer **tratar a sus hijos como adultos** todo el tiempo.

¿Demasiado pronto para elegir?

Una historia extraída del libro, que ha sido publicada en 'Salon', resume bien el problema que Sax ha identificado. En ella, una pareja se ve obligada a cambiar de colegio a su hija de ocho años. Los padres proponen el que creen que es mejor, puesto que los profesores parecen más entusiastas y las estadísticas del centro avalan su calidad. La niña, por su parte, prefiere otro porque en ella ha conocido a una niña que, como a ella, le gustan los libros de **Beverly Cleary** y las muñecas de American Girl.

En el pasado, recuerda Sax, no cabe ninguna duda de que el criterio de los padres habría prevalecido. Sin embargo, la niña fue finalmente matriculada en el colegio que ella quiso. ¿Por qué? El médico se lo preguntó a la madre, y esto fue lo que respondió: "Creo que ser un buen padre significa **dejar que los niños decidan**", explicaba. "Así es como *aprenden*, ¿no? Si tomase las decisiones por ella, ¿cómo sabrá elegir por sí misma? Si la fuerzo a ir a una escuela que no había elegido, ¿qué le digo si luego se queja?" Ahí se encuentra la tragedia, asegura Sax: en sacrificar el criterio de un adulto por el de un niño, algo que puede dañarle seriamente: ¿No habrá un momento en el que la niña se arrepienta de no haber estudiado en la mejor escuela, mucho tiempo después de que la fan de Beverly Cleary haya desaparecido de su vida?

Este es el diagnóstico que realiza Sax: "Durante las últimas tres décadas, ha habido una importante **transferencia de autoridad** de los padres a los hijos", señala en la introducción del libro. "Junto con esa transferencia ha llegado un cambio en la valoración de las opiniones y preferencias de los niños". Aunque bienintencionada, el médico considera que la voluntad de hacer que "los chicos decidan" (lo que llama "el mantra del buen padre") los ha herido sensiblemente, que a esa edad aún no saben tomar las decisiones más apropiadas para ellos, y que les ha conferido una autoridad desmesurada.

¿De qué manera se ha dejado notar este efecto? El galeno lo tiene claro. Nunca en otro momento de la historia los padres han gastado tanto dinero en la educación de sus hijos ni han sido más permisivos, pero tampoco ha habido tales niveles de desórdenes psiquiátricos como el trastorno de déficit de atención, la *hiperactividad*, *fracaso escolar* u *obesidad*. No sólo eso, sino que, al menos en Estados Unidos, "los niños son **me-**

nos resilientes (resistentes) y más frágiles que lo que solían ser". En su opinión, el problema es la definición de "carácter" que cada familia tiene, como señalaba en 'Town Hall'. No, la palabra no significa que uno deba aspirar a ser el número uno, ni siquiera a conducirse con gran determinación: el carácter tiene que ver con el autocontrol y la humildad.

Viviendo en la cultura de la insolencia

El médico justifica sus conclusiones a partir de las *90.000 visitas pediátricas* que ha realizado desde 1989 y en las que, a su juicio, ha visto cómo cambiaban las relaciones entre padres e hijos. Pero también a partir de las innumerables visitas a colegios y comunidades de todo el mundo, de Italia, Alemania, Inglaterra o México a Escocia o Nueva Zelanda pasando por *España*, algo que, a su juicio, le ha permitido comprobar cómo los problemas de paternidad se reproducen en todos los rincones de Occidente: "En todos los países he encontrado padres que no están seguros de su rol", asegura.

Una de las manifestaciones de esta zozobra es la cultura de la insolencia ('the culture of disrespect') que, a juicio del autor, se ha instalado en la sociedad… en parte porque, al ceder su papel como educadores, otros han ocupado su lugar. Y estos son, tal y como explica en las páginas de *'The Wall Street Journal'*, "la televisión, incluido el *Disney Channel*, donde los padres son retratados como incompetentes, desfasados o ausentes. Los famosos e internet. Los medios sociales, y por último *sus amigos*".

Aunque el marco construido por Sax encaja en una visión conservadora de la paternidad, en la que todos los problemas se solucionarán reforzando la autoridad perdida del padre y la unidad de la familia, no cabe duda de que toca con tino unas cuantas teclas sensibles, especialmente en lo que se refiere a la línea que separa la independencia de los niños y la falta de autoridad de los padres. Hasta que sepamos dónde debe encontrarse esta realmente, podemos echarle un vistazo a las **cinco soluciones** que Sax propone:

La familia es lo primero. Muchos padres, en su desesperado intento de aupar a sus hijos al puesto número uno, prefieren sobrecargar la agenda de los niños que dejarles que pasen tiempo con ellos, que son con los que aprenderán valores.

Respeto. Los niños de hoy en día, valga la archiconocida fórmula, no respetan nada: ni a sus padres, ni a sus compañeros, ni a sí mismos. El autor aboga por una cultura del respeto entre las paredes del hogar.

Humildad en lugar de autoestima. Sax detesta el "imperativo cultural contemporáneo de ser 'geniales'" como la panacea para el éxito; por el contrario, considera que es más importante que los niños aprendan a ser humildes.

Fuera tecnología. Nada de utilizar el móvil, la tablet o ningún otro dispositivo en la mesa o cuando está la familia junta, y no, no se refiere únicamente a los niños, sino también a los padres. Deben ser el mejor ejemplo y los primeros en no sacar el teléfono, por ejemplo, en la consulta del médico (algo que, a juzgar por el comentario, le debe haber pasado a menudo en su día a día).

No te deshagas de tus hijos. Sax recomienda que en lugar del 'play date' (término de EEUU para "citas extraescolares a las que los niños acuden con compañeros a un museo o al parque… con un adulto que cuide de ellos") la tarde se pase con los padres.

Según el periódico El Mundo, de 13 de enero de 2016, en artículo de Beatriz G. Portalatín sobre la adolescencia, asegura que, según Fernando Alberca, (uno de los mayores expertos en Educación del mundo y autor de diversas obras sobre la materia, entre ellas la famosa "*Todos los niños pueden ser Einstein*"), los chicos necesitan de sus padres, y por ello reclaman de ellos estos diez puntos, para confeccionar una especie de Manuel de Instrucciones para entenderles mejor, por todo lo cual les piden:

1) Evitar los reproches

2) Mantener la calma, ser pacientes

3) Cuidado con los sermones

4) Escucharles activamente

5) No enjuiciarles: exigir, corregir (porque eso lo interpretan como cariño y les confirma la seguridad que anhelan), pero nunca juzgar

6) Negociar antes de imponer

7) Ser más positivos con ellos, no sólo con palabras, también con gesto

8) Dejar que queden siempre un poquito por encima de nosotros, para mejorar su autoestima y la demostración de amor

9) Mantener el rumbo que creamos conveniente para nuestro hijo, responsablemente, con firmeza y sin malos modos

10) Seguir queriéndoles pese a todo, saber que en educación cualquier momento es el perfecto para empezar lo que debió hacerse antes y confiar en que nada cae en saco roto, aunque aún no se vea.

Por otra parte, "por norma general, los adolescentes exigen las mismas cosas de sus padres que éstos de su jefe o superior", mantiene Amador Delgado, doctor en Psicología, profesor, orientador y autor, entre otras publicaciones divulgativas, del reciente libro "*Mi hijo no estudia, no ayuda, no obedece*" (Pirámide), el cual establece también otro decálogo para entender mejor a los chicos en esta edad:

1) Lo primero, sentirse valorados. Todos queremos que nos aprecien y, cuando el jefe nos felicita, nos hace felices. Con los adolescentes pasa lo mismo: "Al sentirse reconocidos mejora su autoestima, se fortalece su personalidad y aumenta la seguridad en sí mismos".

2) Mayor confianza. Cuando el adolescente siente que se confía en él, asume sus responsabilidades, en cambio, "cuando esto no sucede, se genera tirantez, indecisión e inseguridad".

3) Sentirse importantes. Al adolescente le gusta contar para los asuntos de casa, quiere participar también en las dinámicas familiares y que cuenten con su opinión. En ocasiones, si no se involucran más es porque no les preguntan, porque se da por hecho que no les importa, cuando realmente no es así. El joven no debe sentirse un mero espectador de las cosas que ocurren en casa, aunque, eso sí, las decisiones finales corresponden a los padres.

4) Mayor flexibilidad en los horarios. La estrella de los reclamos, el top de las discusiones y, por excelencia, el alma máter de las quejas de todo adolescente. "Esta reclamación está en el ADN del adolescente. Ahora bien, tan perniciosa es la rigidez normativa como la falta de límites. Los chicos aborrecen tanto la imposición como la dejadez. Lo aconsejable es que, sobre la base de las normas que los padres consideran adecuadas, exista un margen de negociación".

Los adolescentes quieren que las normas sean claras, pues lo que más les molesta es la incongruencia. Es decir, "que un día se le castigue o amoneste por un motivo concreto y al día siguiente, por el mismo motivo, no pase nada".

5) Más interés por sus gustos y aficiones. Aunque no lo pida, al adolescente le gusta que sus padres se interesen por sus *hobbies*, que le pregunten por la música que escuchan o las series que ven, pero sin hacer juicios de valor ni ridiculizarles por lo que escuchan. Hay que evitar frases del tipo "no sé cómo puedes escuchar esto, ni es música ni es ná", por ejemplo.

"Cada vez que se emite un reproche, se agiganta la distancia entre el adulto y el adolescente".

6) Aunque ellos no lo digan, les gustaría pasar más tiempo con los padres. No se trata de hacer lo que ellos quieran, sino de buscar intereses y espacios comunes.

7) Ser empáticos con ellos, que se sientan escuchados. Si el adolescente se siente tenido en cuenta por sus padres, cuando tenga un problema acudirá a ellos, y no a personas de fuera.

8) Trasmitirles cosas con ejemplos de su vida y no con palabras

9) Que se les quiera más a ellos que a sus resultados. Estamos en una sociedad en la que se valora únicamente el resultado en vez del proceso, pero es importante que los chicos aprendan que el esfuerzo y el proceso a veces son más importantes que los resultados. Sobre todo, en época de aprendizaje.

10) Que celebren sus aciertos, igual que les enfatizan sus fallos.

Hay que resaltar que los padres dan seguridad y confianza a un niño cuando saben educarlo con psicología. La coherencia de nuestros actos será el mejor indicador de que la educación que les damos es la correcta. Según Skinner, uno de los padres de la psicología conductista, "del buen manejo del binomio *premios y castigos* dependía de que los niños tuvieran una buena o mala educación". Hay que empezar siempre por tareas pequeñas, e insistir una y otra vez en ellas, sin desalentarse. Enseñar una disciplina conlleva una mezcla de autoridad y cariño, porque la severidad por sí misma no es estimulante, al contrario, produce impotencia ante la tarea que se tenga delante. La educación de la voluntad debe estar *edificada sobre la alegría*, que nos conducirá poco a poco a ser mejores. Para fortalecer la voluntad lo mejor es seguir una política de pequeños *vencimientos*: hacer las cosas sin gana, pero sabiendo que ésa es nuestra obligación; después, llevar a cabo otras tareas que cuestan, porque sabemos que es bueno para nosotros; y, más tarde, abordar aquello otro, aunque no apetezca, porque ésa será la manera de irnos haciendo hombres íntegros; para finalmente, *negarnos* aquel pequeño capricho, para entrenarnos en el arte de ser más dueños de nosotros mismos. Para todo ello, hay que cuidar el horario, ser ordenado en las cosas que uno maneja, planificar las cosas que se deben hacer, cuidar los detalles en la convivencia con los demás, saber aprovechar bien el tiempo, y aceptar las contrariedades en el devenir de cada día, (esto es, tener una buena tolerancia de las frustraciones). Por todo ello, se puede decir que alguien con voluntad, si persevera, puede conseguir que sus sueños se hagan realidad, (no hay que buscar el éxito resonante e inmediato, sino la victoria en las pequeñas batallas).

A continuación, nos trasladamos a una función eminentemente práctica de la Fuerza de Voluntad en los niños como es la *Voluntad para Estudiar*:

Está claro que los que tienen educada su voluntad no necesitan más que aplicar esas estrategias aprendidas, así les resultará más fácil *ponerse* que a aquellos otros que no tienen adquirido dicho hábito, (porque al final el propio *hábito* engloba también la *voluntad para estudiar*). Aunque de lo que no cabe duda es que en los estudios es muy importante *aprender a estudiar*.

Los *malos estudiantes* no lo son por falta de capacidad intelectual, más bien la clave de su problema reside en que no tienen orden, son poco constantes, tienen poca fuerza de voluntad, carecen de disciplina y de hábitos para hacer planes de estudio a corto y medio plazo, y su nivel de estudios es mínimo. Como ya hemos dicho, todo desarrollo personal necesita renuncias y sacrificios.

Hay que racionalizar el estudio, empezando por aprender a planificarse. Para estudiar bien, debe existir el orden. Debemos tener claro que el *orden y el horario van unidos en un principio*. Uno de los efectos del orden en relación con el estudio, es que proporciona *paz*. Para planificarse bien hay que ser *realistas y exigentes* al mismo tiempo. La planificación conviene hacerla por escrito. Debemos tener en cuenta un cierto *margen de imprevistos*, tales como el cansancio.

Sobre todo, es importante crear un hábito de estudio, con un clima de silencio, aislamiento, orden en la mesa. Y, finalmente ponerse a la tarea, pues el mal estudiante siempre aplaza lo que tiene que hacer.

Es clave *saber estudiar*. Aunque no cabe duda de que la mejor técnica de estudio está apoyada en una voluntad esforzada, (mejorando, repitiendo actos positivos, esforzándose, adquiriendo hábitos que buscan lo mejor, renunciando a cosas, *saberse negar* en los comienzos, aprender a decirse uno a sí mismo que no). Hay que obligarse al principio a hacer las cosas que cuestan, pensando en la satisfacción posterior cuando éstas salen bien. Tenemos que proponernos retos pequeños pero continuos. Lo primero de todo el orden de la habitación, el silencio, y luego ya, más en particular, dejar preparado el libro por el que se va a comenzar, saber echarle una ojeada al capítulo del libro para ir de lo general a lo particular, (venciendo siempre las distracciones), hacer resúmenes y clasificaciones, aprender a subrayar con distintos colores y regla, elaborar reglas mnemotécnicas, marcarse objetivos en la hora/horas de estudio, utilizar libretas diferentes para cada asignatura. Sin olvidar hacer descansos cada cierto tiempo. Por todo ello, queda al final claro que lo que late en el fondo de la voluntad es la pasión por llegar a donde uno se había propuesto. Y para ello cobra una especial importancia el papel del educador, tanto el profesorado del colegio, como los padres. Esta es para nosotros una tarea básica, pues "Educar" es incitar a dar lo mejor; enseñar y grabar en la conducta esquemas de referencia positivos. Como suele decirse, la vida enseña más que muchos libros, es la gran maestra.

Y al final, si ponemos todo nuestro empeño en él, como hijo y como alumno, pero no lo conseguimos, se producirá el fracaso escolar. Pero éste no suele deberse a falta de inteligencia, sino a la de voluntad, y sobre todo a la falta de utilización de instrumentos de ésta: orden, constancia, disciplina en los estudios, así como en las relaciones familiares, y con los profesores (al igual que un maestro que sabe estimular a sus alumnos y da a cada uno de ellos su confianza obtendrá con más facilidad buenos resultados que otro frío y distante), y sobre todo un buen aprovechamiento del tiempo…

Otro punto para tener en cuenta no sólo es su bajo rendimiento, sino también la actitud con sus hermanos, e incluso contra nosotros, los padres, con malas contestaciones o comportamiento inadecuado, por lo que una buena respuesta será "tirar" de frases como: «Sólo cuando estés calmado y tranquilo podremos hablar y entendernos. Jamás hablaré contigo si no estás sereno y dispuesto a respetarme como yo te respeto.»

A los niños pequeños será una buena solución invitarles a retirarse a su habitación mientras se calman sus nervios y se tranquilizan. Para ello, nada mejor que el siguiente decálogo:

1) No admitas el diálogo, si no es con serenidad, respeto mutuo y modales civilizados.

2) Comenta con tus hijos la belleza de las buenas acciones, habla con ellos de los valores y de la necesidad de cultivar las necesidades superiores de bondad, belleza, verdad, amabilidad y de cómo se puede encontrar la auténtica felicidad disfrutando cada día haciendo el bien y realizando el propio proyecto de vida.

3) Somos lo que son nuestros pensamientos. Enseña con tus actitudes y tu vida a tus hijos a pensar siempre de manera positiva y esperanzada. Como dice O. S. Marden, «el pensamiento recto y placentero es germen de salud y prosperidad y factor de éxito».

4) Enséñales a sentirse orgullosos de sí mismos, por ser únicos e irrepetibles. Que respeten su propia individualidad y a prendan a tener criterio de personalidad, a salir de la manada y tomar sus propios derroteros.

5) La paz consigo mismo no tiene precio. Cada uno de nosotros, por ser personas, somos más importantes que todas las cosas por valiosas que sean. Que nuestros hijos aprendan que las personas siempre son más importantes que las cosas.

6) No permitas a tus hijos que les sea rentable manipularte, sacarte de quicio, chantajearte, obligarte a castigarles o a responderles con actos violentos. Ignóralos cuando así se comporten, apártate, tómate tu tiempo y responde siempre con una actitud equilibrada, con calma y dominio de la situación.

7) Jamás mientas a tus hijos. Sé veraz y auténtico y alábales siempre por ser sinceros, por decir la verdad, aunque las circunstancias no les sean favorables, por haber elegido ser fieles a sí mismos.

8) Reduce al mínimo el número de exigencias, mandatos y normas. No les agobies ni atosigues constantemente. Permíteles aprender por sí mismos de sus propias experiencias.

9) Enséñales a ser generosos y altruistas, a olvidarse un poco de sí mismos y pensar en los demás, a dar de lo que les sobra, a compartir lo que tienen, a ayudar a los más necesitados en alegre actitud de servicio.

10) Respeta su intimidad, sus cosas, su mesa de estudio, su correspondencia... y enséñales a respetar a los demás y su intimidad.

Es fundamental *Educar para la autorrealización*

"Toda gran marcha empieza con un primer paso". Proverbio Chino

Como dice Dyer, "no sólo se trata de enseñar al niño a hacerle frente a la vida, a llevarse bien con el medio ambiente; hay que enseñarle, además, a crearse su propia vida». Es necesario que el niño cultive en su mundo interior necesidades superiores como la verdad, la bondad, etc.

A medida que el niño aprende a olvidarse de sí mismo y comienza a pensar en los demás, crece más y más en su interior el deseo de ser y sentir la verdad, la bondad, belleza, amor y espiritualidad.

La importancia de los Valores

Para explicar el concepto *"Valor"* que hoy tiene en nuestra sociedad, (tal vez un poco deteriorado por el progresivo avance del consumismo y materialismo en nuestro día a día), no hay nada mejor que acudir al psicólogo Bernabé Tierno para que nos dé su punto de vista, pues a través de su libro "El triunfador humilde" (Temas de hoy), llegamos a la conclusión que los valores que están escondidos en nuestro interior hacen de nosotros un triunfador especial, un *triunfador humilde…* Porque, sinceramente, qué pensáis vosotros cuando de repente veis el siguiente titular en un periódico:

"El 60 % de los jugadores de la NBA se arruina en cinco años"

Según un informe de 'Sports Illustrated', el 60 % de los jugadores de la NBA se queda sin fondos para efectuar sus pagos legales a los cinco años de producirse su retirada.

Pues sí, al menos, un 60 % de los jugadores de la NBA se declaran sin recursos para efectuar sus pagos legales en un periodo no superior a cinco años desde la retirada. Ese porcentaje se dispara hasta el 79 % de la NFL, el fútbol americano. Inversiones arriesgadas o equivocadas, administradores fraudulentos y grandes sumas jugadas o prestadas devastan a estrellas como *Allen Iverson, Antoine Walker, Dennis Rodman, Shawn Kemp* (padre de siete hijos reconocidos y abandonados...), Kenny Anderson, Derrick Coleman, *Scottie Pippen, Latrell Sprewell*: una Generación X.

Es evidente que la información anterior ha de hacernos reflexionar. Y para ello podemos hacernos una visión más pormenorizada gracias a ANTONIO VÁZQUEZ GALIANO, a través de su libro "Educar en el uso del dinero", (Ediciones Palabra), un libro escrito con el convencimiento de que es necesario "hablar del dinero" y de su influencia en los hijos.

Ya desde pequeños, desde la puerta del colegio, gastamos dinero, y muy pronto sentimos la necesidad de conseguirlo, conservarlo o aumentarlo, y así, nos acompaña desde que tenemos uso de razón hasta que descansamos definitivamente. Muy pronto llegamos a la conclusión de que ese deseo insaciable de *tener* se logra con una llave maestra: ***el dinero***.

Un ejemplo: se nos enseña a utilizar el cuchillo, y nadie consiente ponerlo en nuestras manos hasta que hayamos demostrado cierta destreza en su uso. Se nos muestra que ha de cogerse por el mango, y no por la hoja; que el corte está sólo por uno de los lados, de tal manera que, si lo utilizamos de forma inversa, posiblemente nos produciremos un tajo en un dedo. Se nos explica que cuanto más resistente sea el objeto a cortar, mejor afilado ha de estar, pero es mayor el riesgo de un accidente si carecemos de la suficiente firmeza en pulso para mantener bien sujeto el mango. En fin, que el cuchillo es un instrumento muy útil para cortar; pero no para apretar un tornillo, o para escribir. Para eso existe el destornillador y el bolígrafo. Si esto es así, con un instrumento tan tosco, ¿por qué dedicamos tan poco tiempo a pensar cómo educar a nuestros hijos en el uso que han de hacer del dinero? Pensándolo bien, podría ser racional esta carencia, pues es coherente con la idea de que "como el dinero no es el bien más importante, no debe ocupar un lugar preferente". Sin embargo, no es menos cierto que el uso del dinero, a veces, nos predispone, entre otras cosas, a: dejarnos llevar por la frivolidad, provocar la envidia de los demás, presumir de lo que tenemos y no tenemos, darnos caprichos o ser caprichosos hasta el punto de encerrarnos en nosotros mismos y nuestros gustos.

Lo malo de todo esto, es que no son estas consecuencias patrimonio de las personas adineradas, pues se pueden dar en cualquiera porque están al alcance de todas las fortunas, grandes o pequeñas. A la vez, como se escucha con frecuencia: el dinero, si no es lo primero, es lo segundo. Pues, efectivamente, nos hace falta alimento, vivienda y tantas cosas útiles o amables que pueden hacer grata la vida…

Por otra parte, nos preocupa el dinero de nuestros hijos, pues cualquier honrado padre de familia afirmaría que uno de sus deseos más legítimos es que sus hijos sean capaces de ganarse la vida.

Y, así es, cualquier padre sitúa una de las metas preferentes en la educación de sus hijos, en *que sean capaces de ganarse la vida*. Es una legítima aspiración, que se remonta a la sabiduría clásica: *Primum vivere, deinde philosophari,* (la exactitud de la frase resulta más elocuente si profundizamos en el significado de las dos palabras y en el orden en el que están escritas: primero vivir y después filosofar; antes de nada, es necesario vivir, de lo contrario, todo sobra; sin embargo, todos nacemos radicalmente pobres). Pues bien, adquiere tal fuerza este propósito de "ser capaces de ganarse la vida", que consciente o inconscientemente, lo situamos en el núcleo de la educación de nuestros hijos. Sin embargo, cuando los hijos llegan a la adolescencia – o bastante antes, en muchos casos -, nos empieza a surgir la inquietud de si nuestros hijos, no sabemos si algún día ganarán dinero, pero si es cierto que su capacidad de gasto no tiene límite, y que están siempre colmados, pero no satisfechos, (sobre todo a la hora de pedir…). Siempre echamos la culpa a algo, ("la culpa de todo la tiene la televisión; los anuncios, cada vez más atractivos, despiertan una auténtica voracidad compradora y consumista", "las marcas son todo un reclamo para los adolescentes"), o bien nos quejamos con amargura, ("en nuestros tiempos no era así, ¿qué pueden hacer estos chicos si se encuentran inmersos en la sociedad de consumo?, es imposible salir a la calle sin dinero", o bien, "yo lo pasé muy mal y no quiero que a mis hijos les falte de nada, mientras pueda, si lo tengo… ¿por qué no se lo voy a dar?"), a veces degustamos la otra cara de la moneda, ("sólo me quieren y me hacen caso cuando para que les de dinero para comprar algo, y cuando lo logran *pasan* de su padre hasta la próxima ocasión", o bien, "creen que el dinero llueve del cielo, pero ellos no hacen ningún esfuerzo por ganarlo el día de mañana, pues no estudian nada", "ahí le tienes, con treinta años y no hay quien le saque de casa, televisor y ordenador en su habitación, y todo se le da hecho, ¿para qué se va a ir de casa?, mejor que aquí no va a estar en ningún sitio…".

Lo que está claro, es que para educar en el dinero hay que cuidar positivamente nuestro modo de actuar y nuestras conversaciones.

Y, para que nuestros hijos sean felices, es necesario que descubran el sentido de las cosas, lo que significa valerse de su inteligencia y su libertad para poner las cosas en relación con su fin. Cuando se prefieren ante todo los medios nos hemos sumergido en el instrumentalismo, quizás sin darnos cuenta. Ese sentido de las cosas hay que buscarlo a nuestra medida: a la medida de una *persona*, y saber de dónde venimos y a dónde vamos. Con esos dos puntos bien definidos ya se puede determinar el rumbo de nuestra vida y el logro de la felicidad. Otra cosa es que surjan tormentas o vientos contrarios. Así es la mar: nos harán ir más deprisa o más despacio, pero lo importante es llegar al puerto.

Según la definición de Papini, *el dinero es el estiércol del diablo*. Pues todo lo que toca el dinero, lo pudre. Es más, un anarquista podría matizar que "la culpa de todo la tiene el capitalismo". Y, otro bien podría puntualizar que "el dinero significa poder, y ya se sabe que el poder corrompe".

Por eso, no cabe duda de que *usar bien el dinero es un arte que hay que enseñar.*

En realidad, el dinero es, como tantas cosas que existen en el mundo, absolutamente neutro respecto del bien y del mal. El dinero es un instrumento universal, cuyo valor positivo o negativo depende del uso que se haga de él, y de lo que se esté dispuesto a hacer para alcanzarlo. Por ello, como con cualquier herramienta, sobre el dinero hay que saber *para qué sirve, cuánto se necesita y cuánto cuesta.* Para valorarlo, podrían utilizarse dos índices, 1) si su conquista es un producto del trabajo, y no del engaño, y 2) si su utilización supone un servicio a la sociedad, o bien, un aprovechamiento de ella.

La educación tiene que ser coherente con el sentido de la vida. Si existe un desorden, hay que enderezarlo en nuestros hijos desde que aparecen los primeros síntomas: a) cuando se desean cosas que no se van a utilizar, b) cuando se acumulan no para saborearlas sino para poseerlas, o bien, c) cuando la preocupación por aumentarlas nos impide ocuparnos de otros aspectos de la vida.

Por todo ello, el dinero, su escasez o abundancia, el logro y conservación, la utilidad y empleo han de estar al servicio de la persona y no al revés. Por lo que el dinero es neutro: ni bueno, ni malo. Lo importante es la persona que lo usa.

Y, ante todo esto que hemos expuesto, algunas de las claves que aporta Bernabé Tierno en su libro "El triunfador humilde", para triunfar con humildad, serían:

Decide ser feliz. Aprovecha las circunstancias. No te tomes demasiado en serio. No dejes que las críticas te preocupen. No dejes que otros establezcan las normas. Haz lo que te gusta hacer, pero no te endeudes en el proceso. No pidas prestados los problemas de los demás. No compartas enemigos. No guardes rencor. Ten muchos intereses, lee acerca de otros lugares. No gastes tu vida pensando en cosas tristes. Haz lo que puedas por aquellos que son menos afortunados que tú. Manténte ocupado en algo, pues una persona ocupada no tiene tiempo para ser infeliz…

Tipos de Valores

En cuanto a los *Tipos de Valores*, según Bernabé Tierno, los más destacados, entre otros serían: aceptarte a ti mismo, adaptación a los cambios, agradar a los demás (complacer), alegría (de vivir), amabilidad, ambición, altruismo, amistad, aprecio, armonía psicofísica, autenticidad, autocontrol, autoestima, austeridad, autorrealización, bondad, calma, caridad, compasión, comprensión, confianza, conocimiento interior, cordialidad, creatividad, dar (generosidad), decidirse (obrar); delicadeza (dulzura), dignidad, diligencia, disciplina, educación, eficacia, elegancia, entusiasmo, equilibrio, esfuerzo, estabilidad (de carácter), éxito, familiaridad, felicidad, fortaleza, gratitud, higiene (mental), honradez, hospitalidad, humanidad, humor, ilusión, independencia, justicia, laboriosidad, libertad, madurez, modelos (dar ejemplo), modestia, moral, obediencia, optimismo, orden, paciencia, piedad, poder, proyecto (de sí mismo), quererse (a sí mismo), razonabilidad (coherencia), relajación (física y mental), respeto, responsabilidad, sabiduría, salud (bienestar), sencillez, serenidad (paz), sinceridad, solidaridad, templanza, ternura, tesón (persistencia), tolerancia, trabajo, urbanidad, valentía (valor), y voluntad.

Pero, exactamente, ¿qué son los valores?

El ser humano es capaz de emitir "juicios de valor sobre las cosas".

Al hablar del mundo que le rodea, el hombre se refiere a él no sólo con criterios lógicos o racionales, sino también con criterios que van más allá de la explicación racional.

No existen los valores como realidades aparte de las cosas o del hombre, sino como la valoración que el hombre hace de las cosas mismas. Los valores no son ni objetivos ni subjetivos, sino ambas cosas a la vez: el sujeto valora las cosas, y el objeto ofrece un fundamento para ser valorado y apreciado.

Los valores se confunden con las cosas, constituyen su entraña. La perspicacia intelectual del hombre ha de servirle para descubrirlos, es decir, saber descifrar por qué una cosa es buena.

Descubrir los valores sólo le es posible a quien mira positivamente el Mundo, a quién previamente ha comprendido que todo lo que existe "existe por algo y para algo".

Podemos designar como VALOR aquello que hace buenas a las cosas, aquello por lo que las apreciamos, por lo que son dignas de nuestra atención y deseo.

El ser humano, para comportarse como tal, ha de tender al bien que la razón le propone corno objetivo de su natural tendencia a la Felicidad, interiorizando y haciendo suyos propios los valores, ordenándolos en una "escala interior" que va a constituirse en guía de su conducta.

Sólo así comprenderás que hay valores cuyo destino no es otro que el de ser sacrificados en aras de valores más altos; que el dinero, por ejemplo, debe servir a la persona y no la persona al dinero; que el sexo es un medio para expresar el amor y no un fin en sí mismo; y que se puede renunciar a la propia comodidad para dar un minuto de felicidad a alguien.

Si la distinta jerarquización de los valores es lo que otorga la talla moral a cada individuo, es evidente que la educación de una persona dependerá sin duda de esta "escala moral" que haya interiorizado, en congruencia su propio proyecto de vida.

El sujeto valora, pues, las cosas en función de sus circunstancias especiales, puesto que siempre se encuentra en interacción con el mundo, es decir, con las cosas, los bienes, los valores.

La valoración que hacemos de las cosas no la efectuamos con la sola razón, sino con el sentimiento, actitudes, las obras... con todo nuestro ser.

Y si el "mundo de los valores" puede servir de guía a la humanidad en sus aspiraciones de paz y fraternidad, por la misma razón deben servir de guía al individuo en sus deseos de autorrealización y perfeccionamiento.

Ello implica también ayudar al individuo en la experiencia (personal e intransferible) de los Valores, para que sepa descubrir el aspecto de bien que acompaña a todas las cosas, sucesos o personas; y para que aprenda a valorar con todo su ser, a conocer con la razón y querer con la voluntad, e inclinarse con el afecto, por todo aquello que sea bueno, noble, justo... valioso. Pero, al mismo tiempo, debería ir haciendo el difícil aprendizaje de la renuncia. Tendrá que aprender a sacrificar valores menos importantes por otros que lo son más. Dicho de otra manera, educar en los valores es lo mismo que educar moralmente, o simplemente "educar", porque son los valores los que enseñan al individuo a comportarse como hombre, ya que sólo el hombre es capaz de establecer una jerarquía entre las cosas, y esto resultaría imposible si el individuo no fuera capaz de sacrificio y renuncia.

En definitiva, detrás de cada decisión, de cada conducta, apoyándola y orientándola, se halla presente en el interior de cada ser humano la convicción de que algo importa o no importa, vale o no vale. El valor, por tanto, es la convicción razonada y firme de que algo es bueno o malo y de que nos conviene más o menos. Pero estas convicciones o creencias se organizan en nuestro psiquismo en forma de escalas de preferencia (escalas de valores).

Los valores reflejan la personalidad de los individuos y son la expresión del tono moral, cultural, afectivo y social marcado por la familia, la escuela, las instituciones y la sociedad en que nos ha tocado vivir. Una vez interiorizados, los valores se convierten en guías y pautas que marcan las directrices de una conducta coherente. Se convierten en ideales, indicadores del camino a seguir, nunca metas que se consigan de una vez para siempre. De este modo, nos permiten *encontrar sentido a lo que hacemos*, tomar las decisiones pertinentes, responsabilizarnos de nuestros actos y aceptar sus consecuencias.

Los valores auténticos, asumidos libremente, nos permiten definir con claridad los objetivos de la vida, nos ayudan a aceptarnos tal y como somos y a estimarnos, al tiempo que nos hacen comprender y estimar a los demás. *Dan sentido a nuestra vida* y facilitan la relación madura y equilibrada con el entorno, con las personas, acontecimientos y cosas, proporcionándonos un poderoso sentimiento de armonía personal.

Los valores nos ayudan a despejar los principales interrogantes de la existencia: quiénes somos y qué medios nos pueden conducir al logro de ese objetivo fundamental al que todos aspiramos: *la Felicidad*.

Para ello, nos hemos de basar en una serie de valores principales, de los que yo destacaría principalmente aquellos que empiezan por la letra "A", tal vez porque creo que son los que tienen más fuerza y a lo largo de nuestras vidas nos van a imprimir carácter, y marcarán para siempre nuestra forma de ser y actuar.

ACEPTACIÓN, (a ti mismo)

La dimensión personal, la que soporta los auténticos valores humanos en que se ha de llevar a cabo la acción educativa, se refiere a tres rarezas: *libertad, creatividad y capacidad de diálogo,* que permiten al hombre ser persona, y decidir sobre sí mismo.

El valor de los valores sería la aceptación de uno mismo. Amarse a sí mismo es la decisión más importante que debe tomar todo ser humano a cada instante, en todas las etapas de su vida, tanto en la infancia como en la tercera edad. El problema radica en que aceptarse y amarse a sí mismo exige aprendizaje, nos lo han de enseñar desde la cuna y debemos seguir aprendiéndolo a lo largo de toda nuestra existencia.

La aceptación de sí mismo está en constante interacción y retroalimentación por vasos comunicantes con la libertad, creatividad y actitudes dialogantes.

Por la libertad accedemos a las experiencias personales que nos proporcionan autonomía y confianza en las propias capacidades, diseñando y provocando nuestro quehacer vital, libre de los dominios ajenos. Aprendemos de nuestra propia experiencia personal.

Mediante la creatividad proyectamos nuestra propia existencia como un quehacer irrepetible, repleto de sugerencias, posibilidades, inquietudes y esperanzas, libre de estereotipos.

Por las actitudes dialogantes vamos madurando la capacidad de vivir nuestra vida como búsqueda constante de encuentros humanos enriquecedores.

El entendimiento y comprensión de los demás y el ser capaces de ver las cosas desde su punto de vista nos conduce a la perfección madurativa humana; la entrega a los demás, y la aceptación del otro, que sólo es posible cuando uno se acepta y se quiere a sí mismo.

La autoaceptación se aprende.

"He comprobado que cuando realmente nos amamos, es decir, cuando nos aprobamos exactamente tal como somos, todo funciona bien en la vida". Louise L. Hay

"Mirarse a sí mismo claramente es muy difícil, porque deseamos escapar de nosotros mismos". Krishnamurti

Es en el propio hogar donde se inicia la aceptación de uno mismo y son los padres quienes deben estar atentos a considerar, alabar y reconocer en cada uno de sus hijos las cualidades, aptitudes y destrezas que se manifiestan de una manera más destacada. Que cada persona se sienta importante, reconocida y alabada por algo es fundamental para lograr ese nivel mínimo de autoestima durante los años de la infancia y de la adolescencia. Padres y profesores, que tienen a su cargo niños desde la más tierna infancia hasta bien entrada la adolescencia no debe escatimar los refuerzos positivos tras cada esfuerzo y acción meritoria para sentar las bases de la confianza en sí mismo y de la auto-aceptación madura del adulto, sea cual fuere la realidad que le haya tocado vivir.

Las descalificaciones constantes, y las burlas, el dejar públicamente en ridículo a un niño ante sus hermanos o ante sus compañeros de clase jamás favorecerán la auto-aceptación y el desarrollo de una personalidad equilibrada y madura.

Por el contrario, se irán minando poco a poco los frágiles cimientos de la autoestima, aparecerán los sentimientos de incompetencia, la infravaloración y el obsesivo deseo de aprobación por parte de los demás. El qué dirán, lo que puedan pensar de mí asfixiarán cualquier brote de libertad en el obrar y expresarse y manifestarse libre y autónomamente con actitud crítica.

Las personas que recibieron de sus padres y educadores una dosis suficiente de confianza y seguridad en sus propios valores y aptitudes acceden pronto a la madurez psíquica y a la auto-aceptación que les permite considerar irrelevantes la aprobación o desaprobación de los demás. Conocen su propia realidad, sus capacidades y sus limitaciones, y lo que verdaderamente les preocupa es el juicio que merezcan para sí mismos, esto es, la aceptación de la propia realidad.

Sólo el niño que ha sido aceptado incondicionalmente por sus padres será capaz de aceptarse tal como es.

Alguien ha dicho que la aceptación incondicionada de sí mismo es «la primera ley del crecimiento personal». La primera cosa que poseemos es nuestro propio ser. El primer valor con que nos encontramos en la vida somos nosotros mismos. Es inútil querer realizarnos sin querer reconocer lo que de verdad somos.

Aceptar la propia «verdad interior» significa aceptarnos sin deformar lo que realmente somos. Si no aceptamos nuestros errores, nunca nos libraremos de ellos. No condenó Dios a Caín por haber matado a Abel, sino por no haber sabido aceptar la responsabilidad de su insensata acción. Nuestros errores nunca nos perdonarán mientras no sepamos aceptarlos. Somos lo que somos ante nosotros mismos y no lo que aparentamos ante los demás.

LAS ACTITUDES, y los Valores

Las actitudes son predisposiciones estables o formas habituales de pensar, sentir y actuar en consonancia con nuestros valores. Son, por tanto, consecuencia de nuestras convicciones o creencias más firmes y razonadas de que algo vale y da sentido y contenido a nuestra vida. Constituyen el sistema fundamental por el que orientamos y definimos nuestras relaciones y conductas con el medio en que vivimos.

"El hábito es al principio ligero como una tela de araña, pero bien pronto se convierte en un sólido cable". Proverbio hebreo

Características de las Actitudes:

• Estabilidad, y consistencia. El primer rasgo distintivo de las actitudes es perdurabilidad, su resistencia al cambio caprichoso. Sin embargo, todas las actitudes positivas son flexibles y admiten cambios y revisiones críticas que hacen posible una dinámica de perfeccionamiento gradual.

• Al dictamen de la razón sigue la voluntad, estimulada por los procesos afectivos, los deseos y demás motivos que instan al sujeto a pasar a la acción. Por ello, determinan en buena medida el comportamiento, ya que son hábitos operativos que conducen a la acción.

• Los hábitos adquiridos con la educación recibida tienen siempre mucha mayor fuerza que la herencia biológica. Y, hacen referencia a unos valores en concreto.

Es importante diferenciar Actitud de otros conceptos muy próximos tales como: instinto, disposición, hábitos, rasgos...

• Los impulsos instintivos son innatos y se ciñen a un solo acto, mientras que las actitudes son adquiridas y están abiertas a muchas operaciones y posibilidades.

• La disposición conduce a la actitud, pero todavía no lo es. La disposición es consecuencia de la repetición de varios actos, pero la actitud es más segura y firme al provenir de varias aptitudes y hábitos.

• La aptitud (con p) se diferencia de actitud (con c) en que mientras la aptitud es producto de la integración de varias disposiciones, la actitud ha logrado una mayor consistencia y estabilidad, al ser producto de la integración de varias aptitudes. Esto le da un mayor rango y operatividad.

• Los hábitos son disposiciones que facilitan la acción, pero las actitudes presentan mayor estabilidad y eficacia porque integran y conjugan varios hábitos y aptitudes.

• Se identifica el rasgo con la actitud, si por rasgo se entiende: «disposición generalizada y estable que mueve el sujeto a determinadas respuestas o conductas». En realidad, toda actitud es rasgo, pero no a la inversa, porque el rasgo tiene un carácter estático, mientras que toda actitud es dinámica, operativa y flexible y, por tanto, admite cambios.

Todas estas actitudes son actitudes positivas, es decir, lo que llamamos virtudes. Pero, no es fácil desarrollar actitudes en una sociedad como la nuestra, en que se salta de una manera alarmante el vicio y se defiende la corrupción.

Llámesele como se quiera —hábito, actitud, disposición—, lo cierto es que la ACTITUD, que se deriva de la repetición de actos, es una disposición adquirida, el talante moral que acompaña a los actos de una persona, la virtud costosamente adquirida mediante la constancia de nuestra voluntad en la persecución del bien, es decir, de los auténticos valores.

Formación de Actitudes

El primer paso que ha de dar el educador es despertar deseos en el educando para que sea constante en realizar la acción o conducta pertinente durante el tiempo necesario, hasta que los actos se conviertan en disposiciones, éstas en hábitos, y los hábitos en actitudes.

En la educación para los valores humanos es imprescindible hablar de cómo se educan las actitudes, pues básicamente se han de dar los mismos pasos: ilusionar, animar y despertar el deseo y el interés por repetir la conducta deseada, saber motivar, alabando todo acto positivo con el fin de despertar en el sujeto el deseo de repetirlo. Que las acciones deseadas resulten gratificantes y capten la atención del educador. Facilitar la imitación de modelos positivos, pues "las palabras mueven; los ejemplos arrastran". Pasar a la acción. Es la acción la que transforma a las personas, y las actitudes se generan por la cantidad y calidad de acciones repetidas por el sujeto. Control y evaluación de la propia conducta, valorando los esfuerzos que hemos realizado. Comprometerse voluntaria y públicamente en la formación de hábitos que lleven a la adquisición de la actitud deseada. De tal forma, que como dice el proverbio Japonés: *"No digas: Es imposible. Di: No lo he hecho todavía"*

ADÁPTATE al cambio, y acéptalo

La persona que se acepta es porque ha decidido convivir con su propia realidad, sean cuales fueren las imperfecciones y defectos, de una manera completa, sin reservas. Es consciente de que hay varias cosas que no le gustan, pero también sabe que aceptarse no significa necesariamente gustarse. Desde la aceptación se pueden programar y diseñar con serenidad los cambios y las mejoras que nos permitan gustarnos o convertir en irrelevantes los aspectos menos positivos de nuestra persona.

La auto-aceptación conduce directamente a la autoestima. Además, contemplar con serenidad la propia realidad psicofísica y mental nos ayuda a mantener una relación más equilibrada y armónica con nosotros mismos y nos anima y estimula a mejorar y perfeccionar esa realidad.

Si sentimos miedo, lo mejor es que nos convirtamos en testigos de nuestro propio miedo, y hasta que dialoguemos con él. Si lo aceptamos y no tratamos de negar y combatir su realidad, nosotros seremos cada vez más fuertes, y nuestros temores, limitaciones y problemas, cada vez más débiles.

La ira, la envidia, los temores, los celos y otros sentimientos negativos irán desapareciendo si los aceptamos con serenidad y les perdemos el respeto. Reconozcamos y aceptemos nuestras limitaciones y temores, pero sin identificarnos con ellos, poniéndonos por encima.

Trata de imaginarte libre de miedos, envidias, o celos, y compórtate así durante unas horas tan sólo. Comprobarás como te sientes mucho mejor.

Ten en cuenta que cada cual puede ser como sea capaz de verse a sí mismo.

Termina de ver qué es lo que más te gusta de ti mismo y qué es lo que menos te gusta. Decide aceptar lo que no te gusta como realidad propia desde la que has de partir a una notable mejora y perfeccionamiento. Es importante que te ames a ti mismo hasta en esas limitaciones, para crear el equilibrio psicofísico necesario que te permita verte a ti mismo en una dimensión personal renovada y perfeccionada. Con esta nueva imagen de ti mismo, pero siendo consciente de la propia realidad negativa que acepta, intenta comportarte, vivir y sentir tal y como deseas ser.

Si eres constante y realizas el esfuerzo en calma y paz contigo mismo, se producirá una mejora y transformación en aquellos aspectos que menos te agradan de tu propia persona. Las vías de la libertad, de la creatividad y de la capacidad para el diálogo, te conducirán sin duda al logro incomparable de la aceptación de ti mismo. Tú serás, en definitiva, lo que decidas ser. Como padre y como educador, trabaja intensamente en la aceptación de ti mismo; sólo así estarás capacitado para enseñar a aquellos a los que educas a quererse y a aceptarse tal como son y a perfeccionarse, mejorar y realizar los cambios necesarios desde la auto-aceptación serena.

Las estructuras de la personalidad se van construyendo mediante procesos de aprendizaje que nunca acaban, pues siempre estamos aprendiendo de algo o de alguien.

Pero lo mismo que hemos aprendido una conducta la podemos desaprender. Todo lo aprendemos, lo bueno y lo malo, lo justo y lo injusto, lo que importa es que el rumbo que demos a nuestros cambios siga la flecha que les marcan los valores en los que creemos.

El sentido de fugacidad que tiene la existencia humana no tiene que hundirnos en el derrotismo pesimista, sino alentarnos en el optimismo fundamental de que siempre es posible crecer como personas.

Podemos crecer en sabiduría y conocimiento: siempre es posible amar un poquito más y hacer más felices a cuantos nos rodean.

Educar significa aceptar la capacidad que el ser humano tiene de perfeccionamiento. No sirve como educador el que piensa que nada puede hacer para cambiar la conducta de su hijo o alumno. El educador es el hombre de la esperanza, el que confía en la libertad de la persona a la que educa más allá de los condicionamientos que amenazan su desarrollo como persona. Para esta tarea tendrás que llevar a cabo los cambios necesarios, por dentro y por fuera, en tu cuerpo, conducta, carácter, sentimientos, relaciones con los demás, o en el trabajo o en los estudios.

AGRADAR a los demás, (COMPLACER)

Agradar a los demás, ser condescendiente, es a mi juicio la manera más sencilla, natural y al alcance de cualquiera de superar el temor, la indefinición y el estado inicial de egoísmo del ser humano inmaduro; permite acceder gradualmente a la verdadera transformación personal y a la plenitud del ser, que no puede llegar por otra vía que la de la generosidad y el amor complaciente a los demás.

Se trata de una actitud de servicio aplicando *comprensión, solidaridad y empatía*, conociendo mejor al otro, *complaciendo* a los demás con agrado, para sentir alegría por sus logros, su buena suerte y sus actos más o menos meritorios. Siendo generosos nos ponemos más al nivel del otro sin renunciar al propio criterio. A veces no somos capaces de mostrarnos amables debido a nuestro propio egoísmo y temor en que nos encontramos, con un pasado que malogra constantemente nuestro presente y por un futuro incierto que nos aterra y paraliza.

El logro de éste "hábito" es garantía de Felicidad

"Sed bien educados con las personas que encontréis subiendo, porque volveréis a encontrarlas al bajar". E. Mizner

Complacer a los demás es incrementar un poco más su autoestima, hacerles más soportable la vida, que se sientan más a gusto consigo mismos y, en definitiva, procurarles más felicidad; pero la felicidad, como decía Blas Pascal, «es un artículo maravilloso: cuanto más se da, más le queda a uno».

Si observamos detenidamente nuestro alrededor, seguramente nos quedaremos perplejos ante tanta gente desesperada y desorientada y ante la inmensa crisis de felicidad y de valores humanos que den auténtico sentido a la existencia. Vivimos sin reposo, corriendo siempre tras una felicidad que nunca llega, preocupados por el pasado o ansiosos por el porvenir, pero sin acertar a disfrutar, momento a momento, cada instante presente.

Después de tantos años de nuestra existencia en carrera desenfrenada para atrapar esa felicidad que nunca nos parece completa, empezamos a darnos cuenta de que la auténtica felicidad tras la que corrimos desesperadamente siempre estuvo a nuestro lado, al alcance de la mano, en nuestro propio interior, pero siempre tuvimos los ojos puestos en el pasado o en el futuro y, cegados por las sugestiones y atractivos del mundo exterior, no se nos ocurrió dirigir la mirada hacia nuestro mundo interior donde reina la paz y la armonía. Es allí donde cualquier ser humano en serena reflexión junto a la paz de su espíritu descubre el secreto de la felicidad, la razón última de la propia existencia, que es vivir para hacer felices a los demás, ya que lo más maravilloso de la vida consiste en darse, en ofrecerse en actitud de servicio a los otros.

Por todo lo dicho, queda claro que complacer a los demás, sin esperar ni pretender nada a cambio, es ejercitar la generosidad de la forma más pura y simple, pues al proporcionarles un poco de felicidad con nuestras atenciones, actitud complaciente y buenas maneras, no paramos de enriquecernos a nosotros mismos y de incrementar nuestra propia felicidad.

ALEGRÍA de vivir

Desprende alegría, que te vean contento e ilusionado con lo que haces.

Si dejamos abiertos de par en par los sentidos y nuestro cuerpo y nuestro espíritu, en perfecta sintonía, se dejan invadir por la Naturaleza y por la vida que late en los demás seres, como por arte de magia nos sentiremos inundados de la paz, la fuerza, el orden y la belleza de esa maravillosa sinfonía de la creación en todo su esplendor. Y es que la vida en sí misma es un generador constante de alegría. Porque la alegría es un sentimiento vital y dondequiera que aliente un soplo de vida, allí se encontrará la alegría.

La Alegría se aprende

El niño, desde su más tierna infancia, ha de ser educado para la alegría poniéndole en contacto directo con el equilibrio, el orden, la fuerza y la belleza de los seres que le rodean. Ha de percibirlos, sentirlos y amarlos para sentirse y amarse a sí mismo como parte integrante de la maravilla del Universo.

Sí, se aprende a ser alegre. Y el aprendizaje de la alegría debería ser tarea primordial en el hogar y en la escuela. Ser adultos alegres, cambiar nuestras actitudes deprimentes, negativas y derrotistas por otras entusiastas, positivas y esperanzadoras, sería la condición básica de una educación para los valores humanos.

La alegría de vivir, la alegría de compartir con otros la propia existencia ha de ser potenciada, incrementada y enriquecida con la ejemplaridad del educador. El valor de los valores o el denominador común de todos ellos es, sin duda, la alegría.

La Alegría se descubre

Buscas la alegría en torno a ti y en el mundo. ¿No sabes que sólo nace en el fondo del corazón?". R. Tagore

El niño descubre la alegría al sentir su propia vitalidad y su propio cuerpo en perfecto funcionamiento. Los sentidos que le abren a la vida le enseñan a descubrir las primeras alegrías, marcadamente instintivas, ya desde el momento de nacer, a través de sus sentidos. Paulatinamente, el ser humano va evolucionando hacia una alegría menos sensitiva y corporal y más interior, profunda y espiritual en la medida en que accede a la completa madurez mental y psíquica. La paz interior, la armonía y entendimiento con nosotros mismos y la aceptación de la realidad que nos ha tocado vivir preparan el camino hacia esa alegría sublime que pone en paz al hombre consigo mismo y con los demás, y que sólo es posible encontrarla en los más nobles sentimientos de nuestro corazón.

Sugerencias para convertir la alegría en hábito

"Una alegría compartida se transforma en doble alegría; una pena compartida en media pena". Proverbio Sueco

• Elevar el nivel de autoestima del individuo, haciendo que se sienta importante y necesario en la familia, en la escuela, en el grupo de trabajo y, en definitiva, que sea apreciado y tenido en cuenta por los demás.

• Llevar una vida ordenada y sencilla, disfrutando de las cosas pequeñas y cotidianas que están al alcance de cualquiera: el descanso, el diálogo familiar, el contacto con la Naturaleza, la diversión sana, el vivir intensamente el presente...

Pero moderando las exigencias y deseos, ya que la búsqueda ansiosa y descontrolada de mayores satisfacciones conduce a la pérdida del propio equilibrio interno y, por tanto, de la verdadera alegría.

• Pensar siempre en positivo, no permitiendo la entrada a nuestra mente del derrotismo y actitudes deprimentes o desesperanzadoras. Que el pasado negativo o la inquietud y el desasosiego por el futuro no nos impidan vivir el presente en paz y armonía con nosotros mismos.

• Conseguir que nuestra ocupación o trabajo sea fuente de alegría. Comprobar que el trabajo no sólo es la expresión clara de nuestra vitalidad, inteligencia y capacidad, sino que con él hacemos nuestra aportación a la sociedad, contribuyendo de forma directa al bienestar físico, intelectual, moral o espiritual de los demás.

• Fomentar cada día, a cada instante, los sentimientos de aceptación, de conformidad y hasta de complacencia y alegría de la realidad cotidiana, sea cual fuere. Tras cada sombra siempre se oculta un destello de luz. La alegría será siempre nuestra fiel compañera cuando convirtamos en hábito el descubrir siempre el lado bueno de las cosas.

• No te conformes con sentir la alegría dentro de ti, haz que aflore al exterior y contágiala a quienes te rodean con palabras, actitudes y gestos que les arrastren a compartir tu propia alegría.

• Aprende a no perder ni un instante en lamentaciones y quejas inútiles sobre algo que es irremediable, como algo roto, un día lluvioso, un robo, o una enfermedad... Acepta lo irremediable, ya que una actitud de protesta y disgusto por algo que no tiene solución te privará de la alegría de vivir.

• Convierte la alegría en fiel compañera de tu vida, ya que es, sin duda, el ingrediente principal en el compuesto de la salud física, mental y psíquica.

• La verdadera alegría deja traslucir la felicidad de quien siente su vida como un proyecto útil para sí mismo y para los demás.

• La verdadera alegría nace siempre de la bondad de nuestras acciones y de nuestras intenciones. Hacer el bien cada día a aquellos con quienes convivimos o con quien nos encontramos genera constantemente en nosotros gran satisfacción interior que siempre se traduce en verdadera alegría de vivir. La buena conciencia siempre produce alegría.

Decía Dostoiewski que no pidiéramos a Dios el dinero, el triunfo o el poder, que le pidiéramos lo único importante, es decir la Alegría. El goce de la vida es lo que proporciona el adecuado equilibrio a todo ser humano, con prioridad esencial del goce y de la alegría de vivir, porque si uno no sabe gozar de la vida, inevitablemente será una carga para los demás.

Por otra parte, Ramón Pérez de Ayala, afirmaba: «Gran ciencia es ser feliz, y engendrar la alegría, porque sin ella toda la existencia es baldía».

Para saber vivir

"Evitar, por encima de cualquier circunstancia, la tristeza; que tu alegría no sea fruto de las circunstancias favorables, sino fruto de ti mismo". Periándro de Corintio

Mantener siempre un buen nivel de autoestima y sentimiento de competencia.

Que tenga sentido mi vida. Tener un claro proyecto de vida, realista y comprometido por el cual no me importen sacrificios ni esfuerzos, ni el tener que renunciar frecuentemente a satisfacciones inmediatas y perseverar con paciencia y tesón en los objetivos marcados.

Aprender a ser responsable, hacerme cargo de mí mismo y ser persona auto-disciplinada.

AMBICIÓN, (aspiraciones, deseos de mejorar)

El Diccionario de la Real Academia de la Lengua define la ambición como «deseo ardiente de conseguir poder, riquezas, dignidades o fama». El problema de la ambición, pues, no está en el loable deseo de prosperar, ni en la inquietud sana por aspirar a un mejor nivel de vida, dentro de unos límites razonables, sino en llegar a convertir la propia existencia en una lucha por la riqueza, y el encumbramiento personal, y esto tiene su parte negativa, pues la ambición sin freno, como conducta y estilo de vida, no sólo es uno de los más graves impedimentos de la felicidad humana, sino que puede llegar a empobrecer y destruir el corazón del hombre y sus más nobles sentimientos engendrada por el egoísmo, la vanidad y el loco afán de imitar a los demás y aventajarles en lujo y ostentación.

Tenemos que distinguir una *Ambición positiva*, de otra negativa:

"Para nuestra avaricia lo mucho es poco, y para nuestra necesidad, lo poco es mucho". Séneca

Existe, sin embargo, una loable y legítima ambición, aspiración o deseo de superarse y mejorar, de cuyo logro deriva la verdadera felicidad que ennoblece y dignifica al hombre. Es la de aquel que procura ser útil a la humanidad, que se esfuerza en luchar contra la ignorancia, en contagiar a los demás sus ideas y actitudes positivas, llenas de esperanza y de confianza en uno mismo y en los demás. En definitiva, es noble ambición establecer un reto constante consigo mismo de superación para el logro de las condiciones materiales más idóneas que permitan servir provechosamente a nuestros semejantes.

La ambición positiva no está en la satisfacción sin medida de los deseos ni en el halago constante de los sentidos o en buscar afanosamente la felicidad en exclusiva para sí mismo, sino en el fomento y desarrollo de nuestra naturaleza espiritual, sembrando contento, amor y servicio desinteresados.

Es fácil desenmascarar la ambición perniciosa y desmedida de la ambición legítima y loable. La primera viene marcada y definida por el egoísmo y el afán sin medida de acaparar riquezas, honores y poder para sí, no importa por qué medios, admitiendo engaños, sobornos, injusticias. El otro es un enemigo, un competidor a quien tengo que engañar. Debo ser más inteligente y perverso que él para arrebatarle lo que tiene y sumarlo en mi haber. La segunda es una ambición noble que tiene como marca de clase bien definida la generosidad y el bien de los demás.

En cuanto a la ambición negativa, decir que es lastimoso el espectáculo que ofrecen los hombres esclavos de la ambición, pues piensan que les va a ser posible comprar la felicidad, aferrados a un desesperado desasosiego que les incapacita para vivir y disfrutar el presente, en espera de un porvenir que jamás se hace realidad. La verdadera felicidad no se compra ni tiene precio y está tan a la mano del pobre como del rico, está tan próxima a nosotros que la encontraríamos a nuestro alrededor si supiéramos aceptar nuestra realidad de buena voluntad, en paz y armonía con nosotros mismos. No hay un camino que nos lleve a la felicidad, pues sólo nos está permitido descubrirla, cultivarla y disfrutarla mientras hacemos el camino.

Pero lo grave es que quien se deja embriagar por la ambición desenfrenada terminará por sacrificar a su propia familia, su hogar; sus amigos, su salud y su bienestar. Y es que la ambición malogra, antes o después, las aspiraciones elevadas y sofoca cuanto de noble, delicado, sensible y bello hay en su carácter.

Debido a la falta de elevadas ambiciones y nobles aspiraciones, como entusiasmo, esfuerzo y perseverancia, voluntad y un motivo que dé sentido a la propia existencia, fracasan quienes se olvidan de vivir; cegados por la raquítica ambición de atesorar riquezas y honores.

AMISTAD

"La amistad supone sacrificios, y sólo el que está dispuesto a hacerlos sin molestia comprende la amistad". Noel Clarasó

Alguna vez nos hemos parado a pensar que hay personas que no tienen amigos, pero no hemos reflexionado en *"el por qué"*, ni en *"cuál es la causa* de ello". No pocas veces sucede que no tenemos amigos por culpa de nuestra extrema timidez, por temor a que los demás no nos acepten y porque desde los primeros años de la vida nuestros padres y educadores no nos entrenaron en las destrezas sociales y nos educaron de forma protectora, impidiendo que nos relacionáramos de manera natural con otros niños, al proyectar sobre nosotros toda clase de miedos y temores hacia los demás, hacia la vida...

En otros casos, nos cuesta hacer amigos porque nos sentimos inferiores, nuestra autoestima está bajo mínimos y hemos llegado a convencernos de que los demás no van a encontrar en nosotros nada digno de aprecio. Este bajo auto-concepto es el freno que nos priva de salir de nosotros mismos y desbordarnos de forma afectuosa y confiada sobre los demás, por lo que nos impide sentir y disfrutar el inapreciable gozo de la amistad.

Aparte de estos motivos, la razón por la cual muchas personas no tienen verdaderos amigos es porque se muestran tan parcas en dar, como afanosas en recibir. Puede que sea por esto, o por otros motivos tales como: porque enseguida nos cansaremos y encontraremos defectos donde no los hay, y en caso de haberlos, puede que seamos muy poco flexibles, o bien que no guardemos respeto hacia otras ideas distintas de las nuestras.

Por todo ello, lo normal es que las amistades que hagamos no duren más de *dos años,* en el mejor de los casos. Pues, no olvidemos que en la amistad importa mucho el acercamiento hacia el otro sin dolernos prendas en mostrar admiración, respeto y consideración.

Hay personas que, con su personalidad orgullosa, su actitud, sus modales, su lenguaje y sus gestos repelen, y ellas mismas no se explican por qué todos las rehúyen y esquivan.

Cómo podemos favorecer e incrementar la amistad

La verdadera amistad, por tanto, se contagia, se aprende y se debe enseñar con el ejemplo. Únicamente cosecharemos amistad en la medida en que hayamos sembrado comprensión y sinceridad con los demás, sin olvidar que la prueba de fuego de una verdadera amistad pasa necesariamente por la soledad y la desgracia. El verdadero amigo, como dice Shakespeare, «te socorrerá en la necesidad, llorará si te entristeces, no podrá dormir si tú velas y compartirá contigo las penas del corazón».

Favorecen la amistad: una personalidad comunicativa y amable, el temperamento jovial y la alegría contagiosa, la bondad y la sinceridad, el deseo de hacer el bien y preocuparse por los problemas de los demás, ser directos, generosos y respetuosos, además de la reciprocidad en los afectos y sentimientos.

Decía Martín Descalzo que sólo es verdadera amistad la que enriquece a los dos amigos, aquella en la que el uno y el otro dan lo que tienen, lo que hacen y, sobre todo, lo que son. Como afirmaba Aristóteles, la amistad era «querer y procurar el bien del amigo por el amigo mismo». Y, para terminar, la completo con la frase de N. Vincent Peale: "Si la gente te quiere es porque antes tú la quisiste".

AUSTERIDAD

"Lo mucho se vuelve poco sólo con desear otro poco más". F. de Quevedo

El austero es verdaderamente rico y como tal se siente, ya que ha aprendido a contentarse con lo que tiene sin ansiar nada más, y disfrutar de cuanto los demás poseen sin envidia alguna. Sólo el que vive en sobriedad y templanza, sin esclavizarse a deseos insaciables de poseer y atesorar, encuentra la auténtica felicidad.

Muchos de los que hoy se tienen por ricos, son en realidad los seres más pobres, ya que, a medida que atesoran propiedades y riquezas, aumenta sin medida su deseo insaciable de tener y demostrar lo que tienen, sintiéndose cada vez menos satisfechos, haciendo buena la frase de C.S. Marden: «Cuanto más se tiene, más se desea, y en vez de llenar, abrimos un vacío».

El secreto de la felicidad, que sin duda conoce el austero, está en saber disfrutar de todas las cosas bellas y maravillosas, sin poseer títulos de propiedad. Los humanos hemos de aprender a sentirnos dichosos y muy afortunados por todas las maravillas que pueden contemplar nuestros ojos y disfrutar nuestra sensibilidad, aunque otros figuren como propietarios de esas maravillas.

Austeridad es tener más o menos, pero conformarse con poco, sin añoranzas ni desasosiegos que turben la paz y el equilibrio de espíritu, aunque sin escatimar el gozo y disfrute de todo lo demás, sin necesidad de poseerlo en exclusiva. Austeridad es amor y bondad, y practicar la sobriedad es pensar en los demás, es compartir. Si somos austeros, habrá para todos y podremos compartir.

A la vez, es posible la austeridad en el rico que sabe compartir y no descuida la tarea de construirse a sí mismo cultivando los valores morales. Es posible una riqueza sin desasosiego y sin codicia, bien distinta de la que alimenta el egoísmo y sofoca los sentimientos de solidaridad y generosidad para con los demás. La riqueza puede hermanarse con la austeridad, la moderación y la sobriedad cuando aceptamos los bienes materiales como medio eficaz para propiciar acciones humanitarias y nobles y sólo dejamos para nuestra subsistencia lo necesario.

La austeridad prepara la autorrealización

"La cosa más grande del mundo es saber ser autosuficiente". Michel de Montaigne

Pensamos, como A. H. Maslow, que las personas sanas son las que han satisfecho suficientemente sus necesidades básicas de seguridad, entrega, amor, respeto y auto-estimación, de manera que se sienten motivadas primordialmente por tendencias que conducen a la autorrealización.

La austeridad, prepara para la autorrealización porque posibilita y garantiza la adquisición y el desarrollo de las características que definen al hombre autorrealizado: aceptación de sí mismo, de los demás y de la naturaleza; independencia, autonomía y suficiencia; espontaneidad, capacidad de vivir intensamente el presente y disfrutar de las cosas sencillas; gozo en el dar y compartir; capacidad para soportar carencias y altos niveles de frustración; facilidad para ver las cosas desde el punto de vista de los demás; y tolerancia.

La austeridad y el desapego

Cuando el ser humano se aproxima a la madurez psíquica, crece en equilibrio y mesura y está a punto de lograr su autorrealización como persona, empieza a comprender con rapidez que la vida es transitoria y efímera y que es de sabios caminar ligero de equipaje.

El desapego se convierte en actitud en el hombre feliz, que, a medida que se acepta y comprende a sí mismo, ama y practica más la sencillez, la simplicidad, la calma y la paz del espíritu, y se aparta de la ostentación, la vanidad y el lujo que hunden al ser humano en el vacío. El desinterés y desapego por los bienes materiales hace posible que veamos las cosas desde cierta altura. Nuestra percepción serena y desapasionada adquiere entonces el justo sentido de la proporción y de la medida.

Si cada día nos desprendemos de algún apego que nos condiciona, nos libraremos de una atadura, de un peso más que nos impide volar hacia el espacio sin límites de la verdadera libertad. El austero es libre y feliz porque lo tiene todo en cualquier sitio donde se encuentre. Se lleva a sí mismo y a su increíble capacidad de disfrutarlo todo sin importar el lugar, las personas y las situaciones. La austeridad conlleva el desapego a los bienes materiales como generadores de felicidad.

Austeridad es compartir

"El que no considera lo que tiene como la riqueza más grande, es desdichado, aunque sea dueño del mundo".
Epicuro

La austeridad nos lleva a compartir, a proporcionar a los otros cuanto necesitan, y es en esa predisposición a llenar los vacíos de los demás donde encontramos la verdadera riqueza del espíritu que llena cualquier vacío en nosotros mismos. La austeridad es sobre todo una virtud que nos enseña a saber disfrutar de todo sin la necesidad de inquietarnos por poseer, sin perturbar nuestra paz interior, sin desasosiegos o añoranzas. Nos conduce a la indescriptible plenitud y satisfacción de que lo tenemos todo sin necesitar nada, y así quedamos en la mejor disposición para dar y compartir con alegría.

La austeridad es riqueza

"Nada le bastará a aquel que no tiene bastante con poco".
Epicuro

Para la mayoría de las personas, riqueza es todo lo que poseen, ya sea en dinero, inmuebles, acciones y bienes materiales de cualquier tipo. La riqueza así entendida no va más allá del carácter acumulativo, posesivo y competitivo. Enriquecerse se convierte en tener cosas sin límite. Es esta concepción de la riqueza la que, como ya se ha dicho, está reñida con la austeridad.

Sin embargo, la verdadera riqueza, la que puede ir hermanada con la austeridad, es algo bien distinto. Consiste en hacer posible que los bienes materiales se utilicen para fines sociales y humanitarios. Esta es la idea del altruista que se siente comprometido con los demás y cifra la felicidad en la posibilidad de contribuir al bienestar común.

En conclusión: educar con nuestra vida y nuestro ejemplo para la austeridad a nuestros hijos es educarlos para la felicidad, la madurez y generosidad, enseñarles a disfrutar de todo sin necesidad de poseerlo, vivirse a sí mismos en todas las posibilidades de ser y hacer, saborear con alegría la dicha del compartir y saber ser autosuficientes.

AUTOCONTROL

"Control significa ser el amo de tu propio destino, ser la única persona que decide cómo va a vivir, a reaccionar y a sentir en todas las situaciones que la vida le presenta". Wayne W. Dyer

Hacerse a sí mismo es un valor que va tornando forma en el ser humano, a medida que crece en edad y en inteligencia y se va haciendo más autónomo, más responsable y maduro. Para llevar las riendas de la propia existencia, sortear los obstáculos que surgen a cada paso, se exige un elevado índice de autocontrol, al que sólo es posible acceder por dos vías obligadas: la del conocimiento de nosotros mismos, y la del dominio y control responsable de nuestros actos. El conocimiento de uno mismo es tarea que nunca termina y nos mantiene activos, mirando hacia nuestro interior con autocrítica, para estudiar el potencial de nuestras posibilidades para superar las dificultades y lograr una mayor eficacia, actuando con optimismo y confianza. De esta forma fijaremos la atención en nuestras cualidades más relevantes, aquellas que nos permitan sentar las bases de una autoestima que nos impulse a la acción y realización de nuestros mejores deseos. Todo ello potenciará nuestro esfuerzo y disposición para la lucha, alentándonos para poner nuestro listón bien alto. El conocimiento de nosotros mismos nos permitirá averiguar lo que podemos llegar a ser sin perder la referencia y la guía de lo que debemos ser, de nuestros ideales.

Autoanálisis para el conocimiento de sí mismo

"Cuenta hasta diez antes de hablar, si estás disgustado. Y hasta cien, si estás colérico". Jefferson

Hemos de saber explorar nuestras posibilidades y dirigirnos a la reflexión, para esforzarnos de forma perseverante y entusiasta hacia el perfeccionamiento de nosotros mismos y de las obras que emprendamos.

Preguntas para el autoanálisis.

La carencia de valores en el mundo de hoy obedece sin duda, a que prácticamente todos vivimos hacia fuera y estamos olvidando el cultivo de la vida interior. Hemos perdido el instrumento más valioso para construir nuestros ideales, y es conocernos a nosotros mismos. Y, nos conocemos mal porque eludimos en lo posible mirar a nuestro interior y enfrentarnos a nuestra propia realidad, siendo más cómodo echar mano a mecanismos de defensa, a la disculpa y al autoengaño. El hombre de hoy flota a la deriva, sin convicciones, sin firmeza, sin horizontes... El gran vacío moral que le caracteriza le está llevando a convertirse en el peor enemigo de sí mismo, atenazado por la ambición, las riquezas, la fama y el afán de aparentar. No hay duda de que conocerse a sí mismo conduce al hombre a convertirse en el artífice de su propia vida.

Autodominio Mental

"Más difícil es vencernos a nosotros mismos que a nuestros enemigos". Séneca

"El porvenir de un hombre no está en las estrellas, sino en su voluntad y en el dominio de sí mismo". Shakespeare

Hemos visto que el primer objetivo que nos hemos de proponer para el logro de un perfecto autocontrol es conocernos a nosotros mismos, mediante la introspección y la reflexión retrospectiva sobre nuestra realidad existencial, nuestras aptitudes y valores. Ahora abordamos la segunda condición para el autocontrol, que es el dominio de sí mismo, de la impulsividad y de la tensión mediante el autodominio mental.

Los actos de autodominio mental por los que dirigimos nuestros pensamientos de forma positiva y saludable hemos de convertirlos en hábitos, en actitud serena que facilite el control de los impulsos, la ponderación, la reflexión y la calma. Pensar bien antes de hablar y obrar, sin exaltación y sin permitir que la sobreexcitación de los impulsos y sentimientos nos haga perder el control sobre nuestras palabras y acciones es un objetivo imprescindible para todo ser humano que aspire a la felicidad y al equilibrio mental y psíquico.

Decía Goethe que el hombre se libera de todos los poderes y ataduras que encadenan al mundo cuando adquiere el dominio de sí mismo. Y es que todo aquello que digamos o hagamos de manera impulsiva e irreflexiva está condenado al fracaso y nos perjudicará en mayor o menor medida. Es fundamental, por tanto, habituarnos a encarar las cosas con reflexión, calma y serenidad.

Todos sabemos que tenemos nervios que transmiten y reciben mensajes. Disponemos de un sistema nervioso autónomo que funciona de manera automática con una red de mensajes que cambia constantemente. Sin este maravilloso sistema no podríamos hacer nada. No sólo trabaja mediante todos los nervios del cuerpo, sino que puede hacer que ciertas glándulas segreguen fluidos que se incorporan a la sangre; estos fluidos causan reacciones similares a las que provocarían los impulsos nerviosos. El más importante de estos compuestos (fluidos) es la adrenalina, que prepara todo el cuerpo para la acción ante momentos de peligro. Los efectos de la adrenalina en dosis adecuadas son muy necesarios y beneficiosos. Por ejemplo, hace que el corazón lata con rapidez y energía en caso necesario, que las arterias de la piel se contraigan y dirijan la sangre a sitios más importantes, como los músculos, para reaccionar con rapidez en situaciones de apuro y peligro, etcétera.

Pero el problema surge cuando la cantidad de adrenalina segregada es habitualmente excesiva o cuando se segrega en grandes cantidades en momentos inadecuados, aunque sólo sea de vez en cuando.

Los estados de ansiedad, los ataques de ira y violencia incontrolada, las tensiones, etcétera, pueden reducirse a un grupo de síntomas físicos causados por un exceso de adrenalina. El problema está en la manera de reaccionar todo el sistema nervioso. Estamos ante un problema de origen psicológico, un estado psíquico con manifestaciones físicas y, en consecuencia, el tratamiento eficaz debe comenzar por la mente. El dominio de sí mismo o la habilidad por controlar nuestras palabras y acciones y saber encarar con calma y serenidad las situaciones difíciles se puede y debe intentar desde la ciencia psicológica.

La relajación es el antídoto natural más efectivo de nuestro propio organismo contra la ansiedad, el nerviosismo, la tensión y la cólera, ya que no se puede actuar calmado y relajado y, al mismo tiempo, iracundo y tenso.

Relajación física para el control y dominio de uno mismo

"Un adulto controlado, organizado, correcto y entregado a su trabajo, debería ser capaz también de desinhibirse, bromear y ser como un niño pequeño cuando las circunstancias lo permiten". Wayne W. Dyer

El plan de acción para el autocontrol tiene como fin librarnos del hábito de pensar de manera negativa, impulsiva y descontrolada y entrenarnos en actitudes mentales positivas, controladas y calmadas. El plan de acción para el autocontrol se compone de cinco fases que han de darse de forma conjunta:

1. Un cuerpo entrenado en la relajación, la respiración profunda y la calma. Aflojando músculos y desconectando la mente de todo pensamiento.

2. Desde un estado de calma, activar la mente a pensar de forma positiva.

3. Pronostica de ti mismo que serás cada vez una persona con mayor autocontrol.

4. Controlar el propio enfado y la impulsividad, (contando hasta diez).

5. Felicítate con calor y entusiasmo cada vez que te encuentres sereno, en calma y con pleno dominio y control sobre tus actos.

Ser dueño de uno mismo, auto-controlarse, no es una tarea fácil, ya que dentro de cada persona se libra una lucha permanente entre la mente, el pensamiento y las emociones y pasiones. Es aquí donde debe actuar la autodisciplina. La persona verdaderamente auto-disciplinada es al mismo tiempo libre al triunfar sobre sus emociones y pasiones, y ser dueña de su destino.

La ley natural del equilibrio demuestra que las cosas que nos producen mayor cantidad de placer inmediato suelen ser las que más nos perjudican a largo plazo, bien sea en la salud, en la felicidad o en el éxito. Por la autodisciplina aprendemos a esperar pacientemente.

Cualquiera que aspire a ser feliz, a realizar un proyecto de vida gratificante, a dar sentido a su vida, debe desarrollar el hábito de la autodisciplina, del control de sí mismo y de la espera tras haber hecho día a día cuanto debe hacer con tesón. La auto-disciplina es la gran aliada de la (fuerza de la) voluntad.

AUTOESTIMA

"La construcción de la autoestima es la pieza angular que permitirá a los niños desarrollar con plenitud lo que llevan dentro". Dorothy C. Briggs

"La autoestima es la clave para comprendernos y comprender a los demás, para proyectarnos hacia el éxito o hacia el fracaso". Nathaniel Branden

La visión más profunda que cada cual tiene de sí mismo influye de manera decisiva en las elecciones y toma de decisiones y, en consecuencia, conforma el tipo de vida que nos creamos, nuestras actividades y valores. Desde niños vamos construyendo nuestro propio concepto, nuestra autoimagen, el sentido de nosotros mismos, con arreglo a los mensajes que recibimos de nuestros padres, hermanos, familiares, amigos y maestros. Tal y como estas personas nos consideran, así creeremos que somos desde pequeñitos.

Últimamente se insiste mucho en la autoestima. La investigación en los países más avanzados es realmente masiva, ya que todos los autores coinciden en afirmar que la autoestima, en cuanto componente evaluativo del concepto de sí mismo, si logramos que sea elevada constituye la mejor garantía de que un niño no va a convertirse en un problema, en principio; pero, además, la autoestima elevada es el pronóstico más fiable de madurez mental y psíquica y de una vida feliz, sobre todo cuando los niveles altos de autoestima no descienden durante la adolescencia y la juventud.

La autoestima es el concepto que tenemos de nuestra valía personal y de nuestra capacidad. Es, por tanto, la suma de la autoconfianza, el sentimiento de la propia competencia y el respeto y consideración que nos tenemos a nosotros mismos.

La autoestima se basa en la gran cantidad y variedad de pensamientos, sentimientos, experiencias, vivencias y sensaciones que hemos ido acumulando a lo largo de nuestra existencia, pero especialmente durante las primeras etapas de la vida: infancia y adolescencia. Ese conglomerado de sentimientos, creencias, experiencias y evaluaciones se canalizan hacia un concepto elevado y firme sobre nuestra propia valía o, por el contrario, cristalizan en una línea de inutilidad, desconfianza en sí mismo, indefensión y percepción negativa de la propia realidad existencial.

¿Por qué es tan importante la autoestima? Porque afecta a todas las facetas de nuestra vida y a todos nos es imprescindible, independientemente de nuestra edad, sexo, condición, nivel cultural, profesión u objetivos que nos hayamos marcado para el futuro. Alguien ha dicho que la autoestima es para el hombre lo mismo que el motor para un automóvil. La fuente donde beben las cualidades más relevantes, positivas y determinantes de una personalidad fuerte, sana, equilibrada y madura en la autoestima elevada. Es claro que, si no se satisface en el ser humano la necesidad de autovaloración, tampoco se satisfarán otras necesidades. Quien se siente a gusto consigo mismo suele sentirse bien en la vida, desarrollar todo su potencial y creatividad a afrontar responsablemente y con eficacia los retos que se le planteen.

Coordenadas básicas para una autoestima elevada

Hago un guiño a las personas que realizan una labor de voluntariado, y son responsables y valerosas, se prestan a cooperar, ayudar a los demás y contribuir al bien social, pues bien, ellas al estar están más inclinadas a luchar por un ideal y unos valores morales por los que vivir, piensan bien de sí mismas y de los demás, desarrollan más sus potencialidades y, sobre todo, saben disfrutar el presente, ser felices. Pues toda persona de elevada autoestima suele estar equipada con una personalidad madura, equilibrada y sana.

Hasta en lo físico se producen cambios notables a medida que se va incrementando la autoestima y el respeto a sí mismo, mostrándose el rostro más relajado, mirada viva y serena, mandíbula relajada, la voz firme y clara, se respira con seguridad; la postura es recta, y el caminar decidido. En general, todo el cuerpo expresa seguridad y decisión.

El Vínculo entre Felicidad y Espiritualidad

Antes de nada, sería interesante fijarnos en cómo la Psicología Positiva ayuda al ser humano en su desarrollo personal, puesto que ésta nos invita a fijarnos, no en la "falta" de salud mental que tengamos, de habilidades o de agilidad mental, sino en aquello que es positivo porque sugiere un potencial de mejora y ya está presente de una u otra forma en el ser humano. Por ejemplo, pensemos en una persona que siente que no encaja en la sociedad, y a la que, en realidad lo que le ocurre es que no tiene la oportunidad de relacionarse con personas con las mismas inquietudes creativas y artísticas; puede incluso que antes de ser consciente de ello se culpase a sí misma por "ser diferente" y dejar volar la imaginación en pasatiempos aparentemente inútiles.

Puesto que, si hay algo en lo que ha destacado el ser humano como especie, es la facilidad con la que transforma su modo de vida para adaptarse a las exigencias del entorno. Sólo así se explica que un primate evolucionado esencialmente para habitar zonas cálidas de África haya podido extenderse por casi todos los rincones del planeta en pocos miles de años, y que haya experimentado varias revoluciones a nivel cultural capaces de cambiar por completo su manera de vivir, tal y como ocurrió con la aparición de la escritura y, más recientemente, de internet.

La Psicología Positiva es precisamente ese dominio de la ciencia del comportamiento que está concebido para investigar sobre el potencial que el ser humano tiene para aprender, mejorar su manera de vivir, y otorgarle significado a sus proyectos. Su nombre expresa esa intención de entender lo positivo que está latente en las personas, aquello que sólo necesita la aparición del contexto adecuado para que emerja. Y además no sólo genera bienestar, sino que también acerca a los seres humanos a la felicidad.

Por ello, con la idea de abarcar un concepto tan abstracto como el potencial del cambio y el desarrollo personal de los individuos, el investigador Martín Seligman, elaboró un listado de 24 fortalezas psicológicas. Siendo éstas una manera de delinear esas aptitudes que pueden ser puntos de apoyo muy valiosos en el proceso de conectar con nuestros valores e intereses para, mediante el desarrollo de esas áreas de potencial, impulsar nuestro desarrollo personal.

He aquí un resumen de las fortalezas psicológicas que ayudan a tener referencias acerca de qué tipo de actividades y áreas de autoconocimiento y aprendizaje pueden acercarnos a la felicidad mediante el desarrollo personal.

Las 24 fortalezas según la Psicología Positiva de Martín Seligman:

1. *Curiosidad*

La curiosidad hace que nuestra mente se sienta atraída por los interrogantes, incluso sabiendo que detrás de cada respuesta a una pregunta se abren muchas más.

2. *Deseo por aprender*

No es suficiente con ser curiosos si no nos involucramos activamente en estrategias de aprendizaje sistemático. Si asumimos que aprender es tan solo algo que debemos hacer de manera obligada en los centros educativos, no tardaremos en frustrarnos a causa del estancamiento vital y el aburrimiento.

3. *Mentalidad abierta*

Para impulsar nuestro desarrollo personal, es importante ser receptivos a nuevas experiencias y sistemas de creencias, aunque sea manteniendo una mentalidad crítica.

4. *Creatividad e ingenio*

Ser ingeniosos e inteligentes en los aspectos prácticos de la cotidianidad, nos permite pensar más allá de las convenciones sociales y las expectativas.

5. *Perspectiva*

Esta forma de sabiduría nos permite aceptar que la realidad es poliédrica, y no hay una sola manera de interpretar las cosas.

6. *Valentía*

La valentía nos permite no quedar paralizados siempre por el miedo, algo necesario para no vivir como espectadores de nuestras propias vidas.

7. *Perseverancia*

La disciplina es un ingrediente clave en cualquier proyecto medianamente ambicioso que nos planteemos; sin esta, nos sentiremos estancados al comprobar que no progresamos ni aprendemos.

8. *Honestidad y autenticidad*

Ser honestos es imprescindible para establecer vínculos que realmente nos conecten con los demás de una manera significativa.

9. *Vitalidad*

Saber ponerle pasión a las cosas es clave para tomar la iniciativa y no limitarnos a reaccionar (tarde) a lo que nos va ocurriendo.

10. *Capacidad de amar y de aceptar el amor*

No sólo es importante saber amar de una manera no tóxica; también hay que aprender a aceptar el amor que nos dan, en vez de asumir que no nos lo merecemos.

11. *Amabilidad*

La generosidad, la tendencia a apoyar a quienes lo necesitan, y el altruismo en general, son una excelente manera de aportar bienestar al resto, y además, a dar significado a nuestra existencia.

12. *Inteligencia social*

La combinación de la inteligencia social y de la inteligencia personal, nos permite identificar y comprender las emociones propias y ajenas, de modo que nos sea más fácil establecer vínculos fuertes y estables con los demás y con nuestras propias dinámicas de autocuidado.

13. *Civismo*

El ser humano actual está ligado a la vida dentro de sociedades complejas, en las que todo el mundo debe cooperar para mantener el buen funcionamiento de las partes; lo contrario nos llevaría a quedar alineados socialmente, y a una soledad no deseada.

14. *Sentido de la justicia*

Vivir de acuerdo con unos valores éticos ligados al concepto de equidad y de justicia, nos permite tener pautas morales claras desde las que tomar decisiones y contribuir a generar una sociedad que funciona mejor para todos.

15. *Liderazgo*

Saber liderar en momentos clave, nos permite movilizar tanto nuestras habilidades y talentos, como las del resto del equipo, logrando resultados imposibles de alcanzar por separado.

16. *Capacidad de perdonar*

Saber perdonar es algo clave para no vivir permanentemente anclados en el rencor y en el deseo de venganza ante quienes fueron injustos con nosotros.

17. *Humildad*

Consiste en no verse encadenado a la necesidad de malgastar energías ofreciendo una imagen idealizada de nosotros mismos, o esforzándonos en mostrar únicamente aquello en lo que destacamos positivamente.

18. *Prudencia*

Es importante no dar por sentado aquello que en realidad ignoramos, y dedicar tiempo de reflexión antes de cada decisión importante.

19. *Autorregulación*

El autocontrol es clave para no ceder siempre ante nuestros impulsos y nuestros deseos a corto plazo.

20. *Apreciación de la belleza*

Buena parte de la felicidad y de la capacidad de darle sentido a la vida consiste en no pasar por alto las experiencias bellas que nos ofrece ésta, y con las que podemos conectar a través de nuestra sensibilidad.

21. *Gratitud*

Acostumbrarnos a dar las gracias por aquellas cosas buenas que nos pasan, contribuye a apreciar aquello bueno que nos aporta, y a recompensar a quienes lo hacen posible.

22. *Esperanza*

La esperanza es necesaria para no vivir eternamente ligados a las certezas del aquí y ahora; para proyectar hacia el futuro aquello que nos motiva y nos ilusiona.

23. *Sentido del humor*

Algo tan sencillo como aprender a reír nos conecta a la vida, incluso ante aquellas experiencias que podrían parecer simplemente ridículas y absurdas, pero que en realidad nos acercan a la felicidad aún siendo muy sencillas.

24. *Espiritualidad*

La espiritualidad nos lleva a vincular nuestras acciones y nuestros logros a un sentido del "todo" universal, algo importante para darle un significado a lo que hacemos y tener una visión global del legado que dejamos a las generaciones futuras.

Como bien dice Mariana Álvez, es bien sabido que en Psicología Positiva (el estudio científico del bienestar y florecer como ser humano), consideramos a la **espiritualidad** como una de las 24 fortalezas personales, ubicadas dentro de la virtud trascendencia. Esta virtud hace alusión a aquel conjunto de fortalezas que buscan afuera de uno mismo el conectarse con algo magnífico y permanente, conectarse con los demás, con el futuro, con lo divino, con el universo, con el futuro.

La **espiritualidad** es una noción muy poco trabajada en la psicología más clásica, pero nosotros prestamos especial atención a su valor. La espiritualidad no necesariamente está ligada a una religión en particular, puesto que podemos verla como una manera más profunda de conectarnos con nuestra vida, con nuestro ser. Podríamos decir que es esa capacidad de tener fe, de poder vincularnos con "algo" que es más grande que nosotros mismos.

Por **espiritualidad** entendemos el conjunto de creencias y prácticas basadas en la convicción absoluta de que existe una dimensión no material de la vida. Psicológicamente estas creencias son importantes para la persona, ya que influyen en el significado que van construyendo y en la forma en la que establecen sus relaciones con los demás y con el mundo. La espiritualidad, a diferencia de la religión, describe lo privado, esa intimidad compartida entre el ser humano y lo divino.

Quienes hacen uso de su espiritualidad, se caracterizan por poseer una gran fortaleza interna y una manera positiva de ver la vida. Encuentran calma en las peores circunstancias, saben que todo lo malo termina, y sienten que cuentan con algo que podrá ayudarlos y salir airosos de cada obstáculo que se presente.

La espiritualidad nos brinda un conjunto de creencias sobre la vida, creencias sagradas. Nos permite tener una visión más estable de nosotros mismos, y también una sensación de pertenencia. En definitiva, gracias a ella, encontramos significado y valor en nuestra vida.

Todos experimentamos la espiritualidad de manera diferente, e incluso dentro de cada individuo sus niveles de vivencia pueden variar también. En determinadas circunstancias puede ocurrir que no estemos con esa sensación de conexión a flor de piel. Por ejemplo, estudios realizados en torno a este tópico, demostraron que cuando nuestro nivel de espiritualidad está bajo, otras medidas son afectadas, como nuestra autoestima o el valor que le encontramos a nuestra vida. Por ello, el camino a nuestra espiritualidad tiene que ser elegido por cada uno de nosotros, y encontrarle significado a nuestra existencia es un camino muy gratificante, además de muy personal.

La espiritualidad va más allá de una actitud, es ser consciente de todo lo actuamos, pensamos, sentimos, y además ser consciente de todo lo que nos rodea, como personas, situaciones, o incluso diversos milagros personales.

Sin ir más lejos, autores como Cristopher Peterson y Martín Seligman (padres de la Psicología Positiva, que trata de desarrollar distintas clases de aptitudes personales que dan forma a la capacidad de aprender a vivir mediante el desarrollo personal y la búsqueda de sentido), se basan en una serie de estudios donde se hacen patentes los beneficios de la espiritualidad. Quedando de manifiesto que el proporcionar un marco moral claro, ayuda a crear significado, a la vez que ofrece un sentido de propósito, esperanza, y apoyo emocional.

Ser espirituales puede darnos fuerzas en esos malos momentos por los cuales tenemos que atravesar, ya sean enfermedades, pérdidas, o stress en general. La espiritualidad va más allá, pues está asociada a la capacidad de perdonar, a la amabilidad, y a la compasión.

Como cada una de las 24 fortalezas, la espiritualidad es algo que puede ser potenciada, si la poseemos, podemos desarrollarla aún más, y si carecemos de ella, podemos elegir comenzar a implementarla en nuestra cotidianeidad.

Entonces, la pregunta es, ¿cómo podemos desarrollarla? Es sencillo, pues debemos tener en cuenta que es importante que aprendamos a encontrar un equilibrio… Un equilibrio que contemple una estabilidad física, mental y también emocional. Por ello, aprendamos a ser conscientes de nuestros errores, sopesar qué cosas tendríamos que mejorar por nuestro bien, y qué cosas tenemos que trabajar para seguir creciendo como seres humanos.

Tengamos cuidado con nuestros pensamientos negativos automáticos, intentemos identificarlos para luego modificarlos. Lo importante es no brindarle más fuerza de la que deben tener, y podamos cortar con el patrón negativo habitual.

Nutramos relaciones positivas, ayudemos a los demás, sin dejar de cuidarnos, intentemos perdonar para poder liberarnos de esa carga emocional, y sobre todo disfrutemos del compartir.

Las mejores cosas en la vida no tienen por qué ser perfectas, a veces la felicidad se esconde en las cosas más sencillas, en los momentos bonitos de recordar, en los detalles que vamos teniendo en el día a día, en las palabras de aliento, el compartir, o el que uno se pueda sentir orgulloso de sí mismo.

Una de las mejores maneras que tenemos para conectarnos con nosotros mismos, es tener tiempos de calidad a solas. Nos tenemos que regalar un rato para estar con nosotros. Para algunos la meditación es muy buena para encontrar nuestro yo interior, para otros disfrutar de caminatas al aire libre, siendo conscientes de pequeños detalles como la brisa en los árboles, el calor del sol, o un cielo despejado.

Repito, no tenemos por qué practicar una religión en particular para poder alcanzarla. Tengamos en cuenta que Dalai

Lama, en una de las tantas entrevistas que se le realizó, nos compartía que existe una especie de espiritualidad básica que nada tiene que ver con las creencias religiosas, sino con otras cualidades, como por ejemplo la amabilidad, la compasión, la bondad, y el servicio a los demás.

El problema con la religión es que, en vez de unirnos como humanidad, nos separa, nos quedamos atascados en una única verdad que consideramos certera, y no hacemos hueco para otras perspectivas. En cambio, la espiritualidad es un concepto amplio que hace referencia a estas vitales cualidades que todos deberíamos practicar y cultivar, en pos de alcanzar una sociedad con menos problemáticas, más feliz, sin tantos prejuicios, y con mucha más paz.

La espiritualidad está ahí para que podamos apropiarnos de ella a nuestro ritmo, a nuestra manera. Es una fortaleza que tiene muchos beneficios positivos para nosotros, nos ayuda tanto a nivel personal como social, nos conecta con nosotros mismos y con los demás, a la vez que con lo mundano y con lo divino.

La espiritualidad, por tanto, es una virtud que nos mueve hacia la felicidad, aporta emociones positivas, y nos hace sentir más plenos. Nos brinda esperanza y fe, y se vuelve necesaria a la hora de rescatarnos de todas aquellas situaciones por las que quizás debamos atravesar.

La fecha clave que marca un punto de inflexión para decir que felicidad y espiritualidad van de la mano, arranca en 1801, y en concreto en una persona, Andrés Kim, erudito navegante, pionero sacerdote católico coreano, autor del primer mapa accesible a Occidente, murió mártir, decapitado con 25 años, y hasta tiene una estatua en el Vaticano.

Podríamos decir que este personaje encarna la unión entre "felicidad y espiritualidad", por decir cosas como "voy a morir por mi Dios y por mi religión. Háganse cristianos si quieren ser Felices después de la muerte. Dios tiene reservados castigos eternos para aquellos que se han negado a conocerle". Kim dijo todo esto poco antes de ser ejecutado en Corea en 1846. Se dedicó a evangelizar por los rincones más remotos de las selvas de Filipinas o de Indonesia, fue cartógrafo y explorador que se convirtió en mártir tras ser torturado y decapitado por desafiar en su país a una sangrienta dinastía gobernante que había prohibido el cristianismo".

En esta época, en Corea, la dinastía Joseon al principio no le dio demasiada importancia a la nueva corriente cristiana que estaba entrando en Corea, pero eso cambió cuando a las élites de la dinastía les llegó la información de que la Iglesia Católica había prohibido los ritos ancestrales ligados al confucionismo. Por eso, en 1801, promulgaron un Edicto Anticristiano declarando ilegal la fe. Los gobernantes lo vieron como un reto a la tradición, y comenzó una persecución a los cristianos que se extendió desde entonces hasta 1886.

Además, tenían miedo a los católicos porque creían que eran espías de los europeos que pretendían derrocar al rey y destruir el sistema.

Corea cada vez estaba más aislada, completamente cerrada a la influencia occidental. Pero la Iglesia Católica buscaba extender la fe a pesar de las persecuciones y por ello trasladó a Macao, entonces colonia portuguesa, a varios coreanos que querían convertirse en sacerdotes. Siendo Kim, (con 16 años y recién bautizado), uno de esos jóvenes que acabó en un seminario en Macao, que era el centro Misionero de Asia.

Kim fue ordenado sacerdote en Shanghai en 1845. Su principal misión fue la de llevar a Corea a más misioneros. Había diseñado rutas fluviales por mar para introducirlos en el país, con ayuda de pescadores chinos, esquivando a las patrullas fronterizas. Pero las autoridades lo acabaron descubriendo. Lo detuvieron, torturaron, y finalmente lo decapitaron en el río Han, cerca de Seúl, con sólo 25 años. Él hablaba de igualdad para todos ante Dios, y eso significaba abolir el sistema de clases que imperaba entonces. Sus palabras representaban una gran amenaza para el statu quo de la época. Fue ejecutado en 1864 por desafiar a la sangrienta dinastía Joseon, que había prohibido el cristianismo. Al final hubo 10.000 cristianos coreanos decapitados.

Andrés Kim murió mártir, defendiendo la máxima "háganse cristianos si quieren ser felices después de la muerte". Aunque este es un mensaje del siglo XIX, ahora, dos siglos después, podríamos darnos cuenta que el mensaje de Kim queda un poco desvirtuado, pues el mensaje de Kim se basaba en hacerse cristiano, pero ahora, lo podríamos trasladar simplemente al hecho de ser una buena persona y tener buenas acciones con los demás. Manteniendo como objetivo en la vida ser feliz, pero siendo a través del perdón y la ayuda a los demás, la forma de conseguir la felicidad.

Bien podríamos decir que *No somos seres humanos con experiencias espirituales, sino seres espirituales con experiencias humanas"*, o como dijo Pierre Teilhard de Chardin, "Somos seres espirituales viviendo una experiencia humana",

Este concepto es muy importante tenerlo presente a la hora de poder entender y comprender este libro. La mayoría de las dudas que tenemos o que nos asisten a lo largo de nuestra vida física vienen dadas por utilizar nuestro cerebro físico, o nuestra mente consciente.

Sé que no es fácil ni sencillo llevar a cabo esta tarea, pero si fuésemos capaces de conseguirlo, nuestra vida cambiaría por completo, daría un giro de 180 grados y nuestra perspectiva de la misma sería muy diferente. El conocimiento de una vida infinita, el de reconocernos como seres espirituales e inmortales, que nadie nos pueda dañar espiritualmente, nos haría ver, percibir y vivir la vida de una forma más plena, sería como dijo el Maestro Jesús, traer el cielo a la Tierra.

A continuación, enumeraremos algunos de los más conocidos y prestigiosos investigadores sobre el mundo de la postvida, que, a través de sus trabajos, investigaciones y libros, que nos han dejado, nos han ayudado a entender y comprender mejor este mundo espiritual al que todos pertenecemos, y al cual después regresaremos de nuestra experiencia física.

Comenzaremos con *Charles Webster Leadbeater* (1854-1934), posiblemente el más grande ocultista del siglo veinte. Fue un influyente miembro de la Sociedad Teosófica. Dicha Sociedad fue creada para la búsqueda de la sabiduría divina, oculta y espiritual. Fue autor de una gran cantidad de libros de ocultismo y su interés por el espiritualismo le llevó a enfrentarse a la Iglesia en favor de la Sociedad Teosófica. Destacan entre sus libros "El hombre visible e invisible", "los chakras", "el plano astral" y "el plano mental", todos ellos dedicados a la investigación sobre la vida en el mundo espiritual y sus diferentes planos de existencia.

Robert Crookall (1890-1981), fue un científico y geólogo inglés, que más tarde desarrolló un interés en la investigación psíquica, publicando numerosas colecciones de experiencias extracorporales como evidencia de "proyección astral" y supervivencia post mortem. A la vez que acometió el estudio sistemático de muchas de las fuentes principales y de cientos de otras comunicaciones de la vida póstuma.

Publicó dichos resultados en su libro "The Supreme Adventure", en 1961. Según Crookall, "en el momento de la muerte, el espíritu lleva consigo nuestra mente con todas nuestras experiencias, nuestro carácter y cuerpo etéreo, el cual es un duplicado de nuestro cuerpo terrenal. Sale del cuerpo en el instante de la muerte, estando conectado a él mediante un cordón plateado. La muerte ocurre solamente cuando este cordón se fractura, y se produce la separación del cuerpo físico, "Silver Birch", que significa Abedul Plateado, y es el nombre con el que una muy alta inteligencia de la vida póstuma ha transmitido más de nueve libros, nos informa de que en el plano espiritual, el cuerpo etéreo y todo lo que nos rodea, es tan sólido como las sensaciones que experimentamos en nuestro mundo físico", y también según él, estas comunicaciones son muy consistentes, y se producen en distintas y remotas regiones del mundo como: Brasil, Inglaterra, África del Sur, Tibet, Europa, India y Australia.

Se maravilló al darse cuenta de que eran idénticas a las creencias de los nativos de las Islas de Hawai, separados de otras civilizaciones durante años. Se impresionó también de la consistencia de la evidencia proporcionada por la gente que ha tenido experiencias extra corporales, y las comunicaciones de los médiums de alto nivel. Los mensajes enviados por Seres Espirituales muy avanzados, transmitidos en diferentes países a los investigadores en estas últimas décadas nos informan repetidamente de lo siguiente:

- Todos los humanos sobrevivimos a la muerte física, independientemente de nuestras creencias.

- En el momento de la muerte, el espíritu lleva consigo nuestra mente con todas nuestras experiencias, nuestro carácter y nuestro cuerpo astral, el cual es un duplicado de nuestro cuerpo terrenal. Sale del cuerpo en el instante de la muerte y se conecta con él mediante un cordón plateado. La muerte ocurre solamente cuando el cordón plateado es separado del cuerpo físico, por eso es a lo que se refieren en muchas ocasiones, que, al morir en el plano físico, nacemos en el plano espiritual, al igual que al nacer aquí es a través de la rotura del cordón umbilical, allí es rompiendo el cordón plateado que une el cuerpo físico al cuerpo astral.

- También nos informan que, en el plano espiritual, el cuerpo astral y todo lo que nos rodea, es tan sólido como nuestro mundo nos parece ahora.

- Inmediatamente después de la muerte física muchos sentirán la necesidad urgente de levantarse hacia arriba.

- El estado mental en el momento de la muerte es crucial. Algunos cruzan conscientemente y reconocen a los seres queridos que llegan a darles la bienvenida, pero otros están inconscientes y son llevados a un lugar de reposo especial.

- Aquellos que en la Tierra están profundamente atrapados por fuertes adicciones como las drogas, alcohol, juegos de azar, tabaco, o que tienen una indulgencia excesiva del sexo, pueden ser atrapados en los niveles inferiores del astral tratando de satisfacerlas.

- En el instante de la muerte a algunas personas les resulta fácil separarse de su cuerpo físico. Otros necesitan que los ayuden activamente para la transición. Algunos muy materialistas tienen un cuerpo duplicado muy pesado y les será más difícil separarse de su cuerpo físico ya inservible.

- Amor, amor incondicional, es la fuerza conocida más poderosa del universo. El amor incondicional es el lazo irrecuperable con nuestros seres queridos en la vida espiritual.

- La gente común es recibida por sus seres queridos. Los grupos de almas se van reuniendo. Nuestra apariencia en la vida espiritual regresa a su mejor edad, a primeros o a mitad de los veinte años, para la mayoría de la gente. Los seres queridos en la vida espiritual, los recién llegados y otros, tienen la potestad de visitar a sus seres queridos todavía en la Tierra.

- A los seres queridos recién llegados, usualmente se les permite durante un periodo de tiempo, que trasmitan a través de mensajes visuales, sueños, apariciones y otros medios, la evidencia de que están vivos.

- El tipo de vida a llevar en la vida espiritual, la belleza, la paz, la luz y el amor que nos espera a la mayoría de la gente es inimaginable. Uno todavía puede aprender lecciones espirituales en la vida espiritual y aún progresar a esferas más altas y bellas. También se experimenta la sensación de una enorme liviandad y ligereza.

- Las incapacidades físicas que la gente tiene en la Tierra desaparecerán, una vez que se hayan adaptado a la nueva situación. Mentalmente no habrá deformidades, enfermedades, ceguera ni ninguna otra incapacidad que se tuviera en la Tierra.

- La mente tiene un enorme poder en la vida póstuma. Puede crear materia allí y puede transportar su cuerpo con la velocidad del pensamiento. Así si uno se imagina que está en cualquier lugar del mundo, allí llegará instantáneamente.

- Algunas personas de la Tierra tienen una mejor transición a la vida espiritual que otras, cuanto mayor sea el conocimiento que tengamos de esta vida, más fácil será la transición. Algunos se quedan atrapados 'entre los dos mundos'. Al sentir su cuerpo sólido no aceptan que en realidad están muertos. Muchos entran en confusión mental y pueden perderse durante décadas y aún más.

- La energía, positiva o negativa, es un 'boomerang'. Cuando le enviamos buena energía a alguien, esa buena energía nos es devuelta tarde o temprano. Si enviamos energía negativa siendo deshonestos o mintiendo, o asediando, o desacreditando, o haciéndole daño a alguien, esa clase de energía negativa inevitablemente regresará tarde o temprano a nosotros.

- "Cosechamos lo que sembramos", es la reconocida ley espiritual universal. Karma significa que nada se escapa. Todos los actos negativos contra los demás tienen que ser experimentados en carne propia con el propósito de continuar progresando espiritualmente. Todo pensamiento, toda palabra y toda acción son registrados en la revisión de nuestras propias vidas, y todos experimentaremos sus efectos.

- En los planos superiores es posible recordarlo todo y ver tridimensionalmente cualquier evento en cualquier período de nuestra existencia. Es lo que llamamos registros akásicos, que vienen a ser como un libro donde se recogen todas nuestras encarnaciones.

- El abuso del poder y el hostigamiento sistemático hacia los demás son dos de las acciones más kármicas. Un karma muy severo se espera hacia aquellos cuya misión era proteger a la sociedad pero que intencionadamente abusaron de su poder, se entregaron a transgresiones arbitrarias y causaron daños y perjuicios a los demás. Nadie será excusado de su mal comportamiento, aduciendo que sólo cumplía órdenes. La crueldad mental o física contra seres humanos o animales es altamente kármica y nunca se justifica.

- El infierno por toda una eternidad, y la condenación eterna, no existen, pues fueron inventados por el hombre para manipular los corazones y mentes de los desprevenidos. Si bien es cierto que en la vida espiritual hay planos inferiores, que son particularmente oscuros y desagradables, no estamos allí por toda una eternidad.

  La Ley del Progreso Universal asegura que alguna vez en el futuro, aquellos con bajas vibraciones, pueden obtener vibraciones más elevadas y pueden graduarse a esferas superiores.

- Nadie nos juzga ni nos condena a las esferas inferiores. Nos condenamos nosotros mismos a los planos inferiores por nuestras bajas vibraciones (baja espiritualidad) que adquirimos durante nuestras vidas en la Tierra.

- Nadie en la Tierra ni en ninguna parte puede dañarte espiritualmente.

- El egoísmo es una de las mayores transgresiones contra la espiritualidad y es altamente kármico.

- No venimos a este mundo a una vida de ensueño, sin pena, sin sufrimiento y sin problemas. Cuanto más variada sean nuestras experiencias, cuanto más aprendamos de nuestros errores, tanto más valiosa es nuestra existencia. Las leyes universales funcionan, aunque no las conozcamos.

- Hay algunos peligros inherentes en comunicarse con las entidades de la vida espiritual. Quienes se encuentran allí pueden leer nuestros pensamientos y poner ideas y pensamientos en nuestras mentes. Las entidades más bajas y traviesas pueden poner ideas y pensamientos negativos, y los seres positivos y más iluminados nos ayudan con ideas y pensamientos positivos. Mucho se deja para hacer uso de nuestro libre albedrío.

- Todos venimos acompañados de un Guía o varios guías espirituales, que permanecen con nosotros durante toda nuestra vida física, y a los que podemos llamar en cualquier momento.

- Lo que le pase a una persona que se suicide depende de muchas cosas. La motivación es siempre muy importante. Por ejemplo, habrá una gran diferencia entre uno que comete suicidio por la muerte inevitable y otro que se suicida para evitar responsabilidades. Quienes se quitan la vida para evitar problemas y responsabilidades probablemente aumenten sus problemas y responsabilidades en la vida espiritual.

- Hay diferentes planos de existencia en el mundo espiritual, desde las vibraciones más bajas hasta las más altas.

- Al morir físicamente vamos a la esfera o plano que mejor se adapte a las vibraciones que acumulamos durante nuestra vida en la Tierra. Poniéndolo en forma simple, la mayor parte de la gente va al tercer plano, que algunos llaman "Tierra de Verano".

- Cuanto más altas son las vibraciones, tanto mejor son las condiciones a las que nos llevarán, esto es, a esferas más altas. Somos informados que los planos más elevados son demasiado bellos para imaginarlas.

Resumiendo, cada uno es responsable de sus propios actos y omisiones durante su vida en el plano terrenal. No obstante, resulta muy interesante comparar el hecho de "morir" con el de "dormir", a tenor de experimentos e investigaciones llevadas a cabo:

¿Podríamos asegurar que existe cierto paralelismo entre dormir y morir?

¿Qué pasa mientras dormimos?

A esta pregunta de un niño de 11 años, (en la Universidad de los niños EAFIT de Colombia), trató de responder el médico neurólogo Juan Gonzalo Gómez Lopera:

Mientras dormimos, nuestro cuerpo se comporta de manera diferente a cuando estamos despiertos: tenemos una postura reclinada, los ojos cerrados, hay una disminución de los movimientos y una respuesta menor a estímulos extremos.

Para estudiar el cuerpo cuando dormimos, los expertos realizan un examen llamado polisomnografía, que registra los cambios en el comportamiento de los ojos, el cerebro, el corazón, los pulmones y los músculos durante las cinco fases del sueño que experimentamos y que se repiten cuando estamos dormidos.

Con la fase uno y dos, se inicia el ciclo del sueño; en esta perdemos la conciencia y el control del cuerpo. Los músculos comienzan a relajarse y la frecuencia respiratoria y cardiaca son más lentas; así como la actividad cerebral. Los ojos se mueven lentamente y el estado de alerta del organismo disminuye, aunque es posible despertarse ante estímulos fuertes.

En las fases tres y cuatro, el cuerpo entra en un sueño profundo. La frecuencia respiratoria y cardiaca son regulares y muy lentas, la actividad del cerebro también lo es. Los ojos se mueven y los músculos están muy relajados.

La quinta fase es conocida como REM que, por sus siglas en inglés, significa Movimientos Oculares Rápidos, porque los ojos se mueven en todas las direcciones. El cerebro está en su máxima actividad, incluso más que cuando estamos despiertos. Los latidos del corazón y la frecuencia respiratoria son rápidos e irregulares. Por el contrario, los músculos se encuentran tan relajados que no pueden moverse; el cuerpo está paralizado.

Estas cinco fases conforman un ciclo de sueño; para que una persona duerma bien, se deben repetir de 3 a 7 veces por noche. Además, es necesario que se cumplan los ciclos completos para reparar el cuerpo; si se interrumpen, nos despertaremos cansados.

La cantidad de sueño necesaria para descansar depende de cada persona. En los adultos, el promedio es de 7 a 8 horas, y 10 en los niños. Factores genéticos, ambientales y las actividades realizadas durante el día también determinan las horas que debemos dormir.

La edad es el principal factor que afecta a la duración de los ciclos. Por ejemplo, los bebés duermen el doble de tiempo que un adulto. En la vejez, disminuye el sueño profundo y se despierta con mayor frecuencia y por más tiempo durante la noche.

Dormir es importante para el cuerpo porque le posibilita descansar y reemplazar lo consumido durante el día, como los nutrientes de las células y los neurotransmisores gastados.

Si nuestro cuerpo no ha descansado lo suficiente durante algunos días, podemos recuperar ese sueño durmiendo por un tiempo más prolongado. Esto es posible gracias al mecanismo homeostático, un proceso de autorregulación del organismo.

Cuando dormimos, nuestra temperatura baja, lo que permite que el cuerpo se refrigere y el corazón descanse. Además, tiene lugar la reparación de los músculos y la limpieza del cerebro.

Además, al dormir, el cerebro guarda lo aprendido durante el día y se consolida la memoria; esto ocurre en la fase REM.

Conclusión acerca de la semejanza entre dormir y morir

Según "elDiario.es", de 23/02/2022, llegamos a la conclusión, que, al fin y al cabo, la vida es una película: el cerebro humano se comporta al morir como lo hace durante el sueño y la meditación.

Cuando oímos la frase "Vi pasar toda mi vida por delante de mis ojos", pensamos en lo que suelen decir las personas que viven un riesgo cierto de muerte o una experiencia cercana a la muerte. Pues bien, ahora un nuevo estudio publicado en "Frontiers in Aging Neuroscience" sugiere que el cerebro puede permanecer activo y coordinado durante y después de la transición a la muerte, e incluso puede estar programado para orquestar toda la experiencia.

La ensoñación de estar viviendo toda una vida en cuestión de segundos, como un relámpago, y además con la sensación de estar fuera del cuerpo, es un proceso conocido como "recuerdo de la vida". Es una vivencia similar a lo que se siente al tener una experiencia cercana a la muerte. Lo que ocurre en el interior del cerebro, durante esos momentos y después de la muerte, son cuestiones que han desconcertado a los científicos durante siglos.

Continuando con renombrados investigadores del mundo de la postvida, seguiríamos con:

Allan Kardec (seudónimo de Hippolyte Léon Denizard Rivail, 1804-1869), fue un traductor, profesor, filósofo y escritor francés, considerado el sistematizador de la doctrina llamada Espiritismo. Persuadido de la existencia de una región espiritual habitada por almas inmortales desencarnadas con las que era posible comunicarse, Rivail, se decidió a examinar una voluminosa colección de escritos psicográficos que le proporcionaron amigos espiritistas interesados en su juicio, y empezó a asistir con regularidad a sesiones, preparado siempre con una serie de preguntas que le eran respondidas de «manera precisa, profunda y lógica», a través de los sujetos a los que el espiritismo denomina «médiums», porque actúan como intermediarios en las comunicaciones con las supuestas almas desencarnadas. Toda esta materia, debidamente «repasada y corregida» por la entidad espiritual que se identificó ante Rivail como «la Verdad», sirvió de base al cuerpo de doctrina de *"El libro de los espíritus"*, su obra publicada el 18 de abril de 1857, cuya primera edición se agotó en pocos días, llegándose a la decimosexta en vida del autor.

Su «espíritu protector» le había informado que, en una existencia previa, en el tiempo de los druidas, ambos se habían conocido en la Galia y él se llamaba «Allan Kardec».

Sus dos principales obras fueron "El libro de los espíritus" y "El libro de los médiums".

Ian Pretyman Stevenson (1918-2007), fue bioquímico y profesor universitario de psiquiatría canadiense. Hasta su jubilación en 2002 fue jefe de la División de Estudios de Percepción en la Universidad de Virginia, en la que se investigan fenómenos paranormales.

Stevenson consideraba que el concepto de reencarnación podía complementar a los de herencia y medio ambiente para ayudar a la medicina moderna a entender aspectos del comportamiento humano y su desarrollo. Viajó exhaustivamente durante un período de 40 años para investigar 3.000 casos de niños que hacían pensar en la posibilidad de vidas pasadas. Stevenson veía la reencarnación como la supervivencia de la personalidad después de la muerte, aunque nunca sugirió un proceso físico mediante el cual la personalidad pudiera sobrevivir a la muerte. Stevenson fue autor de varias obras entre los que cabe destacar su libro "Veinte casos que hacen pensar en la reencarnación".

Elizabeth Kübler-Ross (1926-2004), fue una psiquiatra y escritora suizo-estadounidense, una de las mayores expertas mundiales en la muerte, las personas moribundas y los cuidados paliativos. Sus libros más importantes fueron "La muerte, un amanecer", "La rueda de la vida", "Los niños y la muerte", y, "Sobre la muerte y los moribundos".

Desarrolló su la especialidad de psiquiatría en un hospital de Nueva York, el Centro Psiquiátrico de Manhattan.

Aquí comenzó a trabajar metodologías que supusieran una alternativa a los tratamientos habituales que recibían los pacientes diagnosticados con esquizofrenia u otros cuadros graves.

Uno de los proyectos de mayor envergadura de Elisabeth Kübler-Ross fue realizar un trabajo a nivel psicológico que aumentase la autoestima y el bienestar de los internos, en contraposición al uso de medicación que se solía usar de forma rutinaria para estabilizar el estado de ánimo. Igualmente, trataba de facilitar el contacto de los enfermos con el mundo exterior y darles un trato cercano.

En definitiva, lo que intentaba era humanizar la forma en la que los médicos se relacionan con los pacientes, y que en ocasiones resulta demasiado fría e incluso cruel. Para lograr su objetivo, Elisabeth Kübler-Ross desarrolló un programa de atención individualizada. El éxito fue incontestable. Casi la totalidad de los pacientes que participaron en dicho programa (concretamente un 94 %), experimentaron una mejoría en algún grado.

Elisabeth Kübler-Ross se dedicó a viajar por todo el mundo, instaurando programas de cuidados paliativos en hospitales de más de una veinte de países. Se convirtió en una eminencia a nivel mundial en este asunto, por lo que pudo dar conferencias y entrevistas en los lugares más prestigiosos, exponiendo sus ideas al respecto.

Su objetivo era conseguir que todas las personas pudieran morir con dignidad, siendo respetados y comprendidos como los seres humanos que eran.

Probablemente, la mayor contribución de Elisabeth Kübler-Ross fue la creación del modelo de las 5 etapas del duelo, también llamado modelo de Kübler-Ross, incluido precisamente en su obra *"Sobre la muerte y los moribundos"*. Se trata de una teoría que rápidamente adquirió una enorme popularidad, si bien carece de una base empírica fundamentada. Lo que ella planteó con este modelo es que los pacientes terminales, y cualquier persona que tenga la certeza de que va a morir pronto, pasa por un proceso dividido en 5 fases o etapas. La 1ª de ellas es la negación, y por lo tanto se negará a creer que realmente va a morir, pensando que se trata de un error o que algo le sanará de alguna manera. La 2ª es la ira, el enfado al saber que realmente la muerte es inevitable y por lo tanto no existe remedio alguno para su situación. La 3ª es la negociación, tratando de buscar un pacto por el que lograría vivir más tiempo. En 4º lugar, la depresión, o tristeza en la que se sumirían al comprender lo inevitable de su situación. Y, por último, la 5ª etapa sería la de la aceptación final de que van a morir. No se puede hacer nada para evitarlo, pero a pesar de ello, están bien.

Pim van Lommel, nacido en 1943, es un reputado cardiólogo holandés que ha trabajado durante más de 25 años en un hospital docente. Su libro más reconocido es "Consciencia más allá de la vida". Al hablar con cientos de sus pacientes, que habían sufrido un paro cardíaco, quedó atónito al descubrir que, lejos de haber perdido la conciencia durante el período en que habían estado clínicamente muertos, sus pacientes recordaban haber vivido una experiencia extraordinaria, algo que a Van Lommel como científico le era difícil de aceptar. Así pues, decidió estudiar el fenómeno de todos sus años de trabajo con un equipo especializado, y en 2001 publicó una síntesis de su investigación en la prestigiosa revista médica The Lancet, causando con ello un revuelo internacional. Este libro ofrece abundantes pruebas científicas de que las "experiencias cercanas a la muerte" son un fenómeno que no puede atribuirse a la imaginación, la psicosis o la falta de oxígeno. Los hechos evidencian que la conciencia es algo mucho más vasto y complejo que el cerebro, y que sigue existiendo pese a la ausencia de toda función cerebral.

Las pruebas sostienen la validez de las experiencias cercanas a la muerte, y sugieren que los científicos deben reconsiderar las teorías existentes sobre uno de los más profundos misterios biológicos: la naturaleza de la consciencia humana.

Raymond A. Moody, nacido en 1944, es doctor en filosofía y medicina, además de psiquiatra. Durante su etapa de profesor de filosofía, tuvo especial interés por la ética, la lógica y la filosofía del lenguaje. Tras un periodo de enseñanza en filosofía, continuó sus estudios de medicina y decidió convertirse en psiquiatra para enseñar filosofía de la medicina en una facultad de medicina. Durante ese tiempo estudió los fenómenos de supervivencia a la muerte corporal, dando conferencias a muchos grupos de enfermeras y médicos. Entró en contacto con la doctora Elisabeth Kubler-Ross, cuya investigación no sólo era paralela, sino que duplicaba sus hallazgos. Fue el primer médico que estudió de modo sistemático los fenómenos de supervivencia a la muerte corporal, publicando el resultado de sus investigaciones en su éxito mundial de ventas "Vida después de la vida"

Durante las investigaciones y estudios que realizó, se dio cuenta que en todas las experiencias había muchos datos comunes a todas las personas con las que trabajó. A continuación, paso a enumerar todas esas situaciones:

– *La experiencia de la muerte,* a pesar de las diferencias en las circunstancias que rodean los casos próximos a la muerte y en los tipos de personas que los han sufrido, sigue en pie el hecho de que hay una notable similitud en los relatos de las experiencias

– *Inefabilidad,* los acontecimientos que han vivido los que se han encontrado próximos a la muerte están fuera de esa comunidad de experiencia, por lo que es de esperar que se encuentren con dificultades lingüísticas para expresar lo que les ocurrió. Las personas implicadas califican sus experiencias de inefables; es decir, "inexpresables". Muchos han observado a este respecto que no existían palabras para lo que estaban intentando decir o que no conocían adjetivos para describirlo.

– *Oír las noticias,* numerosos individuos afirman haber oído a los doctores o a espectadores en el momento en que les daban por muertos.

– *Sensaciones de paz y quietud,* hay muchos que describen sentimientos y sensaciones agradabilísimas durante los primeros estadios de sus experiencias. Un hombre, tras una grave herida en la cabeza, relató que: En el lugar de la herida noté una momentánea sensación de dolor, pero desapareció por completo. Sentí como si flotara en un espacio oscuro. El día era muy frío, y, sin embargo, mientras estaba en esa negrura, lo que sentía era calor y la sensación más agradable que había experimentado nunca... Recuerdo que pensé: «Debo estar muerto.»

– *El ruido,* en muchos casos, los informes que hablan de la muerte o su proximidad se refieren a inusuales sensaciones auditivas. Algunas son muy desagradables.

Un hombre que permaneció «muerto» durante veinte minutos en una operación abdominal habla de un «terrible zumbido que venía del interior de mi cabeza. Me hacía sentir muy incómodo... Nunca lo olvidaré». Otra mujer comenta que, al perder la conciencia, sintió «una aguda vibración. Podría describirla como un zumbido.

— *El túnel oscuro*, a menudo junto con el ruido, se tiene la sensación de ser empujado rápidamente por un espacio oscuro. Las personas entrevistadas utilizan palabras muy diferentes para describirlo: una cueva, un pozo, un hoyo, un recinto, un túnel, un embudo, un vacío, un hueco, una alcantarilla, un valle y un cilindro.

Aunque utilicen diferentes terminologías, es evidente que tratan de expresar la misma idea.

— *Fuera del cuerpo.* Tras su rápido paso por el túnel oscuro, una persona que ha "muerto" se encuentra muy sorprendida. En el experimento, una persona relata que pudo verse a sí misma mirando a su cuerpo físico desde un punto exterior, como si fuera un «espectador», como si viera a las personas y acontecimientos «en el escenario de un teatro» o «en la pantalla de un cine».

— *Encuentros con otros,* algunos observaron que, en determinado momento, mientras estaban muriendo, (a veces nada más iniciarse la experiencia, a veces después de que hubieran tenido lugar otros acontecimientos), se daban cuenta de la presencia de otros seres, que estaban allí para facilitarles la transición a la muerte o, en otros dos casos, para decirles que su tiempo de morir no había llegado y debían regresar a sus cuerpos físicos.

— *El ser luminoso,* el elemento común más increíble de los relatos estudiados, y con toda certeza el que mayor efecto ha producido en el individuo, es el encuentro con una luz muy brillante. Lo típico es que en su primera aparición la luz sea débil, pero rápidamente se hace más brillante, hasta que alcanza un resplandor sobrenatural. A pesar de que esta luz, generalmente dicen que es blanca o «transparente», tiene un brillo indescriptible; muchos de los entrevistados especifican que no daña a la vista, ni deslumbra, ni impide ver las cosas que los rodean. Quizás porque en ese momento ya no tengan ojos físicos para «deslumbrarse». No obstante, de la inusual manifestación de luz, nadie ha expresado duda con respecto a que era un ser, un ser luminoso. Todos afirman que es un ser personal, que tiene una personalidad bien definida. El amor y calidez que emanan de él hacia la persona que está muriendo, carecen de palabras para expresarse, pero ésta se encuentra totalmente rodeada y poseída por él, muy a gusto y totalmente aceptada en su presencia. Siente una irresistible atracción magnética ante ese ser, una atracción incvitable.

— *La revisión,* la inicial aparición del ser luminoso y sus preguntas de prueba sin palabras constituyen el preludio de un intenso momento en que el ser presenta a la persona una revisión panorámica de su vida. Es obvio que ese ser puede ver la vida del individuo y no necesita información. Su única intención es provocar la reflexión. La revisión sólo puede describirse en términos de memoria, pues es el fenómeno que más se le parece de entre los que estamos familiarizados, pero tiene unas características que lo diferencian de cualquier tipo normal de recuerdo. En primer lugar, es extraordinariamente rápida. Esos recuerdos, en los casos en que reciben una descripción temporal, se siguen unos a otros a gran velocidad en orden cronológico. Otros entrevistados no tienen conciencia de un orden temporal. El recuerdo fue instantáneo; todo apareció al mismo tiempo y pudieron aprehenderlo todo con una mirada mental. Sea cual sea la forma en que lo expresan, todos están de acuerdo en que la experiencia transcurre en un instante de tiempo terrestre.

— *La frontera o límite,* en algunos casos cuentan que durante la experiencia se aproximaron a lo que podría llamarse frontera o límite. En distintos relatos ha tomado la forma de masa de agua, niebla gris, una puerta, una valla o simplemente una línea. Aunque sea una especulación, cabe preguntarse si no habrá una sola experiencia básica o idea en la raíz de todos ellos. Si ello es cierto, las distintas versiones representarán tan sólo las diferentes maneras individuales de interpretar, describir o recordar la base de la experiencia.

— *El regreso,* como es obvio, todos comentan que han «regresado» desde algún punto de la experiencia. Por regla general, se ha producido en ellos un interesante cambio de actitud. Recordemos que los sentimientos más comunes informados en los primeros estadios de la experiencia eran un desesperado deseo de regresar al cuerpo, además de lamentaciones por el propio fallecimiento. Sin embargo, una vez que la persona había alcanzado cierta profundidad en la experiencia ya no quería regresar, e incluso se resistía a hacerlo. Así ocurrió, sobre todo, con los que habían ido lo bastante lejos para encontrarse con el ser luminoso.

— *Efectos sobre las vidas.* Nadie se sintió dispuesto a ganar adeptos o intentar convencer a los otros de las realidades que ha experimentado. Por el contrario, se observa que se muestran reticentes para contar a los otros lo que les ha ocurrido. Los efectos que esas experiencias tuvieron sobre sus vidas han tomado las formas más enmascaradas y sutiles. Algunos contaron que sentían que los horizontes de sus vidas se habían ampliado y que habían profundizado más en ellas, que eran más reflexivos.

Michael Newton, (1931-2016), doctor en Psicología de Consejería, Máster en Hipnoterapia y miembro de la Asociación de Consejería Americana. Además de profesor, el Dr. Newton pasó mucho tiempo como consultor corporativo y trabajó como consejero de comportamiento y director de terapia grupal para centros comunitarios de salud mental y organizaciones de renovación espiritual, en cooperación con hospitales, y agencias de servicio social. Fue hipnoterapeuta durante más de 50 años y terapeuta de VEV (Vida Entre Vidas) durante más de 40. Es considerado un pionero en el descubrimiento de los misterios sobre la vida después de la muerte a través del uso de la Regresión Espiritual.

Su primer libro y mayor éxito "Vida entre vidas", explora (mediante la hipnosis), el estado de la existencia entre las encarnaciones. Después de los de los estudios pioneros de E. Kübler-Ross y de Raymond Moody, sobre las experiencias cercanas a la muerte y la supervivencia de la conciencia, este libro abre nuevas perspectivas de estudio sobre el fenómeno de la reencarnación. Y, por otra parte, en su otra gran obra "El destino de las Almas", expone el trabajo de investigación sobre el 'estado intermedio' entre encarnaciones. Presenta numerosos casos de hipnosis en el que entrevista a sus pacientes, a la vez que explica lo que hace el alma para aprender y reponerse. Es un libro interesante que relaciona varios aspectos entre sí, como grupos de almas, o bien el reencuentro con seres queridos.

Brian Weiss, nacido en 1944, es un médico y psiquiatra estadounidense conocido por sus investigaciones sobre: la reencarnación, la regresión de vidas pasadas, la progresión en vidas futuras, y la supervivencia del alma humana después de la muerte. Durante su práctica psiquiátrica investigó y elaboró metodologías para trabajar la regresión a vidas pasadas. Ha realizado esta experiencia de regresión en más de 4.000 pacientes en su consultorio de Miami. Asegura que recordar situaciones traumáticas del pasado ayuda a curar los traumas, y esta técnica es muy similar al psicoanálisis. Se confirma la existencia de vidas pasadas por los casos que muestran características como: que las personas hablan lenguas extranjeras que nunca aprendieron ni escucharon, o bien que encontraron en esta vida los hijos que tuvieron en una vida anterior, y que esos hijos confirman dichas experiencias. Otros casos, comprobables en la práctica, se producen cuando durante la regresión mencionan datos específicos o detalles (lugares, fechas, nombres) de los cuales nada sabían, que luego pueden ser encontrados en realidad.

Es autor de varios trabajos relacionados con el amor y la creencia en la reencarnación, esta última abordada a través de experiencias narradas por sus pacientes en estado de hipnosis psiquiátrica, asistiendo al nacimiento de la terapia regresiva a vidas pasadas.

Entre sus obras, destaca "Muchas vidas, muchos Maestros". En este libro narra una asombrosa experiencia que cambió su vida por completo, una de sus pacientes, Catherine, recordó bajo hipnosis varias de sus vidas y pudo encontrar en ellas el origen de muchos de sus traumas actuales. Catherine se curó, pero logró algo todavía más importante: ponerse en contacto con los espíritus superiores que habitan los estados entre dos vidas. En otro libro suyo "A través del tiempo", nos narra los casos de muchos de sus pacientes empresarios, abogados, obreros o terapeutas, gente de muy diversas creencias, niveles socioeconómicos y educación, que descubrieron en sus vidas pasadas el origen de sus traumas. Mediante estas regresiones, los enfermos pudieron también recuperar distintos talentos de los que disfrutaban en vidas anteriores y llegar a la convicción de que nuestra existencia, en apariencia limitada, es en verdad un paso en el largo camino hacia la inmortalidad. Otros libros a destacar serían "Los mensajes de los Sabios" o "lazos de amor".

Sería interesante incluir en esta lista a uno de los médiums más importantes y reconocidos del mundo, en la historia reciente, Chico Xavier.

Francisco Cándido Xavier (1910-2002), popularmente conocido como *Chico Xavier*, fue un famoso médium y divulgador del espiritismo en todo el mundo, no sólo en Brasil. Escribió 451 libros, de los que se vendieron más de 40 millones de copias traducidas a 33 idiomas y otros 30 libros en los que Chico Xavier admitió no ser el autor de esos textos, sino que se limitaba únicamente a escribir lo que los espíritus le pedían. Por ese motivo, no recibió dinero por la venta de sus libros y donó los derechos de autor a diferentes instituciones sin ánimo de lucro.

En 1943 se publicó uno de los libros más populares de la literatura espiritual, *Nosso Lar ("Nuestro Hogar")*, la novela más vendida de la extensa obra del médium, que en 2010 se convirtió en película, cuando ya había vendido más de dos millones de copias.

En 1980 ya había dos mil organizaciones benéficas fundadas, ayudadas o mantenidas gracias a los derechos de autor de sus libros psicografiados, o campañas benéficas promovidas por él. En 1981, le propusieron postularse al Premio Nobel de la Paz, campaña liderada por su amigo Augusto César Vanucci, entonces director de la Rede Globo, compitiendo con figuras de la época como el Papa Juan Pablo II ya a punto de visitar Brasil por primera vez. Debido a la extensa labor social que realizó el médium, creyeron que su victoria era segura, ya que la Madre Teresa de Calcuta, con una obra menos sustancial, había sido premiada el año anterior. Pero ninguno de ellos lo ganó, obteniendo el galardón una institución de la ONU que acoge a refugiados internacionales.

Chico Xavier escribió más de 450 libros, utilizando un proceso conocido como psicografía. Como consideraba sus habilidades como un regalo para ayudar a las personas, no aceptó dinero ni gratificaciones por sus escritos, ya que había cedido los derechos de autor a organizaciones benéficas. Vendió más de 50 millones de copias en portugués, con traducciones al inglés, español, japonés, esperanto, francés, alemán, italiano, ruso, mandarín, rumano, sueco, griego, húngaro, y otros, incluido el Braille. Escribió unas 10.000 cartas "de los muertos a sus familias", sin cobrar nunca por ellas. Las cartas fueron consideradas auténticas psicografías por miembros de la familia y algunas incluso fueron aceptadas y valoradas como prueba útil en casos de sentencias judiciales.

En resumen, hay mucha información procedente de diferentes fuentes, y entre todas ellas han ido recopilando toda la información que tenemos y disponemos hoy en día, y que nos sirve y ayuda para entender, comprender y descubrir quiénes somos en realidad.

También resulta de gran ayuda encontrar en internet un blog dedicado exclusivamente al mundo espiritual, "Círculo de Búsqueda", donde poder encontrar respuestas a dudas y preguntas que surgen. Por ejemplo, el momento en el que morimos, porque ahí el espíritu abandona el vehículo físico que ha utilizado durante su etapa o vida física para pasar al siguiente plano de existencia. A este plano se le denomina plano astral.

Desde el plano espiritual, las casualidades, muchas veces manifestadas a través de números, sí tienen explicación, pues cuando encarnamos venimos acompañados de nuestros Guías

Espirituales. Ellos son como nuestros directores de escena, tienen nuestro guión que previamente hemos escrito juntos, antes de venir con las lecciones y pruebas que vamos a tener, pero al encarnar en un cuerpo físico, esto ya no lo recordamos, y son ellos los encargados de avisarnos y guiarnos a través de señales y mensajes, del camino que debemos seguir. Nosotros lo llamamos casualidades, pero realmente no es así, aunque aquí, en el plano físico, podemos hacer uso de nuestro libre albedrío, las pruebas más importantes que elegimos pasar al final las solemos tener, y simplemente es debido a nuestro libre albedrío y en cómo manejemos esas situaciones que previamente hemos elegido al encarnar.

Nuestros Guías son los que se dedican y preocupan de que se lleven a cabo. Tal vez por nuestro libre albedrío, en vez de elegir el camino que nos indican, no lo veamos, y elijamos otro diferente, no ocurrirá nada, porque siempre hay un plan B, lo importante es aprender, si en esta vida, por ejemplo, hemos elegido trabajar la paciencia y elegimos un camino diferente, a lo mejor no trabajamos la paciencia, pero sí el rencor. No pasa nada, lo más importante es el aprendizaje, para eso venimos y es nuestro principal objetivo, la Tierra es como nuestra escuela, venimos a aprender una serie de lecciones, y después regresamos a nuestro verdadero hogar, el mundo espiritual.

Una pregunta que nos solemos hacer es, ¿qué nos sucede o sentimos en el momento de la muerte?, pues justo en el momento en el que comenzamos a morir, sentimos un intenso hormigueo en la cabeza y escuchamos unos fuertes zumbidos acompañados de una fuerza que nos empuja fuera del cuerpo, esto es consecuencia de que el alma o, más técnicamente hablando, nuestro cuerpo astral, se está separando del cuerpo físico. La duración de todo esto es de unos pocos segundos y no es en absoluto dolorosa. Una vez que el cuerpo astral ha salido del todo del cuerpo físico, éste muere. También es cierto que dependiendo de nuestra "muerte" podemos ser conscientes y darnos cuenta de estos fenómenos. Por ejemplo, no es lo mismo desencarnar a través de un accidente de tráfico, (cuya salida es muy rápida), que hacerlo después de una larga enfermedad, (produciéndose nuestra salida del cuerpo de forma mucho más lenta).

En ese momento, y muchas veces unas horas antes, nuestros seres queridos ya desencarnados vienen a acompañarnos en este proceso.

La sensación que experimentamos es la de una intensa paz, cualquier enfermedad física desaparece y nos sentimos completamente liberados. Pasados unos minutos podemos sentir de todo, igual que sentíamos en el plano físico: amor, rabia, ira, desconsuelo, alegría, todo depende del estado emocional en el que nos encontremos en el momento de la muerte.

Nuestro cuerpo físico ya deja de servirnos, y por tanto la conciencia abandona ese cuerpo y plano físico, y pasa al siguiente plano, con su siguiente cuerpo, el astral. Por tanto, la persona muerta en el plano físico puede seguir viendo a los vivos del plano físico a través de su cuerpo y plano astral.

Habréis oído muchas veces que hay personas que cuando experimentan un coma, (y por tanto pierden la conciencia), hablan de que se han visto fuera de su cuerpo, de que veían todo lo que pasaba en la habitación o el quirófano en el que estaban, pese a estar en estado inconsciente.

¿Cómo es posible esto? Porque la conciencia abandona el plano físico y experimenta a través de ese cuerpo astral desde el plano astral. Con la muerte sucede lo mismo o, mejor dicho, algo muy parecido. Nuestras vibraciones son muy parecidas a las que teníamos en el plano físico y, por tanto, todavía sentimos emociones "humanas", deseos, etc. También, al ser las vibraciones tan parecidas de uno a otro plano, podemos seguir viendo a los vivos.

Vemos ya más cosas, por supuesto, somos capaces de experimentar nuevas visiones, nuevas sensaciones. El tiempo ya no existe tal y como lo conocíamos. Veamos otra curiosidad: cuando dormimos, nuestra conciencia abandona el plano físico y se marcha al astral. Sin embargo, como nuestro cuerpo astral también está casi tan inconsciente como el físico, no somos capaces de experimentar nada allí. A veces escuchamos a personas que nos dicen que han soñado con un familiar muerto y que el sueño era extremadamente real, que su familiar le daba mensajes, lo abrazaba y él sentía ese abrazo. ¿Qué ha pasado aquí? Pues que ese ser fallecido, que se encuentra en el plano astral, aprovecha que estamos durmiendo y, por tanto, estamos también en el plano astral, para comunicarse con nosotros.

Cuando llega nuestra hora de abandonar el plano físico, lo primero que sucede es que el cuerpo etérico, el cuerpo astral, el cuerpo mental, y el espiritual, abandonan el cuerpo físico. Más adelante veremos cómo funciona el plano astral y los demás planos de existencia. En todos los aspectos, en esos primeros momentos, seguimos siendo "nosotros" al completo, simplemente no tenemos ya un vehículo físico del cual preocuparnos.

A lo largo de los próximos tres días, aproximadamente, el cuerpo etérico o vital se irá desintegrando. Puesto que el cuerpo etérico sólo sirve de "molde energético" del cuerpo físico, y al no existir este último, el cuerpo etérico tampoco es necesario ya. Aún así, este cuerpo etérico que posee todavía cargas energéticas de todas las experiencias vividas por el cuerpo físico, las traspasa al cuerpo astral antes de desintegrarse, de forma que en este cuerpo astral llevamos una carga muy importante de información sobre la parte física y etérica de nuestra anterior encarnación.

Mientras que la muerte del cuerpo se produce en el plano físico, y la desintegración del cuerpo vital (etérico) en el plano etérico, el siguiente paso del proceso de salida de una encarnación se hace ya en el plano astral. Normalmente, en una de las regiones de los planos medios de este plano astral. Puesto que, como todo nivel evolutivo, está dividido en siete regiones principales, siendo las tres primeras el llamado bajo astral, la cuarta sería el medio astral, y las tres siguientes el alto astral. Aquí, dependiendo del nivel evolutivo de cada uno, al cruzar y salir del plano etérico apareceremos en la zona que nos corresponda por frecuencia de vibración.

En estos momentos, el espíritu lleva consigo al completo el cuerpo mental, el cuerpo astral, y la carga energética/experiencial del cuerpo etérico. Ese espíritu, suponiendo que se trate de un alma "normal", pasa por un periodo de revisión de vida, en el cual revisamos y volvemos a sentir, principalmente porque se hace a través del cuerpo emocional o astral, de todo aquello que nos ha ocurrido en la encarnación que acabamos de dejar atrás.

Mientras estamos haciendo está revisión, también el espíritu realiza una limpieza de aquello que ya no le es necesario, y traspasa toda la información y carga energética que desea usar de nuevo del cuerpo astral al cuerpo mental. Se produce por tanto lo que se llama la "segunda muerte".

Ahora, ese espíritu está envuelto sólo por el cuerpo mental y los remanentes energéticos del cuerpo etérico y del cuerpo astral de la vida o vidas anteriores, con aquello que ha decidido mantener para la siguiente encarnación. En este momento nos encontramos ya en el plano mental inferior, donde trabajaremos para aprender y preparar nuestra siguiente encarnación física. Allí nos reunimos con nuestros grupos de almas, con nuestros seres queridos, etc.

Por supuesto, el tema es más complejo y profundo que todo esto, pero en líneas generales y a modo de resumen, así es como funcionamos. Estas son sólo unas pinceladas para entender un poco nuestro proceso, desde la muerte física hasta las inmediaciones del plano mental.

Los 7 planos de existencia

Existen siete planos de existencia. Estos planos no están unos encima o debajo de otros, sino que todos están en el mismo sitio a la vez. Nosotros experimentamos el plano físico gracias a nuestros sentidos (vista, tacto, gusto, olfato, oído). Vemos el plano físico con nuestros sentidos físicos. Pero, al mismo tiempo, hay más planos. Estos planos no los vemos porque físicamente no tenemos los sentidos necesarios para hacerlo.

Quiero que este concepto quede muy claro: todos los planos están en el mismo sitio a la vez, pero no podemos verlos todos. Sólo podemos experimentar los planos que tengan la misma vibración que nosotros. Y nosotros, en este momento, vibramos con el plano físico y, por tanto, ese es el que experimentamos. El plano físico sería el que tiene una vibración más baja, más densa, más espesa. En cambio, el plano divino sería el que contiene una vibración más elevada, más sutil, más pura.

Los siete planos de existencia son:

1. Plano físico
2. Plano astral
3. Plano mental
4. Plano búdico
5. Plano átmico
6. Plano monádico
7. Plano divino

Para explicarlo de una forma más comprensible, podemos decir que los planos no están unos encima de otros, sino que están interconectados entre sí. Imaginad una vez que hayáis lanzado una piedra a algún río o arroyo, ¿os habéis dado cuenta que alrededor de donde cae la piedra se forman círculos concéntricos unos alrededor de otros? Pues algo así sucede con los planos. El plano físico es el más denso, que sería la Tierra, después vendría el plano astral, y a continuación el plano mental o espiritual. Pues bien, todos ellos estarían conectados entre sí, en este caso por el agua. Existen otros planos más elevados, pero los más importantes para nosotros ahora mismo son éstos. Este ejemplo puede aclarar en parte como funcionan los diferentes planos.

El plano astral, denominado así por los primeros estudiosos que se adentraban en el descubrimiento y estudio del mundo espiritual. Lo denominaron así por la similitud de la luz con las estrellas, los astros, y por la enorme luminosidad que se puede observar en este mundo. No existe la noche, la luz no proviene del sol como en el plano físico, sino de la luz que desprenden todos los elementos y seres que habitan este plano.

Cualquier elemento, ya pueda ser una mesa, una lámpara, una flor o un espíritu, todos están rodeados de un aura de luz. En el caso de los primeros esta aura es siempre fija al tratarse de elementos materiales y sin vida. En el caso de cualquier variedad de seres vivos, esta aura puede variar según su estado emocional. En el caso de los espíritus de seres humanos, estos tienen mucha más variedad de color en sus auras ya que tienen mayor cantidad de estados emocionales que puedan tener los animales.

Los colores del aura, entre los que destacan los tonos oscuros: marrón, negro, gris, suelen estar asociados a una baja espiritualidad y emotividad, (tales como ira, celos, egoísmo, avaricia, etc.), y los colores claros, entre ellos: verde, blanco, azul, se asocian a estados emocionales positivos, (como bondad, caridad, solidaridad, simpatía, alegría, etc).

El tiempo en el plano astral, así como el espacio, no existen, lo que sí cobra mucho poder es el pensamiento. Por otra parte, al plano astral se le denomina el plano de los deseos y las emociones, porque en él están aún presentes todos los vicios o deseos que teníamos en el plano físico.

Así, una persona que fuera alcohólica o adicta al juego o al sexo, aquí también puede sentir esos deseos, aunque lógicamente no puede satisfacerlos. Es muy importante el estado de consciencia que tengamos a la hora de desencarnar, puesto que cuanto más conscientes seamos de nuestra nueva situación, antes nos podremos adaptar a ella, y por consiguiente ir al lugar que nos corresponda según nuestro nivel evolutivo.

Como hemos dicho, el pensamiento es muy importante en el mundo espiritual, es la forma en que nos comunicamos. Muchos habréis observado que durante los sueños hablamos y escuchamos a otras personas, lógicamente no utilizamos las cuerdas vocales ni el oído para comunicarnos o escuchar, ¿qué es lo que utilizamos?, pues el pensamiento. Así una persona que haya desencarnado con una edad de 70 años, le es suficiente pensar fuertemente cómo era su estado y apariencia cuando tenía 25, para al mismo instante, tenerla. En muchos ejemplos de contactos en sueños con seres queridos desencarnados, los veíamos, mucho más jóvenes.

No sólo es importante el tiempo, sino también el espacio, pues de la misma forma que en el plano físico las distancias se expresan en kilómetros, en el mundo espiritual lo haríamos en planos de existencia. Imaginemos por ejemplo en una persona que ha desencarnado en España y tiene familiares en Australia, al otro lado del planeta, pues le bastaría únicamente pensar ir allí para al momento encontrarse en ese lugar.

Como ya sabemos, una vez que desencarnamos se nos permite durante un tiempo contactar con nuestros familiares encarnados para hacerles saber que estamos vivos y nos encontramos bien, pero en otro plano. Las formas que utilizan pueden ser diferentes dependiendo del espíritu. Pueden enviarnos aromas que nosotros asociemos enseguida con ellos. Podemos sentir presión en diferentes partes del cuerpo como en la frente, la cara, el hombro; pero también pueden mover objetos, como un reloj que les perteneció y ponerlos en otro lado para que los recordemos. Pueden poner en movimiento juguetes o hacer que se caigan muñecos, sólo con la idea de transmitirnos que están ahí para cuidarnos y protegernos. Pueden hacerse visibles, materializarse, pero esto les implica un gran gasto de energía, por lo que no lo suelen hacer, si bien es cierto que hay personas con mucha sensibilidad que sí pueden verlos, pero sin necesidad de que ellos se materialicen, (digamos que estas personas o médiums pueden ver sus cuerpos astrales).

El tiempo que pasamos en el plano astral, aparte de depender del estado de consciencia que tengamos en el momento de desencarnar, lo que determina sobre todo el tiempo que permanezcamos es la densidad de nuestro cuerpo astral. ¿Cómo funciona esto?, pues depende en gran medida de los actos o acciones que hayamos cometido contra los demás o incluso sobre nosotros mismos, es lo que se llama karma. Y dependerá del grosor de nuestro cuerpo astral, pues cuanto más denso sea, provocado por nuestras bajas acciones en el plano físico, más cerca estará de los planos inferiores de este plano.

El plano mental, podríamos decir que es nuestro verdadero hogar, es allí donde permanecemos con nuestros grupos de almas y guías, donde decidimos nuestras futuras encarnaciones, con las lecciones y pruebas que hemos de aprender en el plano físico, (y este último vendría a ser como nuestra escuela, donde vamos a aprender todo lo que hemos estudiado en el plano mental, y una vez que hemos terminado, regresamos a nuestro verdadero hogar, donde volvemos a reunirnos con nuestro grupo de almas).

Cuando estamos en el plano mental, somos seres bondadosos, generosos, tolerantes, pacientes, cariñosos y caritativos, nuestros defectos "desaparecen"; pero cuando volvemos a nuestra vida cotidiana, ahí nuestras características negativas de personalidad vuelven a manifestarse. Podemos razonar del mismo modo para entender por qué hemos venido del plano mental hasta aquí, de un lugar "mejor", más evolucionado, para un lugar "peor", menos evolucionado.

Cuando estamos allá, debido al estilo de vida vigente, basado en la igualdad, en la fraternidad, en el amor, nuestros defectos no aparecen, permanecen latentes; pero cuando estamos aquí, entonces sí, por las condiciones socioculturales vigentes, vienen a la superficie y nos confrontamos con aquello que necesitamos curar. Por este motivo venimos una y otra vez, para curarnos y superar todas las imperfecciones que tenemos y que nos impiden vibrar y evolucionar hacia planos superiores.

Cuando desencarnamos y vamos siendo conscientes de nuestra nueva situación, llega un momento en que nuestra consciencia se expande, somos más conscientes de todos los actos que hemos realizado durante la última encarnación, e incluso, como nos ocurre durante nuestra vida física, recordamos nuestra infancia, adolescencia, y la edad adulta; pues en el plano espiritual a medida que nuestra consciencia se va expandiendo, vamos recordando fragmentos de vidas anteriores. Cuanto más avanzada sea el alma, más recordará.

Llega un momento en que hacemos un repaso de toda nuestra vida, de todas las acciones que hemos cometido, tanto positivas como negativas. Ahí es cuando nos damos cuenta de cómo han influido nuestras decisiones y actos sobre los demás, y a medida que vamos asimilando y aceptando nuestros errores, nuestro cuerpo astral, (que como hemos dicho, su densidad dependía de las acciones negativas que habíamos cometido), se va desintegrando; y vamos ascendiendo de subplanos, desde los más densos e inferiores hasta los más elevados o superiores, siempre hablando dentro del plano astral, que como indicamos estaba compuesto de siete subplanos. Hasta que este cuerpo astral, al igual que ocurre con el físico, muere y se abandona, es en ese momento cuando atravesamos el famoso "túnel de luz" y nos elevamos al plano mental inferior, nuestro verdadero hogar.

Muchas personas piensan o relacionan el karma con el libre albedrío. Es más, confunden ambas palabras o creen que es lo mismo, por lo que lo primero es diferenciar ambos términos.

El karma es el equilibrio espiritual, la ley de causa/efecto, todas aquellas acciones que cometemos sobre los demás, tarde o temprano las experimentaremos en nosotros mismos. Hay que resaltar que nunca como *"Castigo"*, pues sería incomprensible e ilógico que en un mundo donde el lenguaje universal y más importante es el amor incondicional, existiera el castigo. El libre albedrío son todas aquellas acciones que realizamos siguiendo nuestra propia voluntad y libre decisión.

A continuación, y basándonos en todos los trabajos e investigaciones realizadas por los autores anteriormente citados, y algunos más que siguen realizando sobre la postvida y el mundo espiritual, vamos a exponer un esquema con las preguntas y respuestas más importantes y frecuentes, que suponemos serán de gran ayuda:

¿Existe la vida después de la muerte?

Sí, podemos asegurar que sí, que continúa la vida después de la muerte, pues el trabajo de muchos investigadores así lo atestigua y confirma. El alma utiliza el cuerpo sólo para poder experimentar y actuar en este plano físico, una vez acabada la experiencia lo abandona y regresa a su verdadero hogar, el mundo espiritual.

¿Para qué venimos a la Tierra?

El alma viene a la Tierra para experimentar, para poder evolucionar como espíritu con el objetivo de elevarse a planos más elevados donde el amor y la vida existente son indescriptibles. En el plano espiritual debido al tipo de vida existente basado en el amor, no existen las emociones y el ego que existe en la Tierra, por eso encarnamos para que a través de esas pruebas que tenemos que experimentar y atravesar, el espíritu pueda ir aprendiendo y evolucionando a planos más elevados.

¿Dónde vamos después de la muerte?

Después de morir o desencarnar, nos dirigimos directamente al siguiente plano de existencia, el plano astral. Todo lo que existe en la vida física lo hay en el plano astral. Como decía el investigador Leadbeater, el plano astral se encuentra a un centímetro del físico. Es muy importante la consciencia y las emociones con las que desencarnemos, pues cuanto más conscientes seamos de la existencia de la vida después de la muerte y del desapego generado por el ego y las emociones creadas durante nuestra vida física, menos tiempo pasaremos en este plano y nos dirigiremos al siguiente plano, el mental. Es ahí donde nos encontraremos con esa famosa luz al final del túnel. Esa luz es la que separa el mundo físico del mundo espiritual. Una vez allí, la vida es muy similar a la que existe en la Tierra, de ahí el dicho "de lo que hay arriba, lo tenemos abajo", salvando las normales diferencias…, pero seguimos reuniéndonos con nuestros familiares o grupo de almas, y también trabajamos, y estudiamos.

¿Volveremos a reencontrarnos con nuestros seres queridos fallecidos?

Sí claro, por supuesto, en el mundo espiritual nos reunimos en grupos de almas o familias como aquí lo entendemos, y solemos encarnar todos a la vez. Así cuando vamos abandonando el plano físico, después nos vamos reencontrando en el mundo espiritual, y nos esperamos para volver a planificar otra vida juntos.

¿Y, la reencarnación existe?

Sí, el espíritu para evolucionar reencarna una y otra vez hasta que considera que lo que aporta el mundo físico ha concluido. Pero hay que matizar que nadie obliga a nadie a venir a la Tierra. Sólo que allí en el mundo espiritual las cosas se ven de forma diferente. Allí se ve la Tierra como una escuela, y junto a nuestro grupo de almas y Guías Espirituales, planificamos como será nuestra vida formando roles de familia (padres, hijos, hermanos, amigos), para aprender todos juntos a la vez para poder evolucionar. Y después vamos "bajando a la Tierra", a "la escuela", el tiempo que creamos necesario cada uno. Una vez que hayamos aprendido y evolucionado lo suficiente para poder elevarnos a planos superiores, entonces dejamos de encarnar.

Los Guías Espirituales

Los guías suelen ser almas más avanzadas que ya han terminado el ciclo de encarnaciones, "ya se han graduado" y que, por su propia elección, nos ayudan en nuestro aprendizaje. Todos, a la hora de encarnar, tenemos un guía que nos acompaña toda nuestra vida, y durante la misma suelen venir varios guías más para ayudarnos en dicha encarnación. Pero vamos a explicar más detalladamente todo lo relacionado con ellos, cómo se comunican con nosotros, los bloqueos u obstáculos que impiden esta comunicación; cómo trabajan, o cual es la mejor forma de contactar con ellos. Todo esto desde el punto de vista de Jennifer Hoffman, a través de su libro "Comunicándose con sus Ángeles y Guías Espirituales".

Una de las razones más importantes por las que no podemos escuchar a nuestros guías es que inconscientemente bloqueamos la información que nos dan. Y es una pena, pues está diseñada para ayudarnos con el principal propósito de ayudar a nuestra alma, de una forma simple, la de sanar y crecer espiritualmente.

Un bloqueo importante para este proceso es el ego, el cual quiere que nos quedemos exactamente en donde estamos. Así que existe siempre una dura batalla en nuestra consciencia entre nuestra alma y el ego, y es por este motivo por el que muchos de nosotros podemos confundirnos, y tener miedo o dudar incluso de la presencia de nuestro equipo espiritual. Imaginemos nuestra vida como un juego, siendo nosotros el jugador estrella. Nuestros guías serían el equipo, y su único propósito asegurarse de que salgamos victoriosos... que ganemos el juego.

Todo lo que ellos hacen por nosotros refleja su principal objetivo, y es por esto que sea tan importante que aprendamos a comunicarnos con ellos. Sin su ayuda y guía, carecemos de todo el apoyo que necesitamos para asegurarnos el éxito.

Aquellos de nosotros que estamos experimentando el cambio de consciencia en este tiempo hemos llegado a ser algo así como los rompedores de patrones de nuestros grupos de almas.

Ellos tienen todo el conocimiento que necesitamos para atravesar esta parte de nuestro viaje en la Tierra, porque ellos no pasaron a través del velo o amnesia provocada al encarnar en un cuerpo físico.

Ellos recuerdan las lecciones, las promesas y las tareas y pruebas que decidimos aprender en la Tierra. Nosotros las hemos olvidado, y nuestros guías pueden ayudarnos a recordarlas y a proporcionarnos toda la ayuda en nuestro camino.

Lo primero, que debemos entender es por qué motivo no podemos estar escuchando o entendiendo sus mensajes:

Miedo

El miedo pone un muro entre nosotros y nuestra naturaleza espiritual. Es un muro que el Ser Superior no puede trascender y que incluso nuestros guías no pueden derribar. Cuando estamos operando en el miedo estamos fuera de la vibración del amor incondicional, la cual es la única vibración con la que las dimensiones superiores pueden relacionarse. Si estamos llenos de miedo no seremos capaces de escuchar los mensajes de amor, ánimo y guía que nuestros guías nos dan.

Existen muchos aspectos del miedo. Uno puede ser el miedo a fallar o a tener éxito, es decir, el miedo a no poder avanzar. Con frecuencia nuestros miedos ni siquiera nos pertenecen, simplemente estamos experimentando y manifestando los miedos de otros, incluyéndolos en nuestro grupo de almas. Muchos de nosotros incluso tenemos el miedo de escuchar algo que no queremos escuchar, o que seamos forzados a hacer algo que no podamos o creamos que somos capaces de realizar.

Debemos de entender que cualquier cosa que nuestro corazón desea está completamente dentro de nuestras capacidades y tenemos el potencial para poder realizarlo. Nuestros guías no nos pedirían algo que no pudiéramos hacer y no fuera para nuestro Bien Superior. ¿Cómo saber si estamos llenos de miedo? Vayamos al interior y miremos nuestros sentimientos. ¿Nos sentimos como desconectados, confundidos, lastimados o enojados?, ¿podemos sentir ese pánico?, entonces estamos operando en el miedo.

Para deshacernos del miedo permitamos que venga hacía nosotros, preguntémonos qué significa para nosotros, como lo hemos experimentado antes y que necesitamos sanar para permitirle irse de nuestra consciencia. Intentemos estar tranquilos en presencia de nuestro miedo y recibiremos la información que necesitamos para sanar y liberamos de él.

Duda

La duda es otro aspecto del miedo, es un bloqueo muy importante para interpretar y aplicar la información que se nos da. Quizás dudemos de nuestra habilidad para escuchar o recibir mensajes, o que dudemos de nuestras habilidades intuitivas y sensitivas. La presencia de la duda puede ser un fuerte disuasivo para nuestra habilidad para comunicarnos con el mundo espiritual. Si no estamos seguros de la información que estamos recibiendo es recomendable que les pidamos pruebas para tener una "absoluta claridad" en todo lo que estamos recibiendo. Y también pidamos confirmación del mensaje. Cuando pedimos dicha confirmación estamos reconociendo que hemos escuchado el mensaje y ahora necesitamos algo de claridad. Si nos acercamos a todo lo que escuchamos desde el punto de vista de la duda, entonces estamos afirmando que no estamos seguros de nuestra habilidad para escuchar lo que nuestros guías nos están intentando comunicar o decir. Mientras estemos llenos de dudas no creeremos nada de lo que escuchamos.

Es fácil reconocer la duda cuando nos aparece, pues nos llega en forma de afirmaciones tales como "en realidad no creo esto" o "no puedo creer que esto sea cierto" o incluso "no puedo hablar a mis guías en absoluto".

La duda generalmente aparece como auto duda, raramente dudamos de las motivaciones, juicios u opiniones de los demás. La duda puede tener raíces en las percepciones de nuestras habilidades intuitivas, o incluso nuestras creencias rodeando lo que significa tener dones espirituales. Si sentimos que aquellos que están más cerca de nosotros dudan de la información que les damos o que nos juzgan negativamente por nuestras comunicaciones espirituales, provocará en nosotros que a su vez también dudemos de nuestras habilidades, y de los mensajes que recibimos y de su origen.

Identifiquemos el origen de la duda, ¿viene de nosotros o existe otra fuente tal como nuestros padres, familia o amigos? Si la fuente está fuera de nosotros, entonces habrá que identificarla y liberarla. Si por el contrario está dentro de nosotros, aceptemos y reconozcamos el valor y poder que tenemos para comunicarnos en los planos espirituales superiores.

Emociones

Las emociones son otro bloqueo importante para recibir y escuchar los mensajes de nuestros guías. Porque estas son un producto de nuestra realidad física y tridimensional. En las dimensiones superiores solamente existe una emoción, y no es más que el amor incondicional. Debemos saber que nuestras emociones simplemente son juicios que usamos para definir nuestro medio ambiente. Muchas emociones surgen de nuestros miedos, pero otras vienen de nuestras responsabilidades kármicas y las ataduras que tenemos con miembros de nuestro grupo del alma.

Es importante que seamos conscientes del efecto que estas emociones tienen en nosotros, ellas bloquean nuestro crecimiento espiritual y la habilidad de sanarnos a nosotros mismos. Si estamos rodeados por personas con las que constantemente estamos envueltos en dramas emocionales, seguramente estas son las relaciones que hemos venido a sanar y saldar aquí. El permanecer envueltos en estos dramas emocionales solamente alargará este proceso. Nuestros guías no pueden comunicarse con nosotros cuando debido a estos dramas nosotros permanecemos distraídos.

Cuando sintamos que nos llegan estas emociones, intentemos adoptar una postura más tolerante y comprensiva antes de saltar en nervios y dejar que nos ocupen todo nuestro tiempo y espacio.

Preguntémonos porqué estas emociones están teniendo lugar, hacia quiénes van dirigidas, y por qué las sentimos de esa forma.

Cuando comencemos a sentirlas, intentemos canalizarlas y sanarlas, y después liberarlas hacia nuestros guías, para que nos ayuden a dejar nuestra consciencia. Sepamos que una vez que nos hemos liberado de las obligaciones que nos autoimponemos para ocuparnos de estos dramas emocionales, las personas y situaciones que son el origen de éstos quizá dejen nuestra vida, siguiendo su propio camino. Así es como debería ser. Permitámosles irse, enviándoles todo nuestro amor y luz. Cuando ellos se marchen, nosotros sabremos que hemos sanado nuestro karma con ellos y entonces permitamos que otros tipos de relaciones libres de karma entren en nuestra vida.

Distracciones

Nuestro mundo físico y realidad tridimensional es un lugar ruidoso, ocupado y confuso. Está lleno de distracciones que intentan mantenernos atados en la ilusión que nosotros mismos hemos creado para nosotros mismos. Estas distracciones incluyen nuestros entretenimientos, tales, como: la televisión, los trabajos agotadores, el materialismo, los ordenadores y las obligaciones con personas y situaciones que pueden estar tomando energía de nosotros.

Estas distracciones lo que provocan es impedir que nos demos cuenta de lo que realmente somos y para lo que hemos venido, produciendo que nos sintamos perdidos en este mundo físico, y no seamos conscientes de quiénes somos en realidad.

Las distracciones actúan como barrera para poder recibir los mensajes de nuestros guías. Conscientemente debemos intentar evitarlas, y así gradualmente aprenderemos a encontrar comodidad en la tranquilidad de nuestro propio ser interno. Con frecuencia, inconscientemente hemos creado o adoptado las distracciones como una forma de impedir nuestro crecimiento espiritual. Las distracciones simplemente alimentan la necesidad del ego por controlar y ocupar nuestra mente, monopolizando nuestra habilidad de enfocar nuestra energía.

Las distracciones también pueden venir en forma de amigos que nos hacen consumir nuestro tiempo, miembros de la familia que nos exigen demasiado, y actividades externas en las que nos involucramos.

¿Cómo nos estamos distrayendo?, ¿qué está tomando prioridad en nuestra vida, nosotros o los demás?, ¿cómo podemos deshacernos de esas distracciones en nuestra vida para que podamos aprender a enfocarla hacia nosotros mismos y encontrar paz desde dentro?

Notaremos al principio, cuando comencemos a crear un espacio tranquilo para la comunicación con nuestros guías y entidades superiores, que estas distracciones quizás se intensifiquen para alejarnos de nuestro objetivo…, pero esto es normal, por lo que debemos intentar alejarlas y dejarlas ir.

Con el tiempo y con práctica, nos iremos dando cuenta que estas distracciones cada vez son menos frecuentes, y aprenderemos a disfrutar del tiempo que pasamos con nuestro ser interno.

Escuchar los Mensajes

Nuestros guías intentan comunicarse con nosotros de diversas formas. Existen diferentes fórmulas o señales que nos pueden ayudar a reconocer e identificar cuando ellos están intentando comunicarse con nosotros o hablarnos, y así podremos aprender a escuchar sus mensajes.

Ellos hablan en voz baja

Nuestros guías raramente hablarán con una voz fuerte y notable. Generalmente ellos hablan en voz muy baja porque nosotros necesitamos escuchar desde el enfoque de nuestro ser interno.

Aunque alguna vez pueda parecer que ellos, si nos encontramos en peligro, nos griten al oído, lo más normal y frecuente es que ellos nos hablen en tonos amables, que requieran por nuestra parte que seamos oyentes más deseosos y receptivos al mensaje que deseen darnos.

Debemos de saber que ellos nunca dejan de hablarnos, si no los escuchamos es porque nuestros miedos están ahogando sus voces, que nuestro ego está intentando mantener su control, o las distracciones en nuestra vida están impidiendo que enfoquemos hacia nuestro ser interno que es capaz de escuchar estos mensajes muy claramente.

Ellos hablan con símbolos

Sería mucho más fácil si nuestros guías nos dijeran exactamente lo que hacer y cuándo hacerlo, en idioma simple. Pero ellos no pueden hacer eso porque no pueden interferir con nuestro libre albedrío.

Sin importar cuán claro o urgente es su mensaje, nosotros debemos tomar la decisión para actuar en él a través del ejercicio de nuestro libre albedrío.

Con frecuencia, ellos usarán símbolos para hacernos llegar el mensaje. Estos símbolos pueden llegarnos de la nada. Existen un millón de formas en las que nosotros podemos recibir estos mensajes, como una placa personalizada en un vehículo que va delante de nosotros, un libro que llega a nuestras manos cuando necesitamos buscarle, alguien que nos dice algo que necesitamos escuchar en ese momento, o de forma más directa a través de juguetes que se mueven o caen.

Todos nosotros hemos experimentado alguna vez estos mensajes de nuestros guías, aunque lo normal es que pensemos que nos ocurren o llegan por casualidad o coincidencia.

Cuanto más deseosos estemos de recibir y escuchar estos mensajes, más nos daremos cuenta de que en realidad los percibimos muy a menudo.

Ellos hablan a través de otros

¿Con qué frecuencia hemos tenido una conversación con un total extraño que nos dijo cosas que respondieron a una pregunta o proporcionaron información sobre una situación que estaba en nuestra mente? Esto también es una forma utilizada por nuestros guías para enviarnos sus mensajes.

Cuando nos volvemos más perceptivos para recibir sus mensajes, aprendemos a prestar atención a las personas que están cerca de nosotros para que puedan recibir los mensajes que necesitan escuchar.

Sin embargo, si estamos llenos de miedo, o emocionalmente afectados, o nos encontramos distraídos por varios elementos en nuestra vida, estaremos más absorbidos por la situación y no podremos entender lo que está sucediendo a nuestro alrededor.

Sepamos que la ayuda está muy próxima a nosotros, y cuando seamos capaces de recibir los mensajes que nos transmiten nuestros guías, percibiremos "llegar" a esas personas y situaciones que han sido colocadas en nuestro camino y que tienen mensajes especiales para nosotros.

Ellos hablan a través de los sueños

Si nuestros guías no pueden comunicarse con nosotros durante las horas en las que estamos despiertos, ellos se comunicarán con nosotros durante el sueño. Estos sueños pueden contener mensajes simbólicos que nosotros no entendamos, o pueden referirse a situaciones o eventos que no han ocurrido aún.

Es por este motivo, que es importante escribirlos o anotarlos para que podamos referirnos a ellos más tarde.

Debemos de saber que estos mensajes son enviados para ayudarnos, y si son confusos o no se manifiestan inmediatamente es porque todos los eventos que nos rodean quizás estén en movimiento todavía.

Cómo Obtener los Mensajes

El proceso de recibir mensajes de nuestros guías es muy simple y no obstante muy difícil. Simple, porque requiere que miren hacia dentro, pues es ahí donde residen los mensajes. Todos nosotros somos Uno, emanando desde la misma Fuente, así que nuestros guías no están separados de nosotros, ellos son nosotros.

El proceso es difícil porque requiere una considerable cantidad de enfoque y atención para salirse del miedo, de las emociones y las distracciones, para que podamos tranquilizar nuestras mentes, siempre ocupadas, y escuchar los mensajes de nuestros guías.

Para hacer esto, intentemos realizar este ejercicio:

Busquemos un lugar tranquilo en donde no seamos distraídos o interrumpidos. Intentemos al principio usar el mismo lugar cada día, para que podamos entrenarnos y familiarizarnos en lugares familiares.

Podemos permanecer sentados o acostados, lo que sea más cómodo para nosotros. Si queremos podemos encender una vela, si eso nos ayuda a relajarnos mejor y establecer nuestras intenciones.

A continuación, (si queremos podemos rodearnos con luz blanca), pidamos protección divina. Mientras nos abrimos a recibir la guía espiritual, es importante que nos aseguremos que solamente las entidades con buenas intenciones están en nuestro espacio. Pidamos claridad absoluta en lo que escuchemos y que los mensajes e información vengan de la fuente superior.

Cerramos nuestros ojos y nos sentamos o acostamos tranquilamente por unos momentos. Notemos la tranquilidad y el silencio a nuestro alrededor. Ahora comenzamos enfocándonos hacia nuestra respiración. Tengamos en cuenta que la respiración es un regalo de la vida y es el único elemento de nuestro medio ambiente que dejamos entrar a nuestro cuerpo involuntariamente.

Respirar es el aspecto más importante de la vida, nosotros no podemos vivir más de unos cuantos minutos sin respirar. Es más, los bebés entran a esta dimensión con su primera respiración. Sepamos que el aire que respiramos es la manifestación física de la energía en nuestro medio ambiente. Cuando nosotros respiramos estamos tomando la maravillosa energía de la Fuente de la creación.

Permitamos que nuestro cuerpo se relaje completamente. Quizá tengamos la sensación de salir de nuestro cuerpo, esto es, el espíritu separándose de lo físico. Esto puede ocurrirles a algunas personas y es una sensación normal, otras quizás simplemente se sientan muy relajadas y calmadas.

Tranquilicen y relajen su mente completamente permitiendo que cualquier pensamiento que nos llegue extienda las alas y se aleje.

Esta es una de las partes más difíciles de este proceso, pues calmar y acallar la mente requiere disciplina y práctica.

Piensen en su mente como el ego, y que está tratando de mantener su control sobre nosotros, nuestro verdadero ser. Intentemos que se tranquilice con nuestras palabras, amablemente permitamos que cualquier pensamiento se aleje de nosotros.

Podemos hacer cualquier pregunta, y si no estamos seguros de qué preguntar, simplemente pidamos que nuestros guías nos digan lo que necesitamos saber en ese momento. Incluso podemos pedirles saber cuál es el siguiente paso en nuestro camino espiritual.

Ahora escuchemos. Puede que en realidad no oigamos nada al inicio. De hecho, puede que no escuchemos nada en absoluto durante estas primeras sesiones, es normal, los mensajes irán llegando poco a poco, eso está bien. El propósito de este ejercicio es permitir que nuestros guías sepan que nosotros estamos listos, y que tenemos la voluntad de escucharles y seguirles.

Todo esto es para enseñarnos a enfocarnos hacia nuestro ser interno, en la luz que llevamos dentro. Entonces, permitamos simplemente estar en la paz y la comodidad que sentiremos cuando nos encontremos en presencia de ellos.

Algunos de nosotros podemos tener o experimentar sensaciones de calidez u hormigueo, otros quizá tengan una fuerte sensación de amor y paz que les inunda, e incluso otros quizás lloren de alegría por estar en presencia de estos seres maravillosos.

No intentemos comparar nuestras sensaciones con la de los demás, todos nosotros somos seres únicos y cada uno de nosotros tendremos una experiencia diferente.

Cuando comencemos a regresar al cuerpo o salir del momento de tranquilidad y paz en el que nos encontramos, agradezcamos a nuestros guías por sus esfuerzos de intentar conectar con nosotros y permanecer a nuestro lado.

Incluso puede que no hayamos escuchado una respuesta a nuestra pregunta, no nos desanimemos. La respuesta nos llegará, nuestros guías trabajan muy duro para ponernos en contacto con las personas y situaciones que nos proporcionarán dichas respuestas, y esta sincronicidad puede llevar algo de tiempo.

Esto también puede ser una prueba de fe y confianza en nuestra habilidad para escuchar los mensajes. Así que debemos ser pacientes si no obtenemos los resultados inmediatos. Todo lo que pidamos, siempre que no perjudiquen a otras personas, nos debe llegar, esa es una Ley Universal.

El Idioma de los Guías

Nuestros guías hablan un idioma muy diferente del que nosotros hablamos en los planos físicos.

Como son seres energéticos de luz, no necesitan usar palabras para comunicarse con nosotros. De hecho, ellos no pueden hablar como nosotros. Ellos transmiten sus mensajes telepáticamente o a través de otros.

Ellos hablan el lenguaje del amor

La única energía que está en las vibraciones superiores es el idioma del amor incondicional. No confundamos ese amor con el que es experimentado aquí en la tercera dimensión.

Este idioma es el del amor incondicional, y si no hablamos su idioma, si todo nuestro ser no está vibrando al nivel del amor incondicional, tendremos dificultades para comunicarnos con ellos. Nuestro concepto tridimensional del amor es uno que juzga y necesita, y que está totalmente basado en el ego.

El amor incondicional es de total aceptación y confianza, basado en el amor de nuestra alma, de nuestro verdadero ser interno, que está libre del miedo, del desapego y del ego. Practicar el amor incondicional nos pone en la misma frecuencia vibratoria de nuestros guías.

Ellos hablan el lenguaje de la risa

Los guías tienen sentido del humor y ellos saben que no importa lo que creamos que nos está ocurriendo, pues todo siempre está bien dentro del Universo. Los guías también poseen una energía que irradia alegría, así que cuando nos encontramos felices, alegres y contentos, estamos vibrando en una frecuencia con la que es más fácil comunicarnos con nuestros guías.

Si, por el contrario, nos encontramos infelices, tristes o enojados, nuestra frecuencia vibratoria estará muy por debajo de la de nuestros guías, y para ellos les resultará muy difícil poder escuchar nuestras peticiones de ayuda. Incluso en los momentos más difíciles, complicados y oscuros en que nos podamos encontrar, debemos intentar buscar la alegría interna, para así poder vibrar en la misma frecuencia que nuestros guías.

Ellos hablan el lenguaje de la paz

La discordia y el malestar generalizado que suelen estar presentes en nuestras vidas, están completamente en la tercera dimensión y es por esto que es importante que nosotros aprendamos a tranquilizarnos para poder recibir la ayuda, guía e información de nuestros guías.

Nuevamente, esta no es la frecuencia vibracional con la que ellos pueden comunicarse, y si no nos encontramos en paz con nosotros mismos, no podremos escucharlos. Cuando vamos al interior para encontrar nuestro ser interno, estamos comunicándonos con una parte de nuestro ser que siempre está en paz. Si no estamos en paz, entonces estamos operando en una vibración de miedo, lo que nos dificulta dicha comunicación.

Es por este motivo por lo que es importante entretenernos en algo, siempre haciendo cosas, para estar tranquilos y en paz durante el día. Esto nos ayudará a encontrar ese centro pacífico que nos facilitará y ayudará poder escuchar los mensajes de nuestros guías.

Ellos hablan el lenguaje de la Luz

La frecuencia energética de nuestros guías es una frecuencia de luz, que no tiene forma o sustancia física, y no obstante nos llena e inunda todo nuestro ser y todo el Universo.

Así como una sola vela pude llenar un cuarto oscuro con luz, cuando nosotros somos inundados con esa luz, brillamos intensamente, y reflejamos luz en cada área de nuestra vida.

Cada ser humano tiene igual importancia y responsabilidad en expandir esa luz a través de todo el mundo. Todos tenemos el poder de iluminar la oscuridad. Cuando caminamos en la luz, sabemos que nuestros guías están caminando junto a nosotros.

Ellos no pueden unirse a nosotros cuando están en la oscuridad, sino que deben esperar a que de nuevo regresemos a la luz.

Ellos hablan el lenguaje del desapego

Nuestros guías trabajan duro hacia nuestro Bien Superior, en cualquier forma que puedan tomar, y están completamente desapegados de cualquier resultado.

Eso es porque ellos conocen las ilimitadas posibilidades y potencial que tenemos, pero del que no nos damos cuenta en este plano físico.

Cualquier situación a la que nos enfrentemos tiene más de una sola solución, existen multitud de posibilidades para la resolución de dichas situaciones. Cuando pedimos ayuda a nuestros guías, o les pedimos que dicha ayuda tome cierta forma, o que llegue a nosotros de determinada manera, estamos limitando la habilidad de ellos para guiarnos a crear una sincronicidad que nos dará la solución.

Cuando no estamos desapegados, limitamos el resultado de los mensajes. Nuestros guías saben que cuando pedimos dinero, por ejemplo, éste puede ser divinamente manifestado en nuestra vida llegando de repente, pero puede no ser de forma material, sino a través de un inesperado beneficio que satisfaga nuestra necesidad.

Nuestros guías no se conectan con la tercera dimensión, no pueden manipular nuestras energías como sí pueden hacerlo en las dimensiones superiores.

Así que aprendamos a estar en un lugar de total desapego cuando pidamos información de nuestros guías y permitámosles hacer el trabajo de creación para responder a nuestras necesidades en la mejor y más perfecta forma posible.

Ellos hablan el lenguaje del perdón

El principal motivo que puede impedirnos y alejarnos completamente de los regalos de la creación, es el no perdonar.

Sin importar lo que nos haya sucedido en nuestra vida, e incluso en anteriores existencias, ahora es el momento de perdonar a todos y a todo, para que podamos manifestar toda nuestra divinidad.

La principal raíz del karma es el no perdonar. Y solamente a través de la aplicación del perdón en todas las áreas de nuestra vida, podremos sanar y equilibrar el karma, conectándonos así con los planos espirituales superiores.

Una vez que establezcamos nuestra intención de aplicar el perdón en todas las áreas de nuestra vida nuestros guías comenzarán a revelarnos a las personas y situaciones, incluyéndonos a nosotros mismos, que debemos perdonar.

El proceso puede llevar tiempo, pero terminaremos acabándolo con éxito si nos lo proponemos. El mensaje más importante que las entidades y maestros superiores nos comunican a toda la humanidad en este tiempo de cambio es que debemos aprender a perdonar a los demás y a nosotros mismos, lo cual nos permitirá elevar nuestra vibración energética a las dimensiones superiores de la consciencia.

El propósito de la tercera dimensión es equilibrar el karma, pues la sanación de la tercera dimensión reside en el perdón. Éste, entonces, es la clave de la vida, la paz, la alegría y el amor incondicional.

Nuestros guías están aquí junto a nosotros para ayudarnos en nuestro viaje hacia la sanación y el equilibrio espiritual. Ellos tienen mensajes y guías especiales solamente para nosotros, que únicamente pertenecen a nuestra vida.

Debemos saber que nosotros estamos aquí, en este tiempo, con un propósito muy especial, que es el de sanar y equilibrar nuestro karma a través de las relaciones que tenemos, y cambiarlo hacia una dimensión superior de consciencia, aprendiendo a conectarnos con nuestra propia divinidad. Una vez que hayamos reconocido que somos seres de luz, divinos e inmortales, podremos crear "el cielo en la Tierra" para nosotros mismos. Aprender a comunicarnos con nuestros guías es el primer paso en este proceso para conocer y experimentar el amor incondicional y la abundancia en todas las áreas de nuestra vida.

Resulta interesante la cita "Por el día estoy con los vivos que mueren, y por la noche, estoy con los muertos que viven", de Jorge Enrique Adoum, en su libro "Veinte días en el mundo de los muertos", haciendo referencia a los viajes astrales conscientes que hace el protagonista. En teoría sería lo mismo que nos sucede a nosotros, pero la diferencia radica que, en la práctica, nosotros no nos acordamos al despertar.

Todos tenemos un guía que permanece con nosotros toda la vida, luego pueden venir otros, pero siempre hay uno que estará siempre con nosotros, a nuestro lado, desde que encarnamos hasta que desencarnamos, formando una especie de equipo con varios guías y ángeles protectores.

Los ángeles nos protegen de la vida diaria, y los guías nos dirigen, nos guían, nos ponen las pruebas que antes de nacer o encarnar decidimos junto a ellos y nuestro grupo de almas, que estarán con nosotros para superar las pruebas y lecciones que previamente hemos decidido pasar, siempre supervisados o aconsejados por los maestros espirituales, que están como un peldaño más arriba que ellos.

Pero una vez que encarnamos, tenemos el libre albedrío para hacer lo que nosotros queramos o pensemos, ellos nos ponen las pruebas, las señales para que nosotros sigamos el camino correcto. Pero aquí, en la Tierra, todo cambia y es posible que por elección nuestra, o por ignorancia, no veamos dichas señales.

La única finalidad por lo que venimos es para evolucionar, y, ¿cómo evolucionamos?, transmutando el egoísmo en amor, aprendiendo a través del amor a nosotros mismos y hacia los demás. Pero para ello tendremos que pasar pruebas, que para unos serán los celos, para otros la paciencia, el egoísmo, etc., y hasta que no hayamos superado todas las pruebas, seguiremos regresando.

Para poner un ejemplo, es como si la Tierra fuera una gran escuela, y todos viniéramos a aprender, pero dependiendo de nuestro grado evolutivo unos estarán en un escalón bajo y otros más alto, todos juntos aprendiendo unas veces, y enseñando otras, siendo a la vez maestros y alumnos. Hasta que nos graduemos y ya no tengamos que encarnar más nuestro progreso evolutivo seguirá, pero ya no en el mundo físico.

Es indispensable, para recibir ayuda directa de los guías, ser capaces de pedírselo, pues ellos nunca harán nada si no se lo pedimos. No interferirán nunca en nuestro libre albedrío, no importa la forma, ni el modo, pero sí que sea desde el corazón y el alma. Ellos están esperando a que se lo pidamos, están deseando ayudarnos, son nuestros mejores amigos, los más leales, los más rápidos y eficaces. Nunca nos juzgan, a pesar de nuestros errores y las veces que nos desviamos del camino, todo lo contrario, nos ofrecen todo su amor y siempre están con nosotros, saben de la dificultad que es encarnar en la Tierra, es una de las escuelas más difíciles, pero a la vez más hermosas y satisfactorias de todas.

Hay varias condiciones para que la ayude nos llegue, y es que cuando la pidamos nunca pueda dañar o perjudicar a otros, o a nosotros mismos, y no deben interferir en las pruebas o lecciones que decidimos para nuestro aprendizaje en la Tierra.

Les gusta vernos sonreír, les gustan las bromas, les gusta vernos felices, y que vayamos superando las pruebas y obstáculos que nos encontramos día a día, ellos se entristecen también cuando nosotros estamos enojados, furiosos, tristes... en esas circunstancias también nos apoyan pero para ellos es más complicado acercarse a nosotros, porque creamos una barrera que les es más difícil superar, en cambio, cuando estamos contentos, serenos, en paz con nosotros mismos, es como si les abriésemos las puertas de nuestra alma, a la que llegan enseguida.

Para ellos no es importante el nombre con el que les llamemos, sino el saber que sentimos su presencia, su amor, su sabiduría, que contamos y confiamos en ellos. Lo mejor para conocer su nombre es pedírselo, manteniéndonos en silencio, como meditando, con la mente en blanco, y ellos nos susurrarán el nombre un día, o por la noche al ir a acostarnos. Sólo tenemos que pedírselo, y ellos, en sueños, podrían decírnoslo.

Lo que intentan es acercarse poco a poco, que no tengamos miedo, pues tenemos todo el tiempo del mundo para conocer en profundidad qué nos ocurre en esa conexión. En el libro "Conectar con sus guías espirituales", de Ted Andrews, podemos descubrir cómo hacerlo a través de la meditación.

La meditación puede sonar un poco raro, pero a fin de cuentas no es más que permanecer en un lugar tranquilo, en silencio, intentando mantener la mente en blanco, y no permitiendo que ninguna idea entre en tu mente.

A continuación, citaremos un mensaje extraído del libro "El mensaje de los Sabios" de Brian Weiss.

He aquí el mensaje:

"Pero si la gente supiera que «la vida es infinita, que jamás morimos, que nunca nacimos en realidad, entonces ese miedo desaparecería. Si todos supieran que han vivido antes incontables veces y que volverán a vivir otras tantas, ¡cuánto más reconfortados se sentirían!. Si supieran que hay espíritus a su alrededor, cuando se encuentran en estado físico..., que después de la muerte, en estado espiritual, se reunirán con esos espíritus, incluidos los de sus muertos amados, ¡cuánto sería el consuelo! Si supieran que los «ángeles de la guarda» existen en realidad, ¡cuánto más seguros se sentirían!. Si supieran que los actos de violencia y de injusticia no pasan desapercibidos sino que deben ser pagados con la misma moneda en otras vidas, ¡cuánto menor sería el deseo de venganza!. Y si de verdad «por el conocimiento nos aproximamos a Dios», ¿de qué sirven las posesiones materiales y el poder, cuando son un fin en sí y no un medio para ese acercamiento? La codicia y el ansia de poder no tienen ningún valor."

Hay que tener en cuenta que en el plano espiritual, al no existir las posesiones materiales como en el plano físico, las cuales provocan entre las personas como todos sabemos: envidias, rencores, celos, rabias, avaricias, codicias, ambiciones, todas las formas en las que se manifiesta el egoísmo..., estas cualidades no se dan; y si a eso se une el saber que nunca morimos, que somos eternos, entonces la vida en el mundo espiritual se basa simplemente en la fraternidad, hermandad, amistad y sobre todo en el amor, un amor incondicional, y que nada tiene que ver con el que se experimenta en el plano físico.

Con todo esto es fácil diferenciar cuándo una acción procede de nuestro ego y cuándo de nuestra alma. Cuando realizamos actos de solidaridad, ejercemos el perdón, somos compasivos, tolerantes y bondadosos; es nuestra alma la que se manifiesta y a la que debemos escuchar. Por el contrario, al ego le gusta juzgar, criticar, quiere ser el mejor a toda costa, el más importante…, es egoísta, ambicioso, codicioso, etc. Así, de esta forma, cuando un pensamiento venga a vuestra mente, ya sabremos de dónde procede.

A modo de ejemplo para saber diferenciar cómo interfiere uno y otro, imaginemos que nos encontramos a un indigente pidiendo limosna por la calle, el ego nos diría, "mírale que sucio, que mal huele, está estorbando, no podría ir a pedir a otro lado", pero por el contrario, cuando el mensaje procede de nuestra alma, nos viene un mensaje a nuestra mente que dirá algo así como, "pobre hombre, la gente pasa por su lado y ni le mira, nadie se acerca a ayudarle, no se dan cuenta que todos podemos llegar a estar como él, a nadie le gustaría estar tirado en la calle pidiendo, voy a acercarme y ayudarle, aunque sea a través de una limosna"…, una sonrisa, unas palabras amables, siempre una pequeña acción será mejor que la mayor de las intenciones.

El alma siempre nos animará a ayudar a los demás, pues el mejor regalo que nos puede dar la vida es poder ayudar al otro, pero esa ayuda tiene que proceder de nuestra alma, pues a veces el ego se enmascara y te dice "dale una limosna", pero sólo para sentirse bien él.

A fin de cuentas, como todos venimos por un tiempo, intentemos ser buenas personas, comportémonos con los demás como nos gustaría que nos trataran a nosotros, esta es una de las reglas más fáciles de decir y más difíciles de llevar a la práctica. Nuestra alma se nos manifiesta en nuestras conductas cotidianas, del día a día. Intentemos seguir los siguientes consejos por el bien nuestro y de todos nosotros:

- Escuchemos sin juzgar ni interrumpir. Somos dados a juzgar e interrumpir constantemente mientras hablan otros, a veces ni escuchamos lo que nos dicen, sólo queremos hablar nosotros e imponer nuestras ideas.

- Cuando hablemos, hagámoslo sin ofender, ni acusar. Todos podemos tener razón, hay que estar abiertos y comprender que nosotros podemos estar equivocados en lo que decimos.

- Demos sin escatimar, todo lo que bien podamos. Hay muchas formas, no siempre tienen que ser cosas materiales. Seamos solidarios y ofrezcamos lo mejor de nosotros. Lo importante es ayudar.

- Oremos, recemos y meditemos, cuanto más mejor, cuando lo hacemos nuestras vibraciones se elevan, ya que, en ese momento, no pensamos en otra cosa; es abrir la puerta para que nuestros guías y entidades espirituales se puedan acercar mejor a nosotros, porque vibramos en sus mismas frecuencias.

- En las conversaciones, a la hora de contestar, hagámoslo sin discutir, puesto que, si lo hacemos, abriremos la puerta a nuestro ego para que pueda actuar a través de palabras ofensivas, cargadas de ira o de rencor. Intentemos entonces mantener la calma, esto nos ayudara a conseguirlo.

- Compartamos sin presumir, alardear ni vanagloriarse de lo que damos, compartir no es dar aquello que nos sobra, sino dar algo que nosotros también necesitamos.

- Disfrutemos de la vida, sin quejarnos ni lamentarnos, recordemos que los errores, equivocaciones, pérdidas o situaciones desagradables o desafortunadas que tenemos, no son tales, sino lecciones que tenemos que aprender.

- Confiemos en las personas sin titubear, si bien es cierto que habrá quien se pueda aprovechar de esa confianza, al final, cuando hagamos balance de la situación, nos daremos cuenta que habrá merecido la pena, que si nos hubiéramos dedicado a no confiar por las apariencias o por la impresión que nos dan los demás hubiéramos perdido la oportunidad de conocerlos de verdad.

- Perdonemos, pero sin castigar, el perdón es la señal de identidad de las almas avanzadas, no somos nadie para castigar a los demás, cada uno de nosotros somos responsables de nuestras acciones.

- Promete sin olvidar. Es fácil prometer a los demás, pero suele ser aún más sencillo olvidar dichas promesas. Debemos por tanto ser consecuentes con aquello que prometemos, y cumplirlo.

- Confía, más que en lo que sientas en lo que pienses. El sentir viene directamente de nuestra alma, mientras que lo que pensamos es manipulado por nuestro ego.

No opinemos, ni juzguemos a los demás sin conocerlos. Actuar de esta forma es como intentar hacer un resumen de un libro sin haberlo leído. No hay buenas ni malas personas, sólo almas conscientes e inconscientes.

Una cita de Nelson Mandela, dice así: "No es valiente el que no tiene miedo, sino el que sabe conquistarlo". Los miedos son una barrera que hemos de superar, nos agarrotan, nos bloquean y no dejan salir lo que realmente somos.

Hay que intentar vencerlos, y una de las mejores maneras es reconocer y aceptar quiénes somos en realidad, esto es, seres espirituales inmortales que venimos exclusivamente a aprender y evolucionar a través de las relaciones entre nosotros.

Cuando algo malo nos sucede, o los miedos se apoderan de nosotros, podemos optar por tomar una de estas tres decisiones: dejar que nos marque, dejar que nos destruya, o dejar que nos fortaleza; e indudablemente es ésta última la que debemos elegir.

Todos los acontecimientos que nos pasan a lo largo de nuestras vidas nos ocurren por alguna razón, a veces las cosas nos salen mal para que aprendamos a valorar lo que tenemos. Y a veces perdemos cosas que son buenas, para dejar que otras mejores lleguen en su lugar.

No nos debemos preocupar por nuestros destinos. Como bien sabemos, las pruebas y lecciones más importantes que vayamos a tener o atravesar durante nuestro paso por el plano físico, ya han sido planeadas, por tanto, sólo hay que esperar a que nos lleguen. Y no nos llegarán cuando nosotros queramos sino en el momento justo en que nos sirva para nuestra evolución espiritual.

Recordemos que los encuentros más importantes ya han sido planeados por nuestras almas, antes incluso que los cuerpos se hayan encontrado.

Cada persona que nos encontramos en nuestra vida está luchando contra sus propios problemas, seamos amables y bondadosos con ellos, no seremos capaces de resolverles sus problemas en su lugar, pero nuestra bondad tal vez sea el milagro que estaban esperando para superarlos.

Muchas veces la vida nos pone a prueba, y sentimos que no podemos salir adelante. Muchas veces esas pruebas que nos pone nos llevan a encontrar nuevas razones para seguir con más fuerza y con más ganas, y al final terminamos agradeciendo a la vida haber sido tan sabia. A veces es mejor algo difícil y duradero, que algo fácil y pasajero.

No debemos perder el tiempo mientras estamos aquí, todo lo contrario, debemos aprovecharlo al máximo. El tiempo no se detiene ni espera a nadie. Así que no nos detengamos en nuestra vida por pequeñeces. Debemos seguir adelante porque justo en este momento somos todo lo viejo que podemos ser, y lo más joven que nunca volveremos a ser.

La verdadera felicidad no consiste en lo que ocurre a nuestro alrededor, sino lo que pasa dentro de nosotros. La felicidad se alcanza cuando lo que uno piensa, lo que uno dice, y lo que uno hace, están en armonía. Nuestra fuerza no viene de nuestra capacidad corporal, sino de la voluntad del alma.

A veces debemos caer para saber que es levantarse, debemos estar solos para apreciar la compañía, y debemos llorar para saber qué es reír.

No siempre conseguimos lo que queremos, pero tarde o temprano la vida nos concede aquello que merecemos.

Un Maestro Espiritual dijo una vez que el sufrimiento era necesario, hasta que finalmente nos damos cuenta que en realidad no tenemos por qué sufrir.

¿Sabéis cuál es la diferencia entre la escuela y la vida? Que en la escuela primero aprendemos una lección y luego la ponemos a prueba, y en la vida, nos envían una prueba y luego aprendemos la lección.

La gente positiva cambia el mundo, mientras que la negativa lo mantiene como está. Es muy importante en la sociedad y el mundo en el que vivimos mantener y tener una mente positiva, si nos acostumbramos a tenerla, cuando nos enfrentemos a dificultades nos ayudará a superarla con mayor facilidad, cuando nos equivoquemos nos sobrepondremos con mayor voluntad, cuando nos surjan dudas, sabremos discernir y pensar con mayor seguridad, y cuando nos vengan problemas, la solución nos resultará más fácil.

Confiemos en los planes que tiene nuestra alma, aunque no los entendamos, y tengamos la certeza de que todo saldrá bien.

Para terminar, resumiremos en una frase común cómo nos han marcado los acontecimientos de la vida: *"Los obstáculos que he tenido en mi vida me han hecho madurar, los éxitos me han hecho reflexionar, y los fracasos me han hecho crecer".*

Deseamos que os haya gustado el libro, pero sobre todo que os haya servido para entender y comprender quiénes somos y que hacemos aquí.

BIBLIOGRAFÍA

- ADOUM, Jorge Enrique: "Veinte días en el mundo de los muertos", Ed. Kier, Buenos Aires, 1997

- ANDREWS, Ted: "Conectar con sus guías espirituales", Ed. Edaf, 2011

- BURLING, S.: "The power of a positive thinker. The Philadelphia Inquirer", 2010

- CLEAR, James: "Hábitos atómicos", Diana (Editorial Planeta), Barcelona, 2023

- CLEMES, Harris Y BEAN, Reynold: "Cómo enseñar a sus hijos a ser responsables", Círculo de Lectores, Barcelona, 1994

- CROOKALL, Robert: "The Supreme Adventure", 1961

- DELVAL, Juan: "La inteligencia: su crecimiento y medida", Salvat, Barcelona, 1985

- DYER, Wayne W.: "El poder de despertar", Ediciones El Grano de Mostaza, 2021

- GUILLÉM PRIMO, Vicent: "Las leyes espirituales", Ed. URSS, 1979

- HAGGBLOOM, S.J.: "The 100 most eminent psychologists of the 20th century. Review of General Psychology. 6 (2): pp. 139-152, 2002

- HERRANZ BARQUINERO, Ricardo: "Opiniones para ser feliz", Ed. Aache, Guadalajara, 2016

- HOBBES, Thomas: "Leviatán", Fondo de Cultura Económica, México, 1984, (1ª Edición 1651)

- HOFFMAN, Jennifer: "Comunicándose con sus Ángeles y Guías Espirituales", 2007

- JOHNSON, Spencer: "El Presente", Aguilar, Madrid, 2004

- JOHNSON, Spencer: "¿Quién se ha llevado mi queso?", Empresa Activa, Barcelona, 2010

- KARDEC, Allan: "El libro de los Espíritus", Ed. Hojas de Luz, 2009

- KARDEC, Allan: "El libro de los Médiums", Ed. Hojas de Luz, 2007

- KÜBLER ROSS, Elizabeth: "La muerte: un amanecer", Ediciones Luciérnaga, Barcelona, 2008

- LAROUSSE, Gran Enciclopedia, Editorial Planeta, Barcelona, 1972

- L. WILSON, Donald: "El poder total de la mente", Edaf, 1990, Madrid

- LEADBEATER, Charles Webster: "El otro lado de la muerte", Ed. Creación, Madrid, 2013

- LEADBEATER, Charles Webster: "El hombre visible e invisible", Ed. Librería Argentina, Madrid, 2022

- MARÍAS, Julián: "La felicidad humana", Alianza Editorial, 1987

- MAZLISH, Elaine, y FABER Adele: "¿Cómo hablar para que los niños escuchen y cómo escuchar para que los niños hablen?", HarperCollins, 2005

- MOODY, Raymond A.: "Vida después de la vida", Ed. Edaf, 2017

- MOODY, Raymond A.: "Regresiones", Ed. Edaf, 2010

- NEWTON, Michael: "El destino de las almas", Ed. Arkano Books, Móstoles, 2008

- NEWTON, Michael: "La vida entre vidas", Ed. Robinbook, 1995

- PEIRÓ, José Mª: "Psicología de la organización", UNED, Madrid, 1991

- PÉREZ VILLAAMIL, Ramón: "Estar bien para vivir mejor" Planeta, Barcelona, 2015

- PUNSET, Eduardo: "El alma está en el cerebro", Aguilar, Madrid, 2006

- PUNSET, Eduardo: "El viaje a la felicidad", Ediciones Destino (Editorial Planeta), Barcelona, 2007

- PUNSET, Eduardo: "El viaje a la vida", Ediciones Destino (Editorial Planeta), Barcelona, 2014

- ROJAS MARCOS, Luis: "La fuerza del optimismo", Aguilar, Madrid, 2005

- ROJAS MARCOS, Luis: "Nuestra incierta vida normal", Punto de Lectura S.L., Madrid, 2006

- ROJAS MARCOS, Luis: "Secretos de la felicidad", Espasa, Barcelona, 2012

- ROJAS MONTES, Enrique: "La conquista de la voluntad", Temas de Hoy, Madrid, 1994

- ROJAS MONTES, Enrique: "La ilusión de vivir", Temas de Hoy, Madrid, 1999

- ROVIRA CELMA, Álex: "Los siete poderes", Empresa Activa, Barcelona, 2006

- SANTANDREU, Rafael: "El arte de no amargarse la vida", Paidós, Barcelona, 2014

- SAVATER, Fernando: "El contenido de la felicidad", Punto de Lectura, 2006

- SELIGMAN, M.: "La auténtica felicidad", Ed. B. de Bolsillo, Madrid

- STEVENSON, Ian Pretyman: "20 casos que hacen pensar en la Reencarnación", Ed. Equipo Difusor del Libro S.L., 1992

- TIERNO JIMÉNEZ, Bernabé: "Aprendiz de sabio", Grijalbo, Barcelona, 2005.

- TIERNO JIMÉNEZ, Bernabé: "Atrévete a triunfar", Plaza y Janés, Barcelona, 1996

- TIERNO JIMÉNEZ, Bernabé: "Conseguir el éxito", Temas de Hoy, Madrid, 2009

- TIERNO JIMÉNEZ, Bernabé: "El triunfador humilde", Temas de Hoy, Madrid, 2012

- TIERNO JIMÉNEZ, Bernabé: "Hoy, aquí y ahora", Temas de Hoy, Madrid, 2006

- TIERNO JIMÉNEZ, Bernabé: "Los pilares de la felicidad", Temas de Hoy, Madrid, 2009

- TIERNO JIMÉNEZ, Bernabé: "Sabiduría esencial", Temas de Hoy, Madrid, 2010

- TIERNO JIMÉNEZ, Bernabé: "Si puedes volar, por qué gatear", Temas de Hoy, Madrid, 2014

- TIERNO JIMÉNEZ, Bernabé: "Valores humanos", Taller de Editores, Madrid, 1993

- VAN LOMMEL, Pim: "Consciencia más allá de la vida. La ciencia de la experiencia cercana a la muerte", Ediciones Atalanta, 2012

- VÁZQUEZ GALIANO, Antonio: "Educar en el uso del dinero", Ediciones Palabra, Madrid, 1997

- WALDINGER Robert, y, SCHULZ Marc: "Una buena vida", Ed. Booket, Barcelona, 2024

- WEISS, Brian: "A través del tiempo", Ed. B de Bolsillo, 2018

- WEISS, Brian: "El mensaje de los sabios", Ed. B de Bolsillo, 2019

- WEISS, Brian: "Lazos de amor", Ed. B de Bolsillo, 2006

- WEISS, Brian: "Muchas vidas, muchos maestros", Ed. B de Bolsillo, 2018

- XAVIER, Chico: "Nuestro Hogar", Ed. Feb Publisher, 2020